読みなおす日本史

城と城下　近江戦国誌

小島道裕

吉川弘文館

はじめに

中世城館趾は、何か人を引きつけるもののある遺跡である。それは、あるいは滅びたもののなつかしさなのかもしれない。中世の城館や城下町は、そこにあった若干の寺社を除けば、建物まで残っているものは一つもない。近江戦国誌も、まさに滅んだものの歴史である。村々の城館はもちろん、六角氏の観音寺城も、浅井氏の小谷も、そして勝者であったはずの信長の安土でさえ、消え去らねばならなかった。しかし、人々はそこで暮らしを続け、形を変えた城館趾は身近な所に生き続けている。そうした人間の重層的な営みが、近江には特に色濃く感じられる。そして、そのような土地と切離すことができない固有の歴史は、遺跡や地名、伝承、そして地誌や地元に伝来した史料などの中に探ることができる。本書は、このような方法によって、近江における戦国社会の一端を描こうとした試みである。

滋賀県では、一九八二年から十年を費やして中世城館趾の分布調査が行なわれ、全十巻の報告書も刊行された。十分な調査が行なえたとは言いがたいが、最終的には一三〇〇を超える城館趾がリストアップされ、きわめてバラエティーに富んだ近江の城館趾のかなりの部分が明らかにされた。甲賀郡の村ごとに点在する小さな土塁囲みの館城《やかたじろ》から、巨大な総石垣の山城観音寺城まで。村々を堀で防御した環濠集落から、信長の計画都市安土城下町まで。近江にはありとあらゆる種類の城館趾・集落趾が、驚くほどの密度で存在している。中世城館と城下町、そして戦国社会の様相を考える上で、近江という地域はこの上なく豊富な材料を提供してくれる。

以前から近江を主なフィールドとしていた筆者もこの調査に参加させていただいたが、様々な城館趾の調査を行う中で、平地城館趾の問題を中心に大変多くのことを学ばせていただき、またその過程で、調査に伴って発足した「近江の城友の会」の機関誌『近江の城』や、報告書、学会誌、一般書などに、折に触れて気の付いた点を報告してきた。

本書は、こうしたものの中から、ある程度まとまりがあり、また全体として戦国・織豊期の社会の一断面を示すことができそうなものを選び、適宜補訂して一書としたものである。理論や体系にはほど遠い、フィールドノート的なものにすぎないが、文字どおり無名の城館趾から大名・天下人の城下町まで、様々な素材の面白さ、近江の城の豊かさを生かせた面はあるかと思う。読者も気の向いたものから、あちこちの城や城下町を訪ねるつもりで拾い読みしていただければ結構である。

『城と城下』と題したが、網羅的な紹介や本質の解明ができているわけではない。本書で志したのは、地域の中で生み出され、存続し、今日に残されてきた城館や城下町という存在、遺跡そのものに歴史を語らせることはできないか、地誌として歴史を描き出すことはできないか、という試みである。「城館趾」の表記には、通常使われる「址」ではなく「趾」の文字を用いているが、これも、ただの土の遺跡ではなく、そこに生きた人々の足跡という雰囲気を出したかったためである。ハードとしての遺跡に盛り込まれているソフトの側面とも言えようか。意のあるところをお察しいただければ幸いである。

〔再刊にあたって〕

本書は、一九九七年に刊行された図書を、二〇一八年に再刊したものである。初刊もそれ以前に発表した文章を集めたものであったため、現地に関するデータは基本的にその時点のものである（各稿の初出については、「初出と成稿の経緯」（二五五〜二六二頁）を初刊時にまとめている）。各章節の補足は初刊時のものであり、再刊時の所見は、巻末に「補論」として付した。初刊時と比べると、行政地名が市町村合併でかなり変わったことをはじめ、さまざまな情報が変化しているが、それについての修正はしていない。筆者が現地調査にあたった一九八〇〜九〇年代ころの状況として御理解いただければ幸いである。

目次

第二章　城　下　町

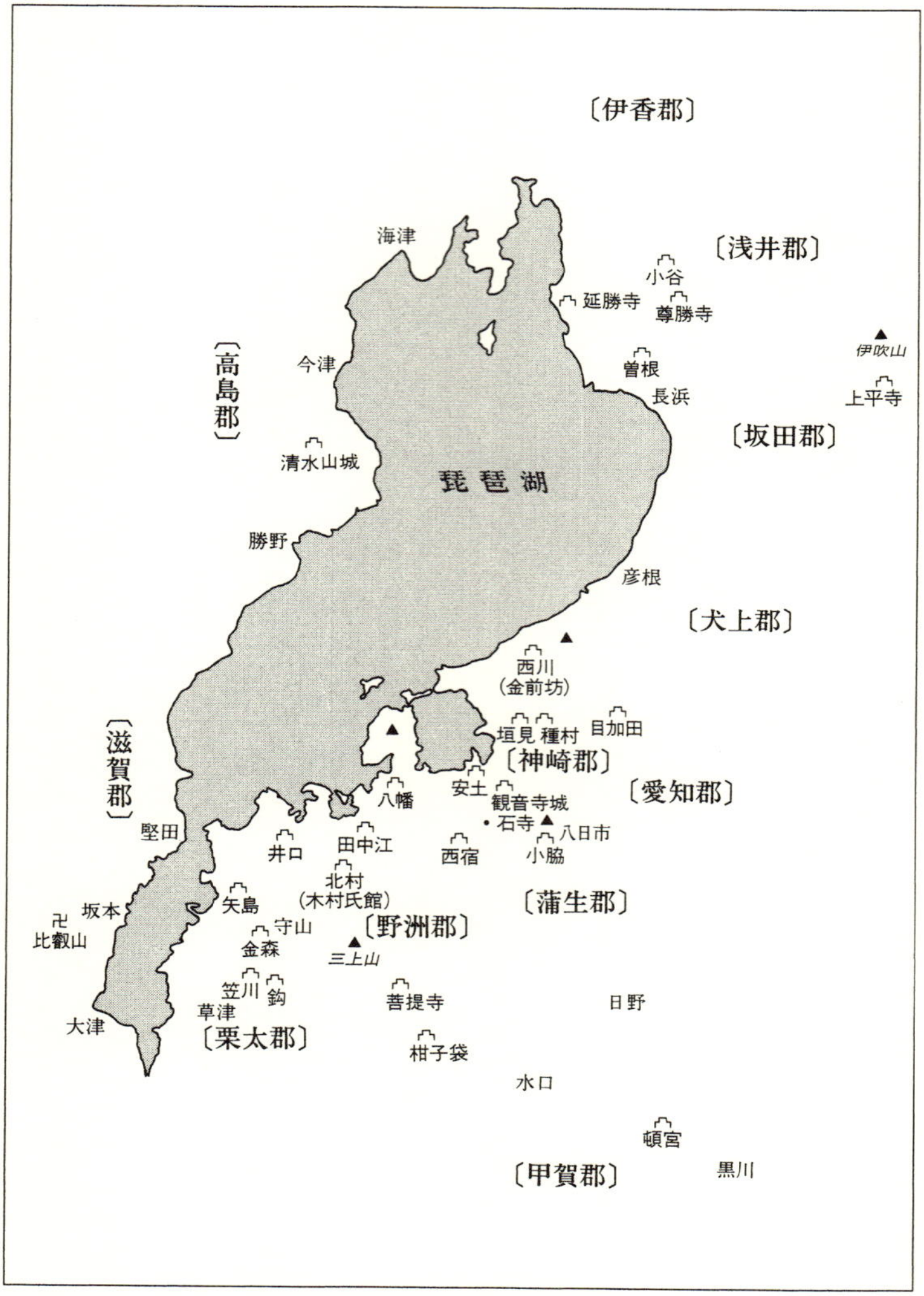

本書で取り上げた主な遺跡

第一章　城館跡・土豪・村落

1　中世城館の残り方

中世城館とは

「城」と言えば白亜の天守閣を思い浮べるのが一般的な日本人の通念だが、これは近世の城の話。それ以前の中世の城は、文字通り土から成った地味な存在である。しかしながら、数は圧倒的にこちらの方が多い。武士が大名の城（城下町）に集住させられて「一国一城」が基本となった近世社会に対して、中世は在地領主の時代だったからであり、例えば滋賀県では一県だけで実に千を超える城館址が数えられている。

これを大別すると、山城に代表される軍事的性格の強い城と、居館としての性格が中心の平地の城があると言えるが、ここで取り上げたいのは後者の方である。時代や地域差などを無視して言えば、基本は堀や土塁で周囲を囲われた、通常五〇ないし一〇〇メートル四方ほどの敷地を持つ館であり、これが中世社会において地域や村落の支配の拠点として機能していたのである。

しかし、その実物は建物まで含めた完全な形では一つも残っておらず、その調査・研究は土地に刻まれた痕跡を探っていくことが中心となる。そして、その「残りかた」は千差万別、実に興味深いものがあり、以下筆者の調査した近江の事例をもとに多少の整理と紹介を試みたい。

写真 1　堀を持つ寺院（田中江城＝称念寺　近江八幡市田中江）

城主の子孫の屋敷

兵農分離などで城館が城館としての機能を失っても、ただちにそこが空家になるとは限らない。城主やその一族が帰農して、堀や土塁を残したまま屋敷として利用し続けている例は当然ある。この場合、大庄屋・庄屋など村の中の特別な地位になっていることが多いが、注意されるのは真宗寺院として存続している例がかなり見られることである。在地領主は道場主等の村落の宗教的指導者を兼ねていた場合も多かったと考えられ、城館としての機能を失った後には寺院に純化し、真宗は世襲である故に、城主の子孫が住職となっているのである。気を付けて見ていると、近江の真宗寺院には土塁や堀、そして在地領主開基の寺伝を持つものがかなり見受けられる。

公有地化と分割私有地化

城主が完全に地元を離れ、もしくは滅亡して城館が廃墟となった場合、藪が茂るにまかせて放置されることも多いが、「跡地利用」が行なわれる時には、一つには村の公共の空間、すなわち郷蔵、会所等となっている場合がある。またその逆に、跡地を分割して村民が戸別に所有してしまう例も見られる。この場合、城館趾は微高地で田にはなりにくいため、細かく区分された畑地という景観になることが多い。神崎郡永源寺町の高木・二俣の境界に存在する殿屋敷城はその例であり、また同じく永源寺町石谷の石谷城は、「大藪」と呼ばれる藪地であったが、ここもほぼ一戸ごとに分割して所有されていた。

伝承と禁忌

城館はその形を失っても、身分の異なる人間の居住していた場所として記憶されていることが多く、様々な伝承や禁忌を産み出している。その一つに、殿様が住んでいた所だから家を建てるとつぶれてしまう、というものがあり、例えば神崎郡能登川町垣見には「殿屋敷」「姫屋敷」と呼ばれる二つの城館趾があるが、そこに家を建てると「のだたん」（栄えない、不幸がある）と言われ、現在も畑地として残されている。この他、城跡から石などを持って帰ったら不幸が続いたといった類の話もよくある。

城館跡の公有地化や細分化も、おそらくこうした禁忌のゆえであり、またそれは、特定の人間がかつての城主の権威を引き継いでしまうことを忌避したためであるとも考えられている。

神社・墓地

守山市金森では、城館跡と（その東北にある）サンノーサン（山王神社跡）の間は葬式と神輿は通ってはいけないとされているが、このように城館の一画あるいは隣接した部分には、特に鬼門である東北側に宗教施設を作ることが多かったらしく、これが城館の廃絶後も村の鎮守などになって残っている例も多い。特に多いのは八幡神社で、写真を掲げた田中江城（称念寺）の東北隣にも八幡神社がある。栗太郡栗東町笠川では、城跡に接した八幡神社が郷社大宝神社の御旅所となっており、ここへ来るお祭りを殿様が（城跡の）高い所から見物したと伝えられているが、こうした事例は地域の祭祀と武士の関わりを示唆しているとも考えられよう。

また城跡の一画に作られた墓地が共同墓地となっていることもある。守山市勝部では、古い地籍図を見ると、図1の様に小字「城ノ越」に隣接した部分に水路に囲まれた約五〇メートル四方の区画があることがわかり、城館跡と認定したが（勝部火屋城）、現在も残る墓地（火屋墓地）はその東北の隅に当たっており、屋敷墓などこの城館にあった何らかの宗教施設がもとになっていると考えられた。

野洲郡中主町木部の木部地区の墓地も同様の例である（本章第七節参照）。

水利と耕地

中世の在地領主は自ら農業経営を行なっており、城館趾が湧水地や水路などと関係を持って立地している事はよく指摘され、また「門田《かどた》」「前田」などが城館に付属した田であるとも言われる。近江八幡市西宿の西宿城はその近くに「九門明《くもんめ》のユツボ」と呼ばれる湧水地があり、小字九門明の田用水となっていたが（八三頁図17参照）、「九門明」は荘官の一つ「公文」の給地（名田《みょうでん》）であった「公文名《くもんみょう》」の転訛に相違なく、この城主の性格を考える手掛りともなる。「公文名」は「九文目」「雲宮」などとも書かれ、また荘官のもうひとつの代表である下司の名田だったと思われる「下司目《げしめ》」「下〆」といった地名も近江には多い。

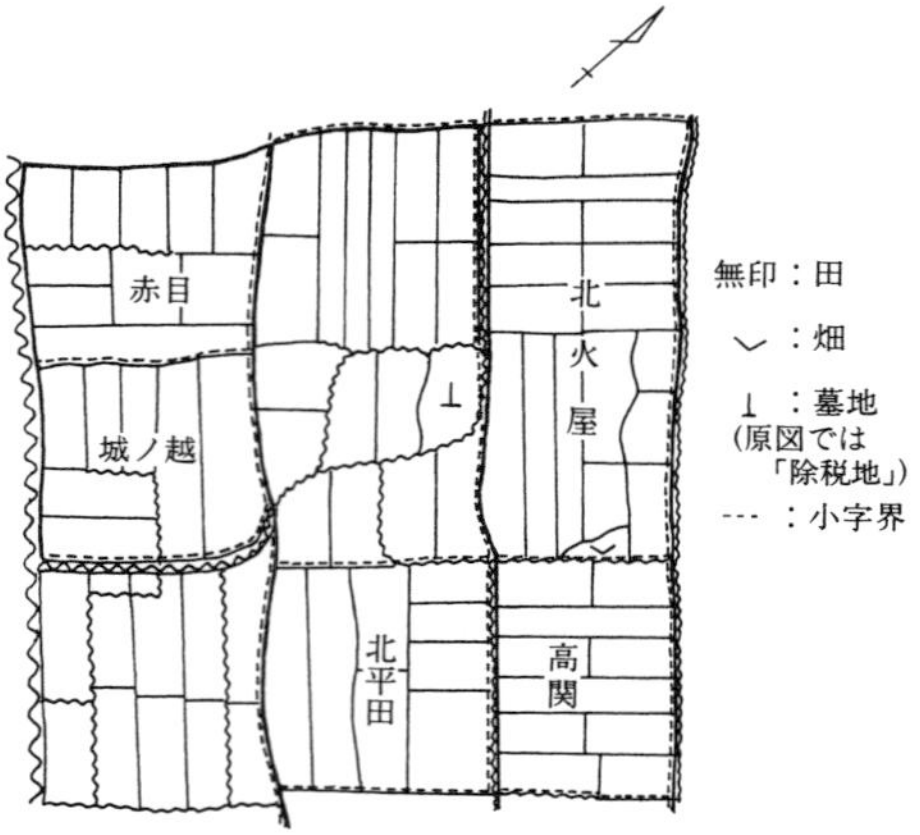

図1　勝部地籍図（勝部火屋城付近．明治5～11年）

城館関係地名

城館趾が直接地名に残り、そこからその存在が検出される場合も多い。地名については、詳しくは次節で述べたいが、例えば守山市焔魔堂には「城浦」という小字があるため現地を確認した所、図2の様にそれに隣接する小字「新替」の中央に微高地の畑地があり、中世土器片と思われる遺物も表面採集されたことから、城館趾と判断した。「新替」はおそらく「新開」の意で、城の廃絶後に新しく耕地として開かれたことを示すのではないかと思われる。

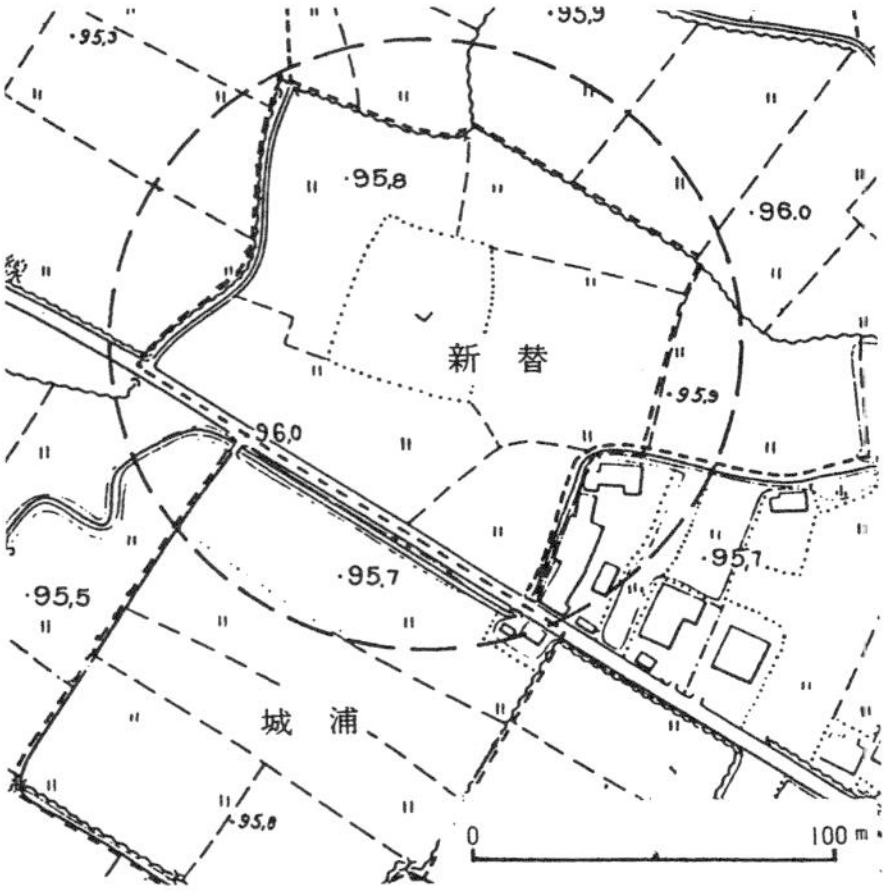

図2　焔魔堂城趾
（『滋賀県中世城郭分布調査3』より）

以上、このような様々な城館の「残り方」は、城館を産み出し、また葬った社会の構造自体に深く関わる問題であり、それをたくまずして物語っているると思うのである。

＊　＊　＊

一つ問題をつけ加えると、城館と集落の関係がある。大別すれば、城館が集落の内部ないしは隣接した位置にある場合と、離れて存在している場合とがある。詳しくは本章第七節で述べたいが、前者は、おそらく一五～一六世紀ころ、現代にまで続く集落の成立と共に成立した城館と思われ、後者は、従って一般的には、それより以前の古い城館と見ることができそうである。集落から離れて、今日では完全に墓地と化している先述の勝部火屋城などはおそらく後者の例であろう。

　また、焔魔堂城については、『一遍上人絵伝』第四巻の詞書に、「江州守山のほとり、焔魔堂といふ所におはしける時」比叡山の僧重豪が訪ねて来たことを記しており、鎌倉期には「焔魔堂」は既に地名化して集落の名となり、しかもそこが山門の一つの拠点でもあったらしいことがうかがえる。おそらくこの城にも、これも第七節で後述する「山徒」的な在地領主が居住していたのではないだろうか。

2　城館関係地名の地域性

近江の城館関係地名の特色

中世城館趾の調査・研究は最近とみに活発になってきた。その一翼を担っているものに各県の教育委員会などを中心に進められている分布調査があるが、それに際して城館関係地名は遺構を検出するための有力な方法として用いられている。地名が中世城館の調査・研究に有効なことは早く一志茂樹氏などによって提唱されており（「城館址の形態とその蹈史的考察」『信濃』九―一〇、一九五七年）、ようやくその全国的なレベルでの具体化が進んできたと言えよう（小和田哲男「地名・地籍図による城館跡の復原」『静岡県の中世城館跡』一九八一年、服部英雄「中世城館の調査法について」『福島県の中世城館跡』一九八八年など）。いまのところ地名は地名だけで対象とされているようだが、遺構の調査が進んできた今日では、遺構や、村落との関係など社会的意味も含めた立地などとの突き合せによって、新しい水準でその意味を考えることが可能になり、また必要にもなってきたように思われる。

筆者の参加した滋賀県の分布調査でも城館関係地名の調査を一つの課題としたが、一つの手掛りとして、この調査を通じて気のついた地域性の問題をとりあげてみたい。これまで、おそらくは東国の事例を中心として一般に言われてきた城館関係地名とは、かなり様相の異なる点があるからである。

たとえば、よく言われる「馬場（バンバ）」や「的場（マトバ）」は近江ではたいてい城館と結びつかない。馬場は神社の近くであることが多く、その場合は神事としての競馬を行なった所である。実際に村の中に広い道が残り、競馬が行なわれていたことが記憶されていることも往々にしてある。ただ、城館の門の前の道をバンバと言っている例も若干あり、神社と関係のない場合は城館に付属したものである可能性も考えねばならないようだ。「的場」や「射場（イバ）」は村落の境界などで行なわれる射礼の神事に関係した地名のようで、城館との関係はほとんど見られない。

「館（タテ）」の付く地名もよく挙げられるが、近江では地名自体があまり見られない。「タチ」は若干あるようだが、近江あるいは広く西国では、城館をタテと呼ぶことは少なくとも一般的ではなかったようである。「竹ノ内」などの「竹」地名もタテの転訛とされているが、城館に当たる例がなかったので滋賀県では調査の対象からはずしてしまった。

城館地名の代表格の感がある「堀ノ内」も近江ではハズレのようである。堀ノ内という地名自体はかなり見られるのだが、地図に落としてみると城館とほとんど重ならず、むしろ低湿地であることなどの方が多かった。はっきり城館趾だったのは、今のところ周囲を「堀」地名で囲まれた大原氏館（坂田郡山東町）の一例だけである。城館でない「堀ノ内」が何なのかはよくわからないが、要するに近江では城館は「堀ノ内」とは認識されていないらしいのである。

反対に、よく当たるのは山・平地を問わずなんといっても「城（シロ・ジョウ）」地名である。「城山」は勿論であり、条里地帯の平地では「城ノ腰」という小字の坪に隣接した坪が城館趾であるといった例が多い。

「殿」地名も城館と関係が深い。「殿屋敷」は数も多く、ほとんど間違いなく城館趾と重なる。中世においても「殿」と呼ばれた層とどのような関係があるのか、それが「殿屋敷」の城主だったと短絡させるべきではないだろうが、考えてみたい問題である。なお、同じ「殿」でも、これが「殿垣内」となると城館趾とは一致しない。「垣内（カイト）」地名自体が城館関係地名とされることがあり、実際に大和などでは環濠集落を指しているが、近江では「垣内」は集落ではなく耕地である。「殿垣内」は「門田」「前田」などと同じように城主の直営地といった性格を持つものと思われ、城館の存在を暗示してはいるのであろうが、直接導き出すのは難しい。

「屋敷」の方は、「殿屋敷」のように特定の家、館を指す場合もあるが、一般にはむしろ集落を指すことの方が多い。「古屋敷」も、城館趾であるよりは、集落が移転したその跡地だということを聞く。また、「奥屋敷」という地名がしばしば見られるが、なぜか城館趾と関係することが多いようである。やはり集落との関係の中で考えるべき問題かと思われる。

城主の性格に関わるものとして荘官地名がある。下《げ》司《し》名《みよう》の転訛である「下司目（ゲシメ）」「下〆」などや、公文名の転訛である「九文目」などが見られる。城館というよりも付随する耕地を示す地名であり、先の「殿垣内」などと同様のものと言うべきだろう。「庄司」などもあるが、具体的な遺構は地表面では検出されないことも多く、あるいは時期の古い城館に関わるのかもしれない。なお、「地頭」地名は坂田郡米原町に「地頭山城」がある程度で、近江ではあまり見られない。

このように、城館関係地名といってもかなり大きな地域差が見られる。東国と西国といった大きな違いの他、近江と大和、さらに湖南と湖北など近江の中でも違いがある可能性が考えられ、その意味するところは、遺構、城館が当該社会の中で持っていた意義、そして城館を生み城館趾を今日に残すにいたった社会のあり方自体の分析によって解明していくことが必要と思われるのである。

なお、蛇足になるが、近江での調査を通じて感じたことの一つは、寺院趾と寺院地名が非常に、おそらくは城館趾・城館地名以上に存在することである。「寺」「堂」などが付く地名の他、「大門」はほぼ間違いなく寺院の所在を示すし、「風呂」も寺院関係地名であるらしい。寺院趾は城館趾と重なることも多く、またそれ自体重要な遺跡として、特に中世史においてもっと重視されるべきであろう。

地名調査の基準

地名調査に際しては、行政地名である小字以下の通称地名をどう採訪するかが一つの問題だが、滋賀県では幸いなことに明治前期に記録が作成されており、小字とそれに含まれる小字以外の地名を一通りは知ることができる（『角川日本地名大辞典二五滋賀県』に滋賀県立図書館所蔵「滋賀県小字取調書」〈明治一五年。県有文書の写本〉を翻刻収載。各町村から提出された原本は滋賀県庁に現存するが、若干差があるようである）。また、郡志にも同様のものが「土地小字名」「土地志」などとして掲載されているものがある（『近江蒲生郡志』巻八、『近江愛知郡志』第三巻、『改訂近江国坂田郡志』第三巻）。これらにもれているものもあり、またその位置は小字の範囲内という以上には知ることができないという限界はもちろんあるが、城館趾分布調査の参考とする上で非常に有力な手がかりとすることができた。地名資料の利用の点では、全国でも最も恵まれたケースであろうと思われる。

城館関係地名については、それまでに指摘されていたものを勘案し、滋賀県での経験にも合わせて、関係地名の基準を一応作成して、分布調査の参考とした。それがどこまで実際に城館と関係するかは難しい問題で、また本文にも記したように、地域性がかなり認められるため、決して決定的なものでも普遍的なものでもないが、滋賀県での分布調査で、「城館に由来、或いは関係する可能性があり、調査に際し注意を要すると思われる地名」として用いた洗い出しの基準は、次のようなものである。

①「城山」「城ノ越」「丈《じょう》ノ口」などの「城」地名。
②「殿屋敷」「殿ノ後」「殿垣内《かいと》」などの「殿」地名。
③「御屋敷」「古屋敷」「奥屋敷」などの「屋敷」地名。
④「堀ノ内」「堀田」「北堀」などの「堀」地名。

＊「堀ノ内」については、橋口正氏により、従来の、城館（屋敷）をめぐる堀、という解釈は誤りで、もっと広域の領域を囲い込む堀の存在が指摘されていること（「中世東国の居館とその周辺」『日本史研究』

三三〇号、一九九〇年）も考慮すべきであろう。

⑤その他

(1)「政所」「間所」（マンドコロ、マドコロ、マンショなど。荘園の政所など城館でもある可能性）。

(2)「庄司」、「九文目」「雲宮」（＝公文名《みよう》）、「下司目《げしめ》」「下〆」（＝下司名）などの荘官に由来すると思われる地名。

＊(1)と共に、具体的な遺構は地表面では検出されないことも多く、あるいは主に比較的古い時期に関わるものかもしれない。

(3)「門田」「前田」「佃」（領主直営地で城館の付近である可能性。「門」地名もこれに準ずるものと見て掲げた）。

(4)「馬場」「的場」（但し、神社・神事等に由来するものも多い）。

(5)「木戸」地名（但し、村の木戸と思われるものも多い。「釘貫」も木戸とみなした）。

(6)「但馬垣内」など国名の付く地名（武士の官途である可能性）。

(7)職人関係、特に城館と関連の深いとされる鍛冶に関するもの。

(8)市場地名（城館との一定の関係も指摘される）。

以上のほか、一見して城館に関係する可能性があると思われたものは適宜採用。

本来なら、それらのすべてについて現地の遺構等と照合し、どの程度該当したかをまとめるべきなのだが、残念ながら現地調査が不十分だったため、そこまでの作業ができていない。しかし、確率の高いもの、低いものは確実にあり、気のついたおおよその傾向のみをまとめた次第である。不十分ながら、各年度の調査で得られた結果については、年度ごとに刊行した分布調査の報告書（滋賀県教育委員会他『滋賀県中世城郭分布調査』一〜一〇、一九八三〜九二年）に「城郭関係地名一覧」として掲載しているので、御参照いただくことができる。

なお、地名を含めた城館趾の調査方法全般については、千田嘉博・前川要両氏との共著『城館調査ハンドブック』（一九九三年、新人物往来社）で述べているので、合わせて御参照いただければ幸いである。

3　城館趾と伝承

ふるさとに伝わる伝説や昔ばなしは、それが直接史実であると否を問わず郷土を知るための貴重な資料であり、城館調査にとってもこの上なく重要なものであることは言うまでもない。ことに中世の城館は、民衆が日夜接した領主の居住地として強烈な印象を残すと共に、江戸時代にはその殆どが廃墟となって人々に懐旧の情を催さしめたためであろう。伝説の豊かな素材となっているようである。筆者はこうした問題についての知識や経験に乏しいが、最近手にした滋賀老人クラブ連合会・滋賀県社会福祉協議会編の『近江のむかし話』（一九六八年、東京ろんち社）の中に図らずも恰好の話が三つも出ていたのでそれを例として少し考えてみたいと思う。

1　八太夫屋敷

東浅井郡湖北町延勝寺には昔八太夫が屋敷を構えていたといわれる土地があり、現在所有者の多い畑になっている。八太夫は金持で権力を持ち、村人をいじめ、その田は他の田より少しずつ大きい。また自分の屋敷のまわりに内堀外堀をめぐらし豪勢な構えでいばっていた。たまりかねた村人たちは不動院の住持に八太夫を祈り殺すことを頼み、住持はついに決心して八太夫が所用で江戸へ立った道中に祈禱を続けた。八太夫は到着の半日前に急死したと伝わり、同時に住持の姿も村から消えた。村人はたたりを恐れて屋敷をとりこわし、敷地を分割した。

およそ以上のような話であるが、おそらくこの「八太夫」はただの農民ではなく、村に住む領主だったのであろう。「江戸へ」とあるがこれはたぶん後からできた話で、そうした領主的存在が村に居たのは江戸より前の室町、戦国時代と考えられる。領主層の一員であれば村人に権力も振い恐れられもしたであろう。江戸時代には周知のように兵農分離が行われて武士は城下町に移り住むことになるから、これはその前のことのはずである。そして「祈り殺した」というのは、あえて解釈すれば、村に住む領主と村人との関係が悪化し、その支配を不満とする村人たちが領主である八太夫の一族を村から追放したのではなかったろうか。それが「祈り殺す」という象徴的な形に変わって伝説化したのではないかと思うのである。兵農分離は逆の見方をすれば農民が武士を村から追い出したこととも言えるのであるが、この伝説はそうした歴史過程にも関わるものとして受取れるのではないかと考えているがどうだろうか。

2　金前坊（こんぜんぼう）

彦根市上西川町の南東に金前坊という小字があり、圃場整備以前は四〇〇平方メートルくらいのうっそうとした雑木林だった。周囲は堀と呼ばれる幅四メートルほどの川で囲まれ、その外は一面の田だった。金前坊とは六角氏四天王の一人西川氏が居住した跡で、広さは七反に及んだという。西川氏は信長に敗れて比叡山に逃れ出家し、奥方は堀に身を投じて大蛇となった。それを見た者が女性ならば必ず病気になった。

「金前坊」という小字名だけではそれが城館跡であるとは思いもよらず、地元に伝わるこうした伝承によって初めてそれとわかるのである。この場合、寺が先で城が跡なのか或いは並立していたのかよくわからないが、城館と寺院の関係は予想外に深い様で、現に中主町では光明寺遺跡・吉地大寺遺跡など寺院伝承地で立派な城館趾が発掘されており、またその他にも寺に隣接したり複合遺跡になっている例を挙げることができる。これは近江での特質の一つと言えるかもしれず、興味深い問題である。なお、城主の奥方が大蛇になる話は多い様で、これも面白い現象である。遺構が圃場整備で破壊されてしまったのは残念だが、地籍図などを使って地図上で復原を行なうことは可能だろう。

3　御館（みたち）

東浅井郡びわ町曽根には御館という所があり、そこは番地の筆数が複雑で特にある一つは広大で墓地があったと言われる。今は何もないが故老の話では立派な御館があったといい、物部守屋が金の鳥を堀に投げ込んで逃げたという伝えがある。明治生れの人には幼いころ堀の一部が残っていて魚をとったという者もあり、堀があったという田を耕すと瓦や五輪塔、石釜などの破片や石畳が出るともいわれる。ある人が田から大きな石を持ち帰ったところ、寒けと腹痛が起り宮さんに献じた。また五輪塔を持ち帰ったところ不幸が続いてあぜに戻し供養している。牛耕していると牛が急に動かなくなったり暴れたりしてしょうがない場所があったとも聞く。

これはもちろん物部守屋の館ではなく、やはり中世後期の城館趾の一つと考えられる。「八太夫屋敷」でもそうだったが、城館趾は分割されて畑地として残ることが多いようである。その一画、特に東北隅に墓や宗教施設が存在することはしばしば見られる。また城館趾は往々にしてたたりのある所として伝えられる様で、ここに見える様な話の他、殿様が住んでいた所だから家を建てるとつぶれてしまう、といった話もよくあるようだ。なお、この曽根には「御館」の他、北城、南城、政所（マドコロ）といった城館を意味すると思われる小字や、馬場末、御門（ミカド）、堀海道、市場立、夷立、といった、もしかしたらそれに関係するかもしれない地名も存在し、今後の調査が期待される。

一冊の『近江むかし話』からだけでもこれだけの貴重な情報が得られるのであり、近年は市町村でも伝説集などの刊行が盛んだが、意識して捜していけば埋れている伝承はまだまだ発掘されるものと思う。大塚活美氏も述べられた様に（『近江の城』第九号所収「大塚城跡とその周辺」）民俗的な面から城館をめぐる歴史に迫っていく方法は有効かつ重要であり、今後の調査の一つの課題とすると共に、御存知の件については是非御教示下さるようお願いする次第である。

なお、この『近江むかし話』は読み物とするために多少手を入れているらしいが、資料としての価値が損なわれるので、記録の際には伝承は伝承として潤色や解釈等を混じえずにおくべきことを念のため付記しておきたい。

＊　＊　＊

その後行なった現地調査の結果などを補足しておきたい。

1の「八太夫屋敷」は、中世城館と見ていたが、現地は集落内で目立った遺構は見られず、また「八太夫」という名前もやや近世的で、むしろ中世の地侍の系譜を引く有力な百姓と村との近世初期における抗争と見た方がよいのかもしれない。

2の「金前（全・泉）坊」は、『近江輿地志略』等の近世の地誌にも見える有名な存在で、後述する山門系の在地領主「山徒」の一つの典型と言える。地籍図は市役所にはなく未確認だが、遺構については寺田所平『稲枝の歴史』（一九八〇年、同氏発行）が、幅四メートル以上の深い堀に囲まれた四〇〇平米ほどの館趾があったことなどを詳しく紹介していることを知った。現在は圃場整備で痕跡をとどめないが、かつては館に隣接していたはずの日吉神社が印象的であった。

3の「御館」は、分布調査で長浜城博物館の太田浩司氏によって調査が行われ、『滋賀県中世城郭分布調査七―伊香郡・東浅井郡の城―』（一九九〇年）に成果が掲載されている。現在は、かつて微高地だった城館がそのまま住宅団地になり、その一隅の削り残された土地の上に稲荷社が残っている。

4　城館趾の調査（一）——土山町頓宮《とんぐう》——

以前地名や地籍図などによる城館趾の調査方法について述べさせていただいたが（「城館研究と地名調査」『近江の城』第一号、一九八三年）、その後甲賀郡土山町の頓宮城について、ほぼ理想的な調査を行なうことができたので報告することにしたい。

まず、最初の手掛りは、土山町役場で作成されていた一万分の一の小字集成図である。これを見ると、集落の北西に「北城」と「城の前」があり、更に『滋賀県小字取調書』によれば、小字「池ノ下」には「城ノ腰」、「北城」には「殿立山」という小分け地名があることがわかる。[1] これだけ城館関係地名が集中しているのも珍らしく、かなり重要な城の存在が地名だけからも予想される。分布調査以前の報告書『滋賀県中世城郭分布調査二』を見ると、「頓宮城」・「頓宮支城」が集落東方の山上にあることになっているが、城館名の集中する集落の北西にはマークがない。集落の東側の山は「城山」だから、ここにも城の存在が予想されるのだが、その城から先の地名群が生じたとは考え難い。地名の意味から考えても、「池之下（城ノ腰）」「北城」の北側、小字「池ノ谷」に属する丘陵地あたりに城があったと思われるのである。

そこで一九二六年に発行された『甲賀郡志』の「頓宮城址」の項を見ると、次の様な記述がある。

> 大野村大字頓宮の北方字池の谷の岡上（土地にて「殿立山」と言ふ）にあり、東西六十間南北三十間にあまる。—中略—南方約二丁を距つる字「城の前」に東西八間南北一八間の小高地あり俗に「あげとの」と称し其南に廃湟の如き沮洳（2）の地あり俗に「堀池」と称し同氏の邸址なりと云伝ふ。

やはり頓宮城は先の丘陵のおそらく西端の高地であり、更にその南には館趾もあったことがわかるが、これは既に耕地整理が施されているため現在の地図からは確認することができない。「城山」については郡志には記載がなく別の城と思われ、また報告書のマークはどうも根拠がないらしい。

地図資料と文献から確認できるのはここまでなので、これらの点を確認するために現地調査を行なうことにする。

そこでまず土山町の教育委員会を訪ねると、「城山」のB地点が頓宮城趾とされ、既に史跡になっているという。現地を確認するため、御紹介いただいた地元の広沢三治氏、前野弥一郎氏の御教示を得、中島泰洲氏に御案内をいただくと、確かに図1に略示した様な削平地と土塁と堀切があり、大規模なものではないが間違いなく城跡である。しかし、『甲賀郡志』に頓宮城址として記載されている「殿立山」や「あげとの」については、依然確認することができない。あとは明治の地籍図でそこに描かれた地割や地目から判断していくことになるが、幸い頓宮区有のものが川田神社に保管されていることがわかったので、区長さんに閲覧をお願いする様、依頼して一旦引き上げた。

日を改めて頓宮区長の奥村政樹氏に御同行いただき、社務所で地籍図を閲覧する。明治六年のもの

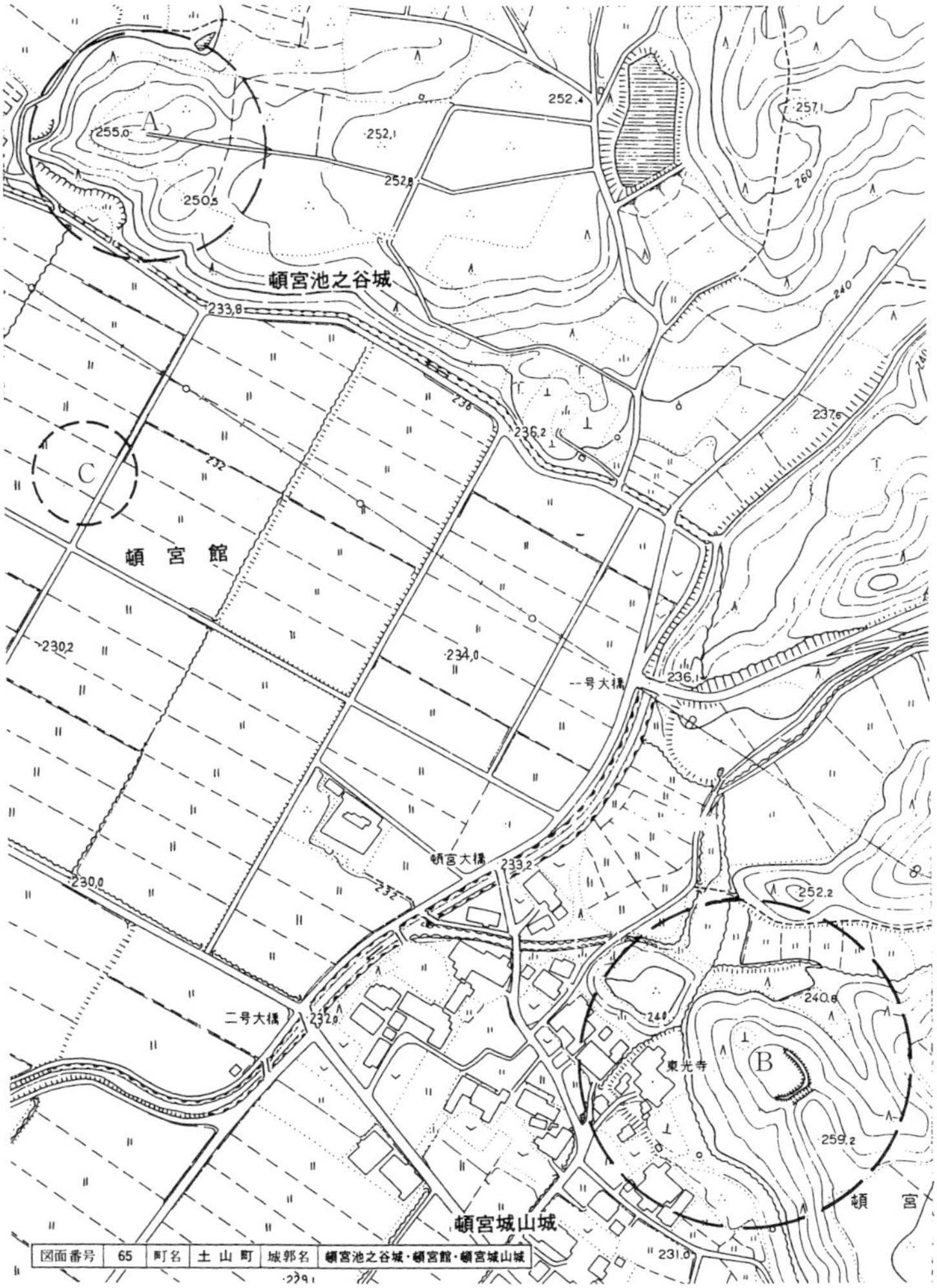

図１　頓宮地形図（『滋賀県中世城郭分布調査２』に加筆）

で保存もよく、また描き方も丁寧で記載は信頼できそうである。そこで「あげとの」を捜すと、付箋がとれたのか「城ノ前」という小字は見つからないが、それと思われる所に芦地と溝で囲まれた畑地（図2のC）がある。これだけでは少し狭いので、その西の田一筆をあわせた方形の土地が館趾かと思われた。

しかしいま一つ確証がなく、地名を実際に確認できないのも心残りなので、「どなたか詳しい古老は」ということで八三歳の橋本幸太郎氏においでいただいた。幸いに橋本氏は地名や土地の旧状、伝承などをよく記憶しておられ、やはりCの畑が小字「城の前」の内の「あげどの」であり、二尺ほど周囲より高く、ぐるりには小さい石で築いた石垣があった。周辺には湧水地が多く、このあたりを「堀池」と呼んでいた。ここから溝が大日川へ通じていた。いつも水が湧いて絶えることがなく、色々なものが生い茂って恐ろしいような所だった。と『甲賀郡志』の記載を裏づけて余りある知識を得ることができた。館がなぜここにあるのかはやや不審であったが、湧水地を押えていたのであればそれも納得がいく。

更に橋本氏のお話で、「殿立山（とのたちやま）」はやはりAの丘陵であり、開墾されているが礎石様の大きな石が三つ出たこと、殿立山の東には「日野道」が通っており、日野の蒲生勢がこの道を通って攻撃してくるので、殿立山と城山の城（B）ではさみ撃にする様にした、という伝承があることなどがわかった。「殿立山」を館と一体の本城、「城山」の城（砦）を日野道と大日川をはさんだ支城

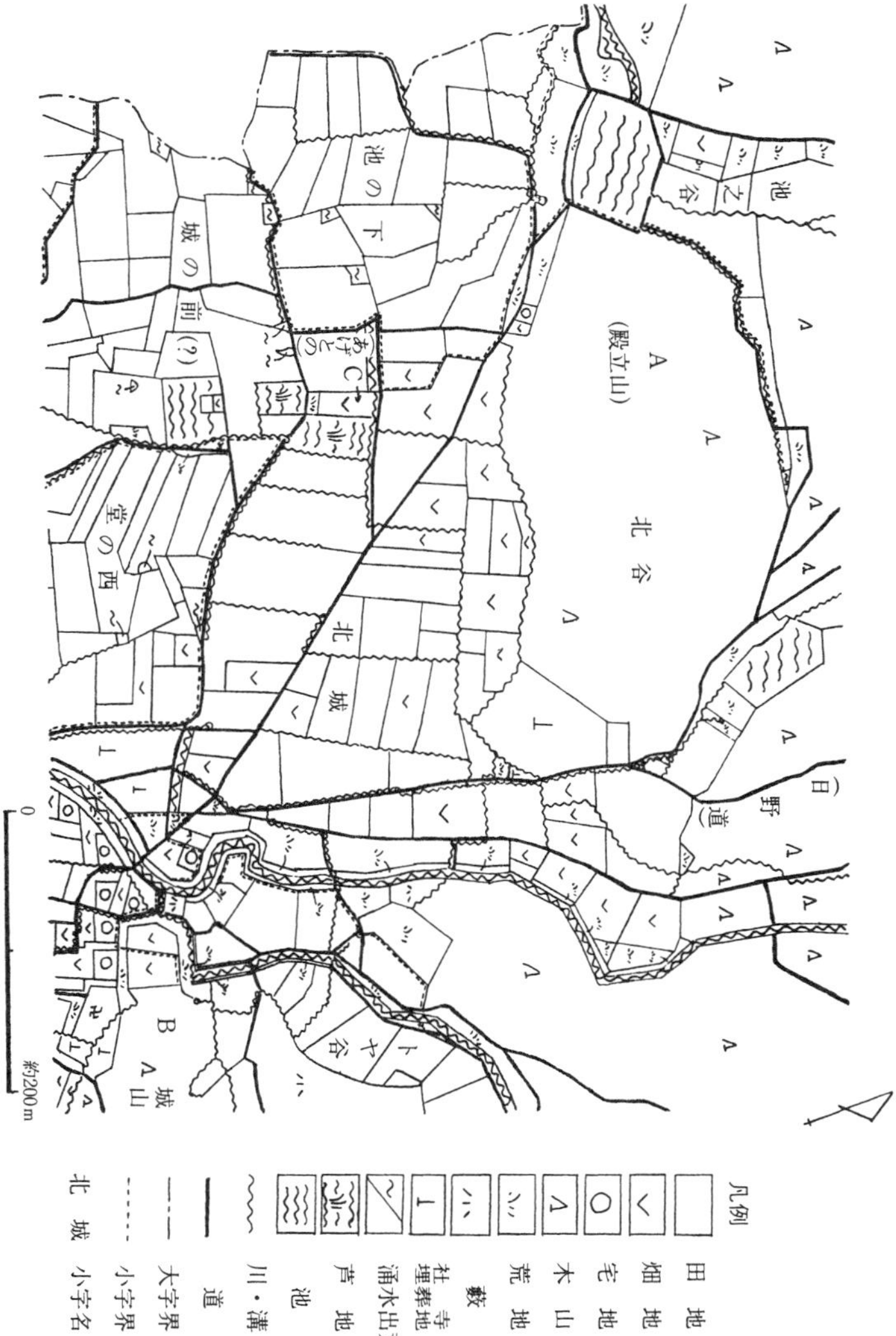
池之谷
A
（殿立山）
北谷
池の下
城の前（?）
あげとの（?）
C
堂の西
北城
日野道
トヤ谷
B
城山
0
約200m
凡例
田地
畑地
宅地
木山
荒地
藪
寺社 埋葬地
涌水出荒
芦地
池
川・溝
道
大字界
小字界
北城　小字名

図2　頓宮地籍図

と考えれば、この両者の関係もよく理解することができる。この支城は集落との関係も考えるべきかもしれない。「あげどの」の現地に御同道いただいて場所は確認できたが、既に一九六七年の構造改善事業で整地され田となっており、今となってはそれ以上の調査ができないのは残念である。橋本氏は垂水頓宮遺跡関係の地名などもよく御存知の様であったが、別の機会を期してお別れした。なお、区有の資料中には構造改善の時の図面が残されており、これも現地比定の役に立った。また、慶長年間（一五九六～一六一五）の検地帳もあるとのことで、本格的な地名調査などを行なう時には、こうしたものも利用していきたい。

以上で、館と山城と出城から成る頓宮氏の居城の構造をほぼ明らかにすることができた。この付近には頓宮跡などの古代遺跡や「市場」の地名などもあり、地域における中心地として重要な所であったことが想像される。

今回の調査に当っては、御名前を挙げた方々と土山町教委の福井誠氏に大変お世話になり、紙上を借りて御礼申し上げます。

（1）「殿立山」は、明治六年地籍図の小字では「北谷」に、現在の小字では「池ノ谷」に属すので、『小字取調書』の誤りかと思われる。

（2）そじょ。芦などの茂った沼地。

＊　＊　＊

城の評価としては、やはり集落との関係をもっと重視すべきであり、集落の上に位置する「城山」の城（正式名称としては、大字・小字をとって「頓宮城山城」と命名された）は、集落を拠点とする在地領主の城と見るべきであろう。「あげどの」の館（「頓宮館」）および「殿立山」の城（「頓宮池之谷城」）との関係は明瞭でないが、あるいは時期差があり、現在の集落が形成される以前（から）の古い館・城と考えた方がよいのかもしれない。調査に入る以前に遺構が消滅しており、確認の術のないのが残念である。

5　城館趾の調査（二）――能登川町種村・垣見他――

神崎郡能登川町における調査は、町史談会の全面的な御協力を得て、あらかじめ事務局で文献から記入した調査カードを史談会にお渡しし、地元で調査を進めていただいた上で事務局側が現地を確認する形で行なった。筆者は一九八五年一二月三・一一日の両日、史談会会長の大橋彦祐氏と小林秀夫氏に同行していただき、城館趾所在地にお住まいの会員の方を紹介していただいて遺構の位置・現況・地名・伝承等の確認を行なった。なお、町中央公民館にも御協力をいただいた。

種村城

種村城跡には現在も種村氏後裔の大橋氏がお住まいになっている。その遺構は集落の西南部に大同川に面して存在し、大橋家文書中の江戸期の城趾絵図（図2）によれば北半部には「堀」がめぐらされており、現在もその痕跡をたどることができる。「井川」がここで分岐していることも城主の用水管理を思わせ興味深い。大橋氏のお話によれば、門は集落を白鳥神社に向って走る「大道」に面して開き、絵図もそこで「堀」が曲げて止められている。またここは「馬場《ばんば》口」と呼ばれ、神社の馬場と思われるが、祭礼の時にはここを起点に宮座の四二人が宮まで提灯を出すことや、宮に隣接して種村

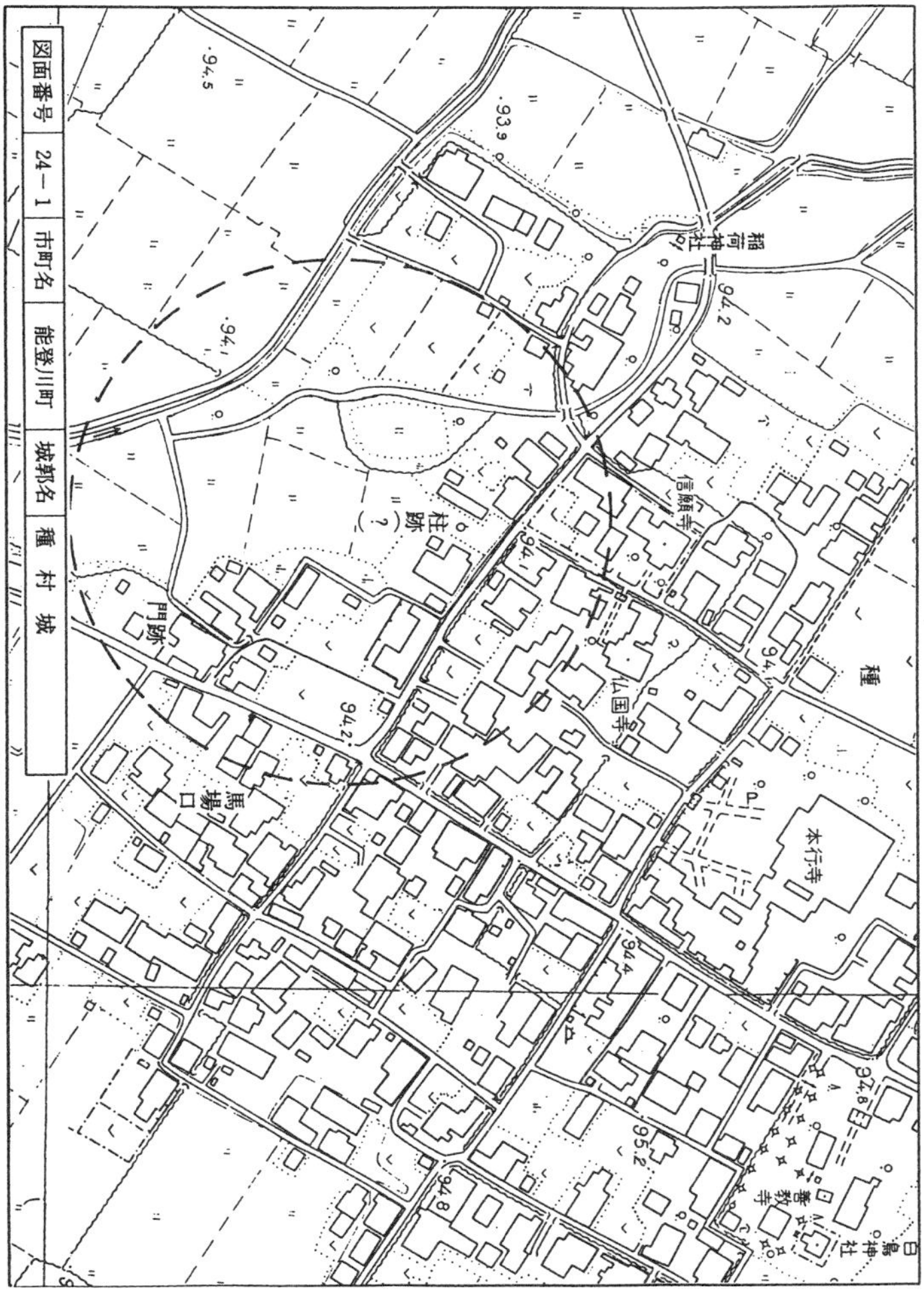

図1　種村城地形図（『滋賀県中世城郭分布調査4』より）

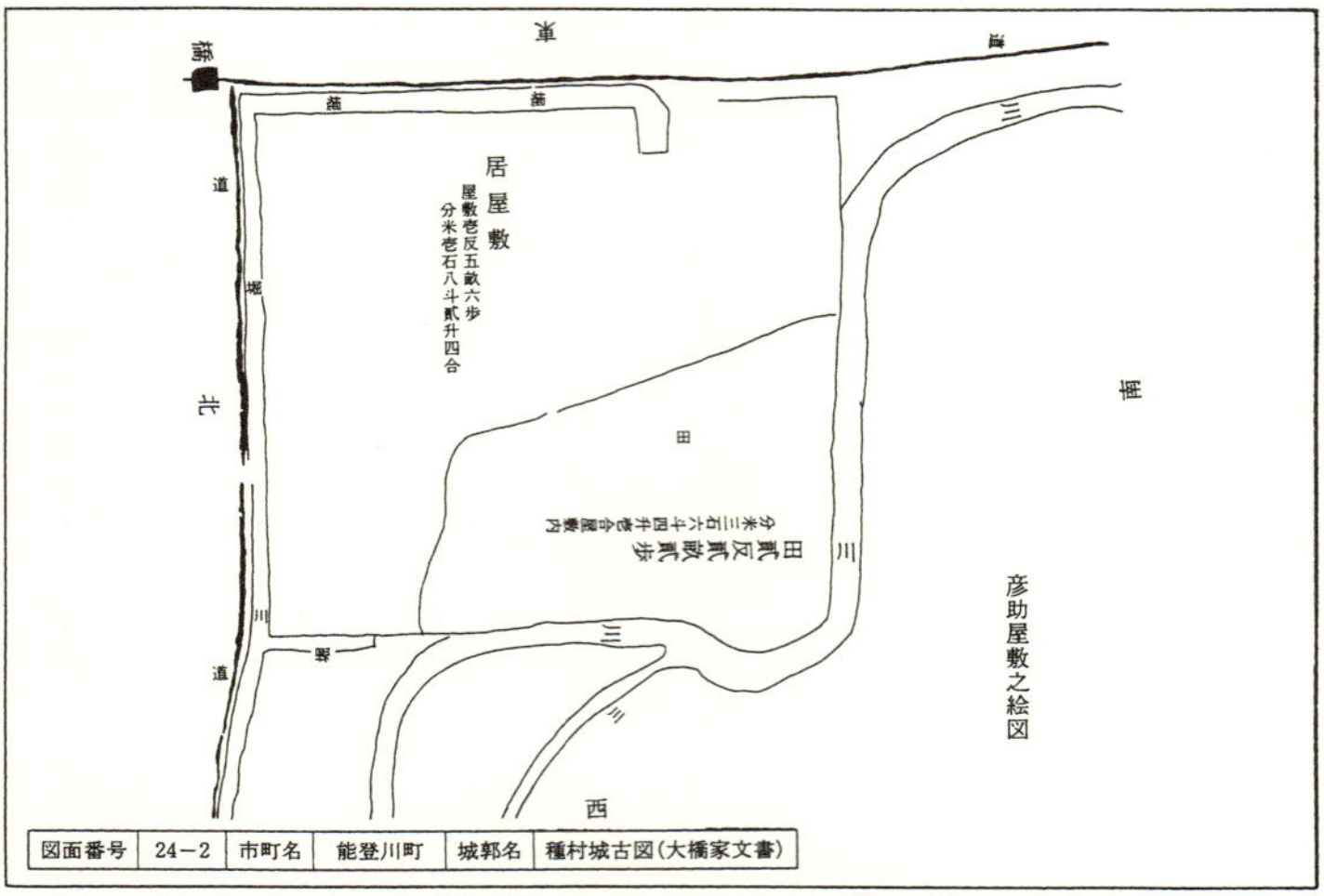

図2　種村城古図（『滋賀県中世城郭分布調査4』より）

氏の菩提寺善教寺が存在することなどは、村落の祭礼や宗教生活への城主の関与のあり方を窺わせるものがあると思われる。この他、屋敷の敷地内からは、地面を掘った時に人頭大の石をかためたものが四メートルほどの間隔で出たとのことで、建物の礎石の根石である可能性も考えられる。

垣見城

垣見には元亀二年（一五七一）に永田栄俊が在城して信長に抗していることなどが知られるが、城主等の詳細については不明な点が多い。しかし、ここには二ヶ所の城館趾が認められ、興味深い地名と言い伝えを残している。一つは郡志も指摘した集落内の微高地である小字「殿屋敷」、もう一つは集落の西部、躰光寺川が堀状に廻った中にある「姫屋敷」であり、そこに家を建てると栄えな

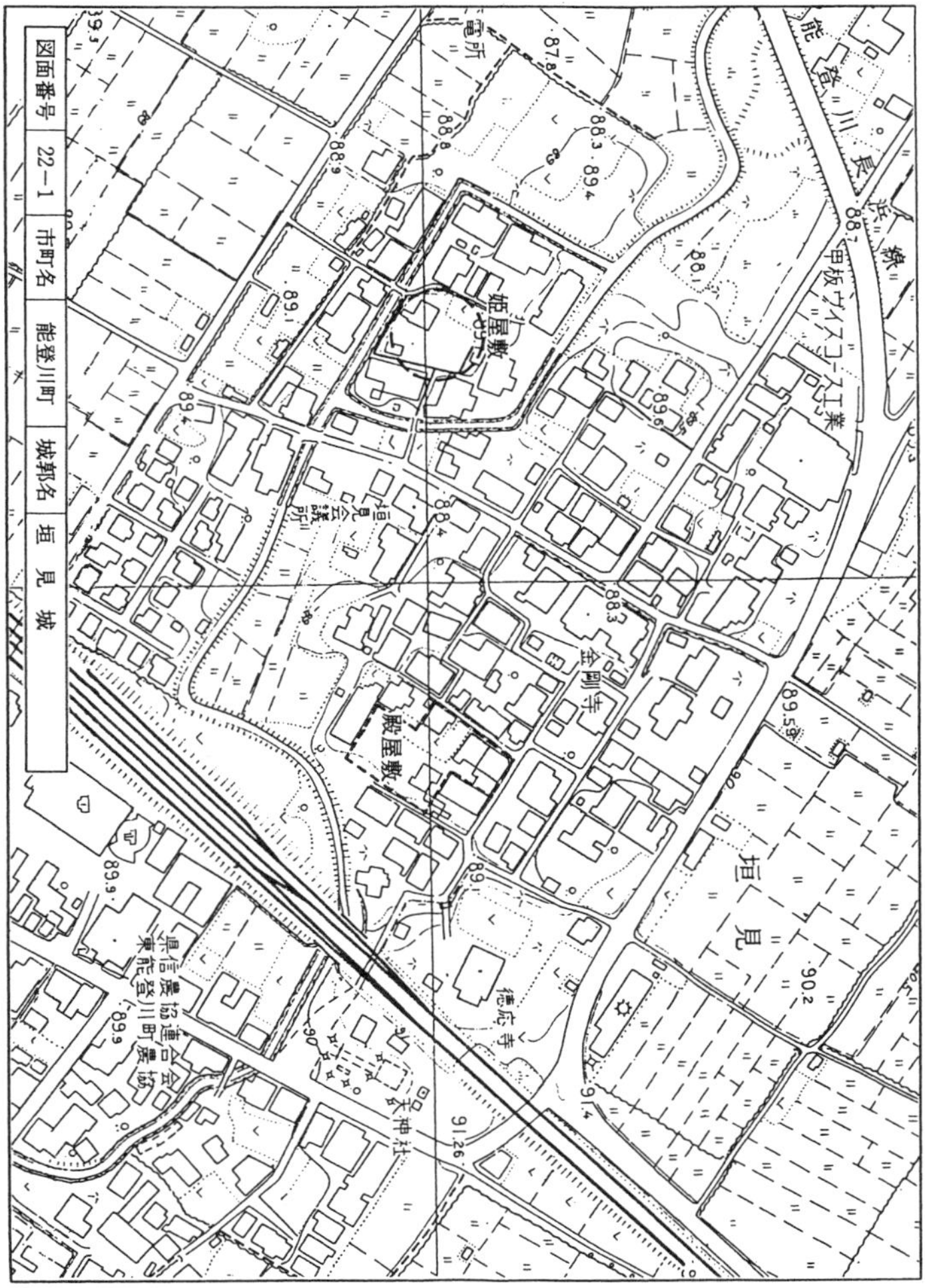

図3　垣見城地形図（『滋賀県中世城郭分布調査4』より）

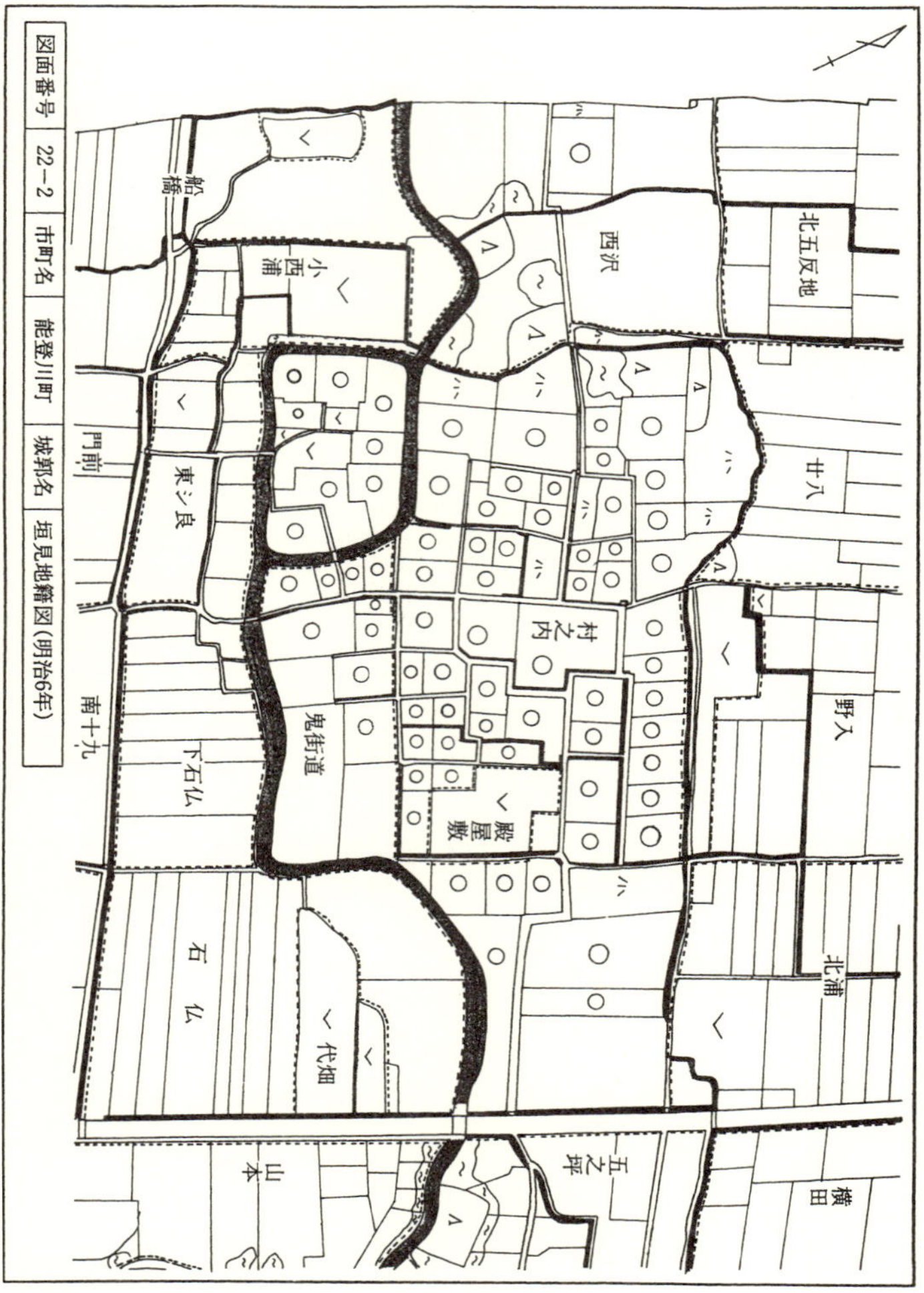

図4　垣見地籍図（明治6年）（『滋賀県中世城郭分布調査4』より）

い、不幸があると言われている（このことを「のだたん」と言う）。現在も畑地が残されているが、明治六年の地籍図（図4）ではより明瞭に窺われ、「殿屋敷」は小字全体が一筆の畑地となっている。城館趾が集落内の畑地として残されている例はこれまでの調査でも見られた所であり、また「家を建てると栄えない」といった一種のたたりのある場所として言い伝えられていることもしばしば見うけられるが「のだたん（「伸立たん」か）」という独特の言葉が使われているのは面白い。

その他

大字小川の小川城趾も垣見城と同様の例であり、小字「城ノ内」（「城ノ町」とも）の中の「城屋敷」、及びその西の一画が、やはり家が「のだたん」所だとされている。詳しくは報告書（『滋賀県中世の城郭分布調査四』、一九八六年）に譲りたいが、この他、堀の一部を残し庄屋クラスの屋敷の趣もとどめる川南城趾、上《かみ》に向って流れる「さかさ川」が堀跡と思われる新村《しむら》城趾、美しい水郷の一画に遺存する伊庭城趾、家康の伊庭御殿など様々な城館趾に接することができ、実りの多い調査を行なうことができたことに改めて御礼を申し上げたい。

＊　＊　＊

垣見城については遺構と直接の関係はないのだが、その後垣見氏について若干史料のあることを知った。公家山科家に伝存した『山科家文書』のいくつかがそれで、一四世紀後半、飛騨国に守護京極氏の被官として在国し、山科家の所領を押領していることが知られる。現在の遺構はもう少し後のものだろうが、その本拠地が能登川町の垣見城であったと考えてよいだろう。文献史料については、『江馬氏城館跡Ⅱ』（一九九六年、神岡町教育委員会・富山大学考古学研究室）を御参照頂ければ幸いである。

6　城館趾の調査（三）——野洲町北村・守山市矢島——

期せずして旧野洲郡内の二つの村を訪ねる機会があり、古文書の調査が目的であったが、城館趾とそれをめぐる歴史について報告書にない新たな知見を得ることができたので紹介しておきたい。一つは現野洲町大字北（通称北村）の北村城（木村氏館）、もう一つは現守山市矢島町の矢島御所である。

木村氏館

まず木村氏館だが、平面は台形で、周囲にはかつては船が入り琵琶湖とつながっていたという堀がよく残り、土塁も隅の櫓跡と思われる高みを含めて三方に残存している（図2）。典型的な土豪の居館趾、と言って済ませてしまいそうになるが、当主木村盛美氏のお話などから、実はこの部分だけで遺構の意味を考えては極めて不十分であることがわかった。

まず、図3の様に「外堀」があり、環濠集落の態をなしている。これを明治初年の地籍図で見ると、道が堀と交わるA～Eの部分では、道または堀が屈曲して横矢がかかるように防御的な工夫が施されているのがわかる。また、村の東北隅にある八幡神社は、高さ約二メートルの基壇の上に建っているが、これは外堀を掘った時の土を積み上げて造った見張り台であると伝えられている。さらに、村内

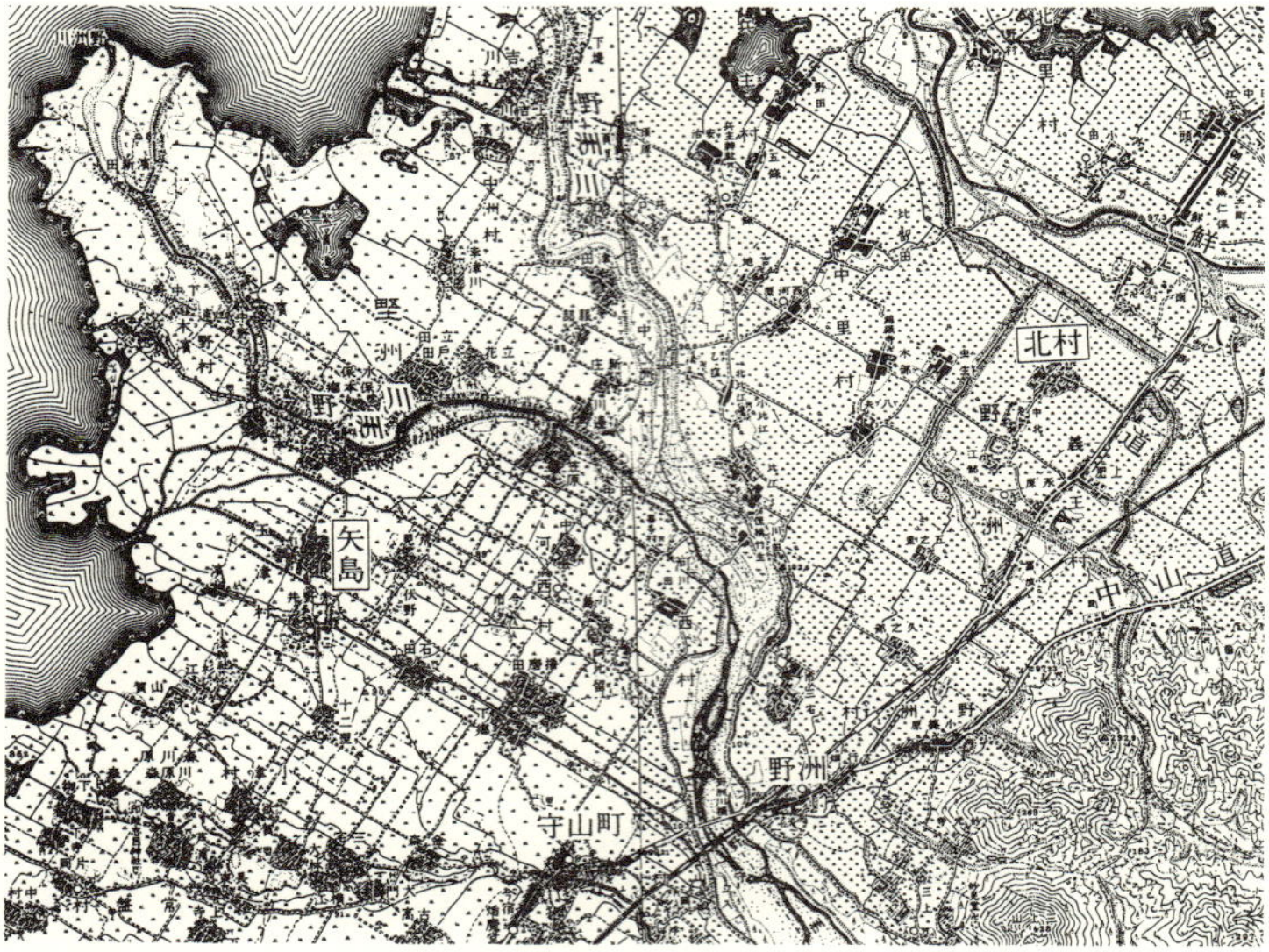

図１　木村氏館・矢島御所位置図
（５万分の１地形図「京都東北部」1909年測図，「八幡町」1892年測図）

には元木村氏の家臣で木村氏に従って北村にやって来たとされる家があり、木村氏館の近くや村の隅など要所に配されている。これらの家を「十家《じゅっけ》」といい、それぞれ「家老」、「槍大将」などであったとされている。八幡神社に隣接する専念寺はその一つであり、その多くはここの檀家である。北村には現在三ヶ寺があり、いずれも真宗西本願寺派だが、木村家は浄土宗で以前は安土の浄厳院の檀家であったという。

木村氏の本来の出身地は現蒲生町の木村と思われる（『近江輿地志略』）が、現在城館趾は確認されていない。その後佐々木荘に移ったとされ、永正七年（一五一〇）没の重春は「蒲生郡豊浦城主」、

写真1　八幡神社　外堀を掘ったときの土を盛ったという伝承をもつ.

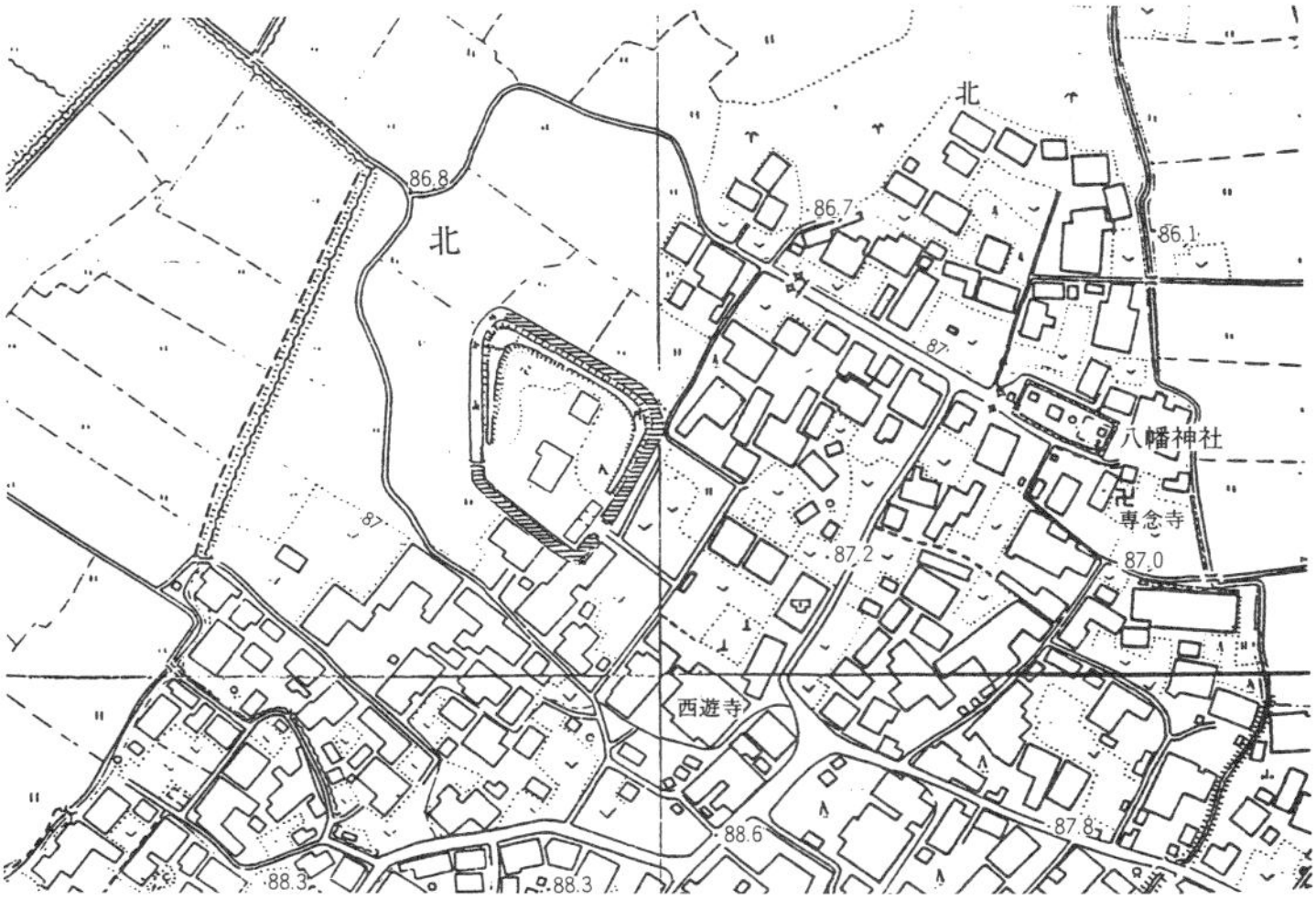

図2　北村城（木村氏館）の遺構
（『滋賀県中世城郭分布調査3』より．村田修三氏原図）

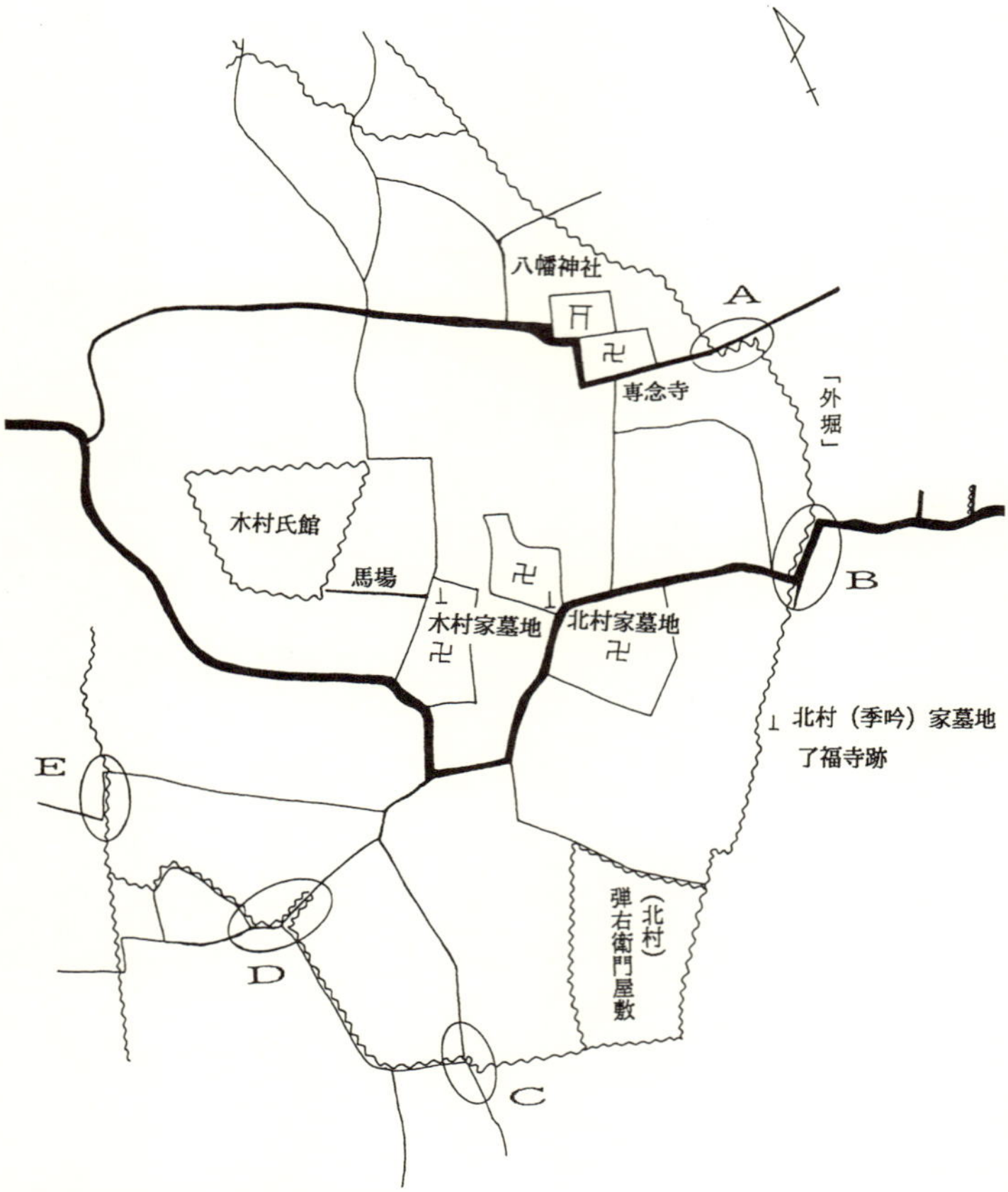

図3　北村の集落と木村氏館
(「明治初期の地籍図」〈野洲町史編纂室編『明治の村絵図』所収〉による)

その子で天文一三年（一五四四）没の重興から野洲郡北村に住んだという（木村氏家系図）。中世の事跡についてはよくわからないが、六角承禎・義治のころ、特に観音寺騒動以後には六角氏が最も頼みとした家臣の一人であったことがうかがえる。信長の近江侵攻の時には馬淵氏らと共に和田山城に立て籠もったとされ（『近江輿地志略』）、一族の木村次郎左衛門尉高重は後に織田信長に仕えて安土城の普請奉行などをつとめた（木村氏系図、『信長公記』など）。その後嫡流は秀吉の下で豊前を治めていた毛利吉成・吉政父子に従い朝鮮出兵にも参加した（木村小平次宛知行充行状、家譜）が、おそらく関ケ原合戦に破れて帰農の道を選んだのであろう。江戸時代には故郷で三上藩とも関係を持ちつつ医業を営んだ（第三章参照）。

ともあれこの北村の遺構は、中世後期における城館と村落のありかたを示す一つの指標として、他の事例との比較検討に貴重な知識を提供してくれる。愛知郡秦荘町の目賀田や神崎郡永源寺町の一色などで既に指摘されている、城館を中心に再編された村落の意味については特に示唆する所が大きいのではないかと思う。

なお、この他に村内には元庄屋の北村氏の住んでいた「弾右衛門屋敷」と呼ばれる一画があり、土地がやや高く周囲に溝がまわっている。明治の地籍図でも、木村家同様広大な一筆の屋敷地である。江戸時代初めに北村季吟を出した一族であり、やはり中世城館の所在地と見てよいであろう。「北村」の名を負うことから考えれば、より古くからの土豪であろうか。この家も浄土宗であり、木村家と北村家の墓地のみは集落から離れた共同墓地ではなく村の中にある（図３）。

矢島御所

もう一つは室町幕府の復興をめざす足利義昭が一時滞在していたことで知られる、現守山市矢島町の矢島御所である。永禄八年（一五六五）一一月、兄の一三代将軍義輝の横死の後に興福寺一乗院を脱出して甲賀の和田氏のもとに身をひそめていた一乗院覚慶、後の義秋・義昭がなぜここを頼ったかというと、ここを本拠とする矢島氏が奉公衆（将軍の直臣）だったからである。

それに関して次の様な文書が残っている。

江州矢島郷諸侍・寺庵跡職、田畠所々散在の事、有り来たる如く相違有るべからず、御領所たるに依り、先規の如く諸役免許せしむる上は、一切非分の族有るべからざるの状、件の如し、

永禄十二年

三月　日　信長（朱印）

矢島同名中

（京都大学文学部博物館所蔵）

義昭を奉じて入京を果たした信長が、義昭をかくまった功績も認めてであろう、矢島氏一族にその支配する矢島郷を御領（料）所（幕府の直轄地）として諸役の免除を認めたものである。おそらく室

町時代からの幕府の御料所が設定されており、矢島氏はその代官的な存在だったのではないかと思われる。

地元の矢島町自治会が所蔵する古文書によれば、この少し後の慶長年間（一五九六～一六一五）には「矢島松斎吉竹」なる人物が在地の有力者として水論の調停などに活躍しており、また野洲川の水害から村を守るために隣村赤野村の伊賀坊（専念寺六世了誓）と共に、「松斎堤」と呼ばれる堤防を築いたことが語り伝えられている（この堤は圃場整理でほとんど消失し、現在記念碑が建っている）。義昭当時には「矢島越中守」の居たことが知られるが（奥野高廣『足利義昭』）、義昭を庇護し、信長から安堵を受けたその人物は、この松斎かあるいはその先代であろう。矢島氏はその後江戸幕府の旗本となって矢島の地を離れ、現在その居館ははっきりしないが、少林寺西方の大角氏宅がその跡と言われている。「同名中」である以上、館も複数あってしかるべきかもしれない。

矢島御所はその近く、一休ゆかりの寺として知られ矢島氏一族も関わっていた少林寺に接した所にあり、現在自治会館が建つ。おそらくこの付近一体が矢島氏が所有していたか何らかの支配権をもっていた土地であり、その一画に義昭の館を造らせたのであろう。あるいは既に何らかの施設があったかもしれない。

遺構は現在は周囲に堀の痕跡が残り、土塁はごく一部に盛り上がりとして残るのみだが、かつては現在児童公園となっている部分の東半に堀が残り、明治六年の地籍図によれば三方に土塁が残ってい

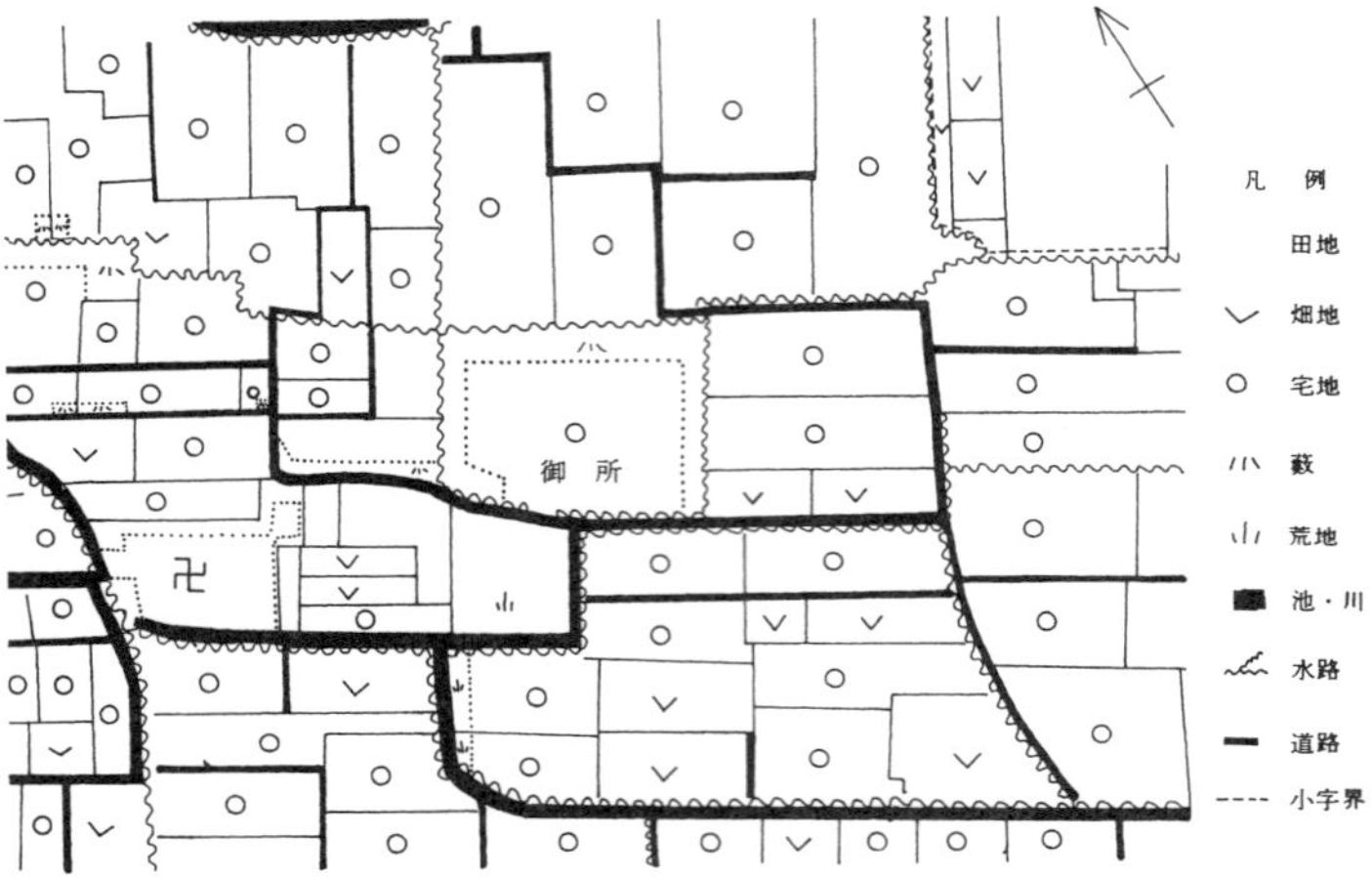

図４　矢島地籍図（明治６年）小字「東出」の一部

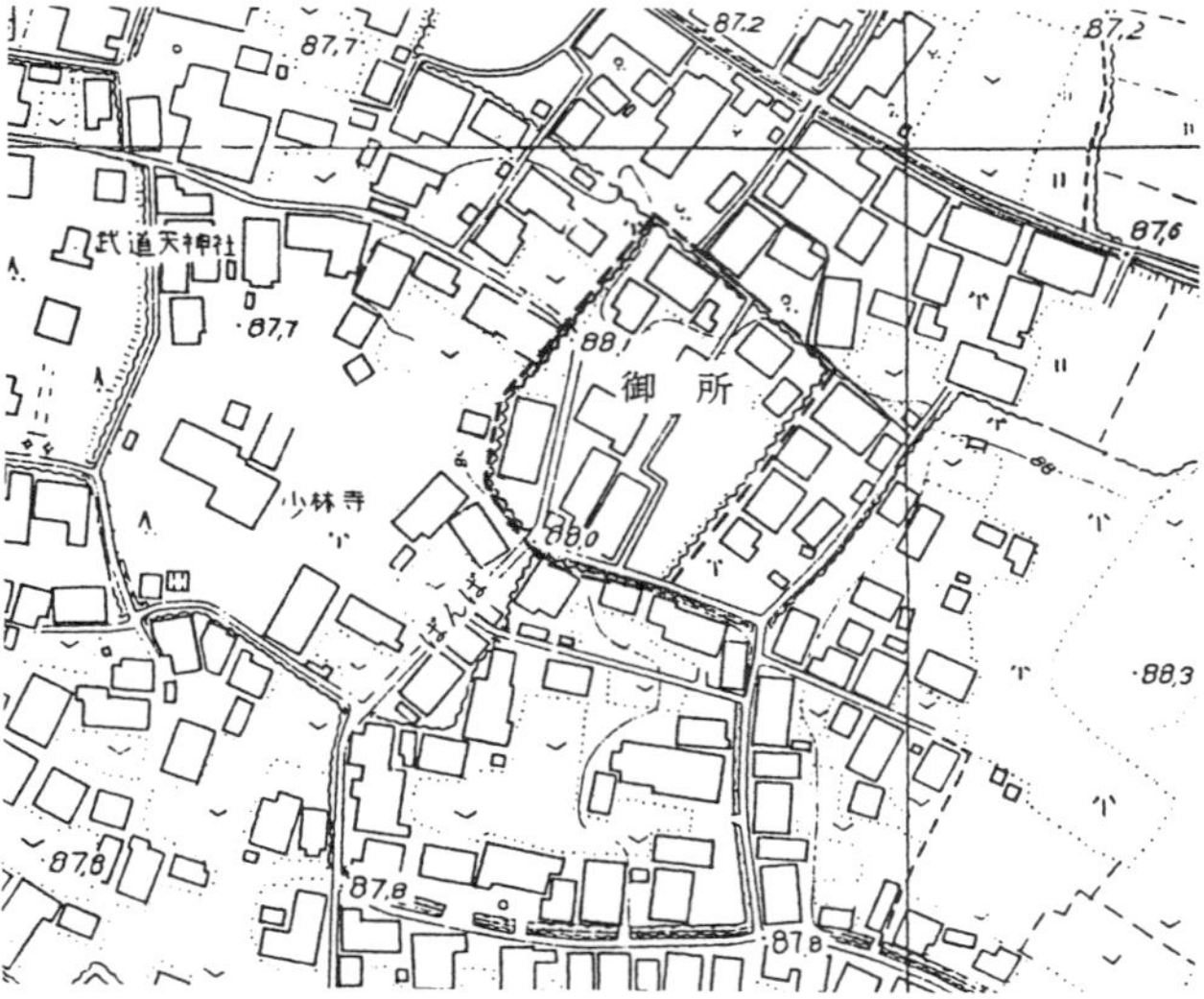

図５　矢島御所（『滋賀県中世城郭分布調査３』を修正）

たこともわかる（図4）。地図に落としてみると、約五〇メートル×六〇メートルのややいびつな方形である（図5）。

御所の跡地には大溝藩の陣屋が建てられ、明治初年に村へ払い下げられて会所として使われていたが、図6の絵図は、その敷地と建物の間取りを示したものと思われる（なお、山本威氏の聞き取りによれば大正初年までは三層の建物だったという）。周囲の線は土塁と堀を表したものと思われ、これによると東側と北側は土塁・堀が二重になっていたことがわかるのである。

当初からそうだったとすれば、矢島氏の館もある少林寺の側は一重で済ませて、外側に当たる方面の防備のみを固めたものだろうか。意外に本格的な造りだが、これが義昭の「御所」として造られたとすると、一乗院を出てから矢島に移るまで三〜四ヶ月の間があるので、その間に義昭のための館を準備していたことになろうか。

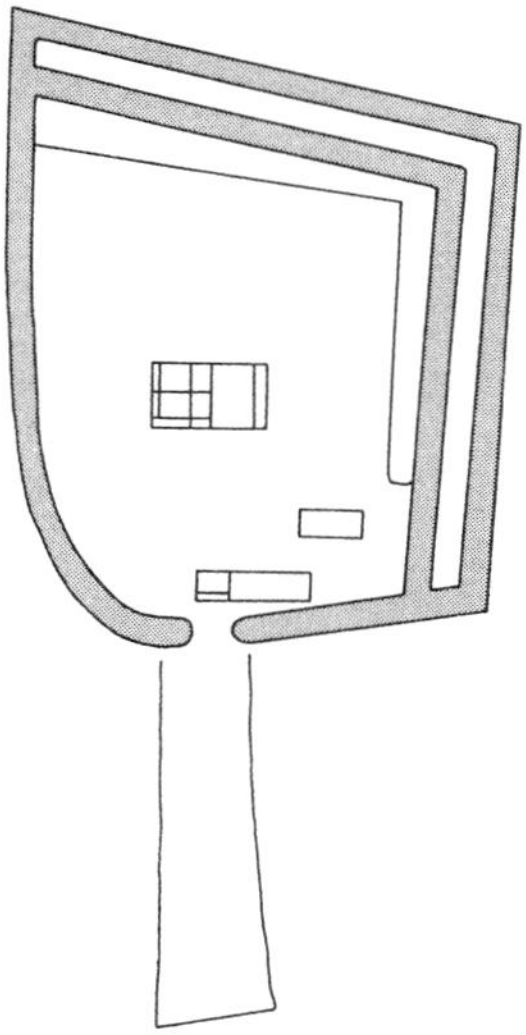

図6　矢島御所跡差図
（年未詳，矢島共有文書．堀と推定される部分をアミで示した）

なお、絵図で門の南に突き出した部分は「バンバ」と呼ばれている道と思われ、この道の両側は会所の土地と共に村の共有地（地下地《じげち》）だった。木村氏館でも門の前の道は馬場《ばんば》と呼ばれており、あるいは一般的な呼称なのかもしれない。

矢島氏は足利幕府のいわゆる六角征伐にも従軍した忠実な奉公衆であり、木村氏は六角氏の重要な家臣の一人である。こうした両者が共存しているのは考えてみれば不思議なのだが、それが中世社会の現実でありまた面白いところでもあろう。この他にまだ山門に従う山徒などもいるのであり、京極・浅井対六角といった単純な図式では到底近江の中世史は理解できない。そして、城館趾のような具体的な素材から、更にいろいろな事を明らかにしていけるはずなのである。

以上、木村氏については木村盛美、矢島については八幡由松氏・山本威氏より特に御教示を得た。記して謝意を表します。

＊　＊　＊

なお、奉公衆としての矢島氏については、一五世紀半ばの『文安年中御番帳』『永享以来御番帳』(1)に「矢島新左衛門尉」「矢島次郎」、長享元年（一四八七）将軍義尚による「六角征伐」の時の『常徳院江州動座当時在陣衆着到』(2)に「矢島中務丞」、明応元〜二年（一四九二〜三）の『東山殿時代大名外様付』(3)に「矢島六郎」の名が、五番編成の内の三番の番衆としてそれぞれ見えている。

注

（1）共に『群書類従』雑部所収。福田豊彦「室町幕府の『奉公衆』」（『日本歴史』二七四、一九七一年、同『室町幕府と国人一揆』一九九五年、吉川弘文館）参照。

（2）『大日本史料』第八編二〇所収。

（3）今谷明「『東山殿時代大名外様附』について」（『史林』六三―六、一九八〇年）。

7　平地城館趾と寺院・村落

城館趾を地域史と在地構造分析の史料として活用[1]していくにはどうしたらよいのだろうか。遺構の、特に軍事的な側面の構造を分析する縄張り論はその一つの有効な方法だが、土豪・国人の居館として地域の日常的な支配と直接に関わっていたはずの平地城館趾については、遺構の性格と残存状態の悪さから必ずしも有効な手段たりえないうらみがある。ここでは、一つの試みとして、その残り方自体を通してこの課題を考えてみたい。具体的には、滋賀県での中世城館分布調査に参加して気のついたことだが、城館趾が寺院、特に真宗寺院と重複して残存する事例がかなり見られるということである。以下、南近江での事例を紹介しながら、それが地域や村落の歴史の中で持った意味を考察することとしたい。

1　金森城と金森御坊（守山市金森町）

最初に、中山道と湖岸を結ぶ街道として中世に栄えた、志那街道に沿った地域での事例を検討してみたい（図1参照）。

まず、蓮如を擁しての、また信長に対抗した一向一揆の拠点として知られる金森を取り上げる。寺

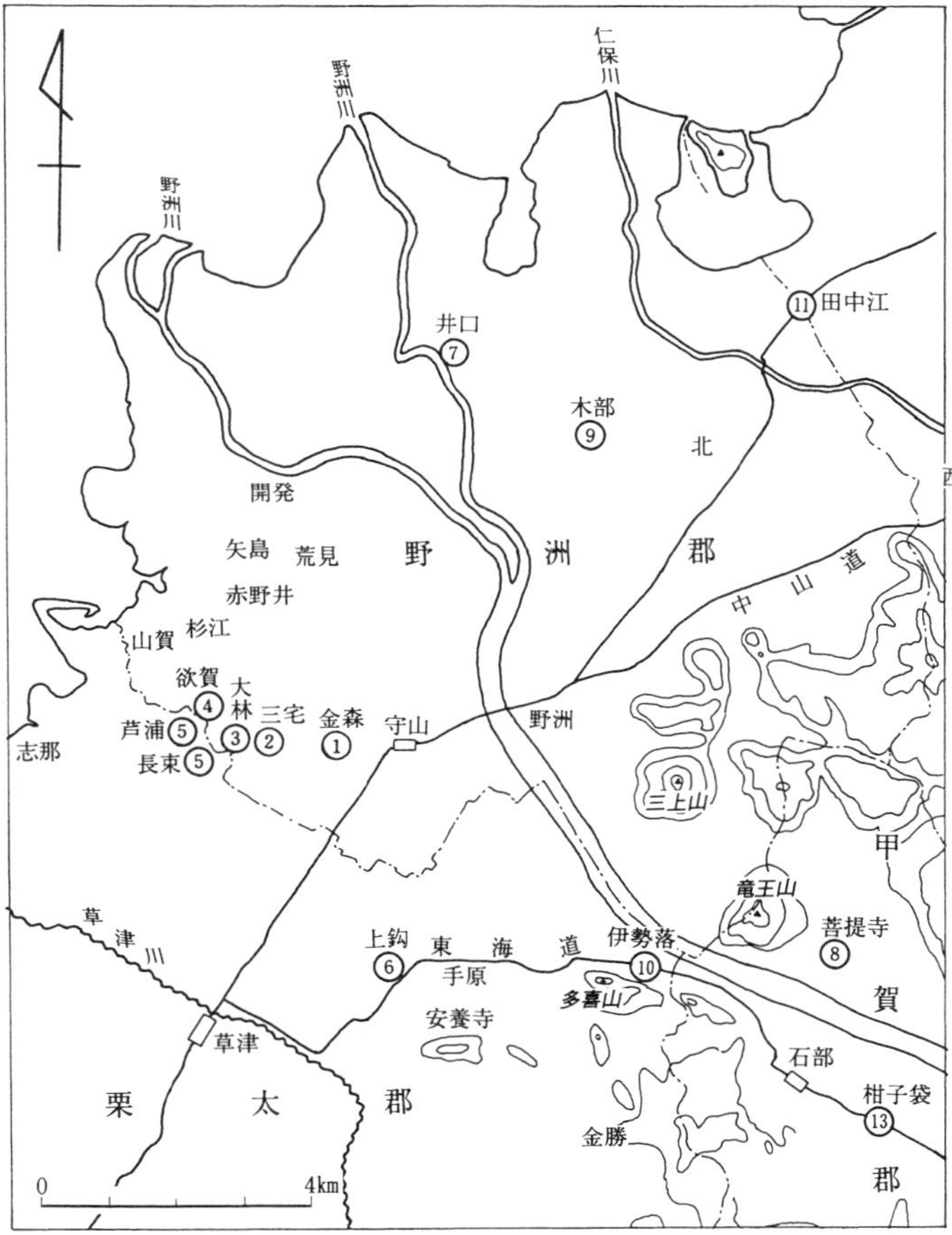

図１　城館趾位置図（数字は本節の項の番号）

内町としての金森については既に別稿で触れたが、(2)ここで注意したいのは、環濠に囲まれていたと考えられる集落に接して、その南外に存在する城館趾である(3)（図2、3参照）。ここは小字城ノ下、現在は住宅地となっているが、かつては微高地の藪（図3の天保図では主に畑）であり、城であったと伝承されている。

この「城」に居住していたのは、おそらく川那辺氏である。金森には野洲川伏流水の湧水地で、下流の村に引水するユ（井、湯、涌）があり、下流の村々に対し「水の親郷」として強い権限を持っていたが、川那辺氏はこうした水の支配を通じて有力化した土豪と考えられている。(4)そして寛正六年（一四六五）の山門による本願寺破却によって京都を逐われた蓮如を迎えたのもこの川那辺氏の道西であった。金森には現在東本願寺別院の御坊（懸所）とこれに隣接し管理にあたっている善立寺（もと善龍寺）・因宗寺の二ヶ寺があるが、いずれも川那辺姓で、その系図にも城主としての経歴が謳われている。(5)

御坊の位置は蓮如の時から変わらないとされ、(6)おそらく土豪の居館趾に一般的に見られる様に、（川那辺氏の）「城」の東北すなわち鬼門にあった何らかの宗教施設をもとに発展したのではないかと考えられる。御坊に隣接する、天保図の「御蔵」の付近には「サンノーサン」または「サンノミヤ」と呼ばれる地すなわち山王社の跡があるが、これもやはりその一つであったと考えられる。この城の東北隅と鐘撞堂（御坊の東南隅）の間は葬式と神輿は通ってはいけないというタブーの伝承があるこ

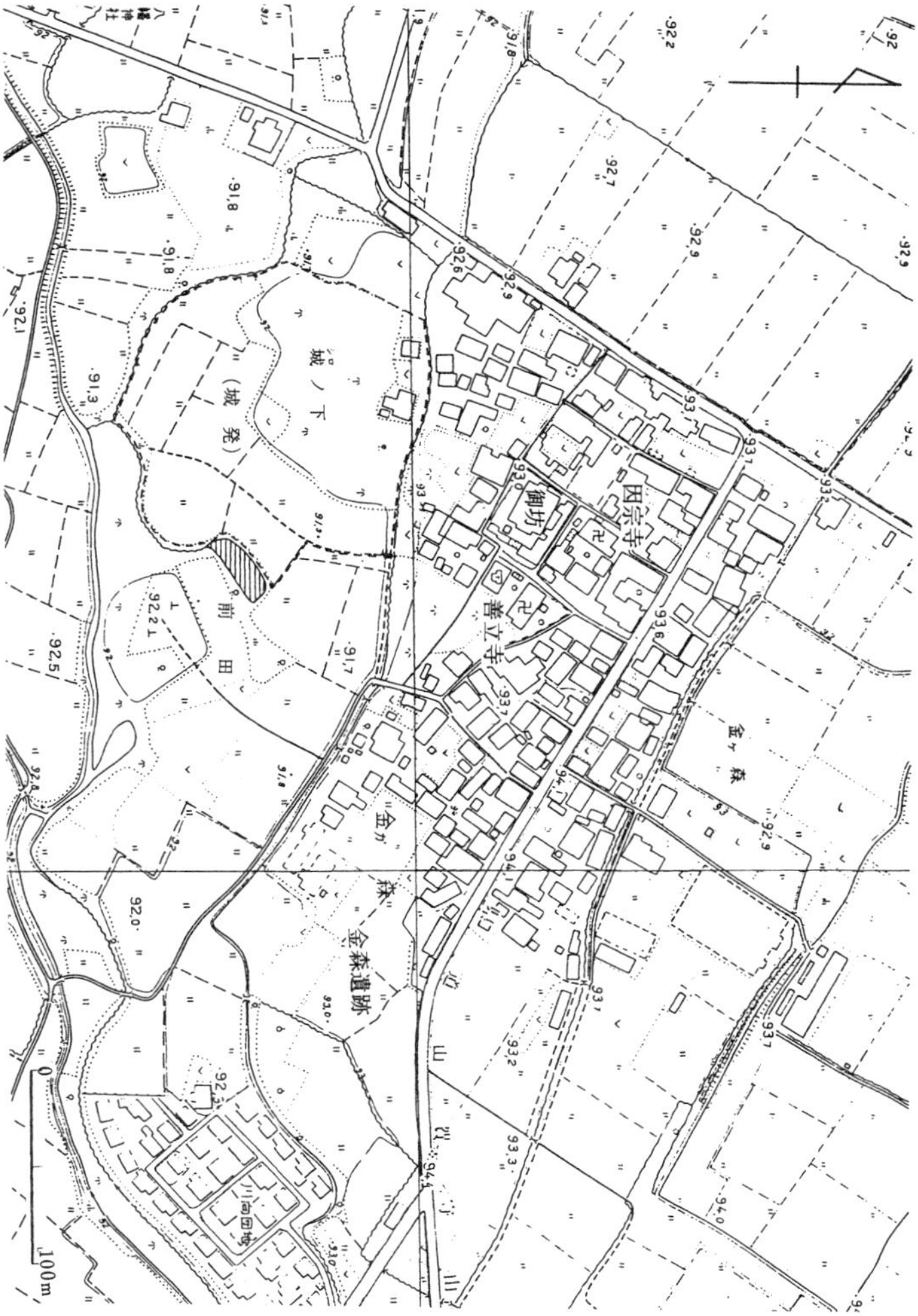

図2　金森城・御坊と金森の集落（注(68)文献に加筆）

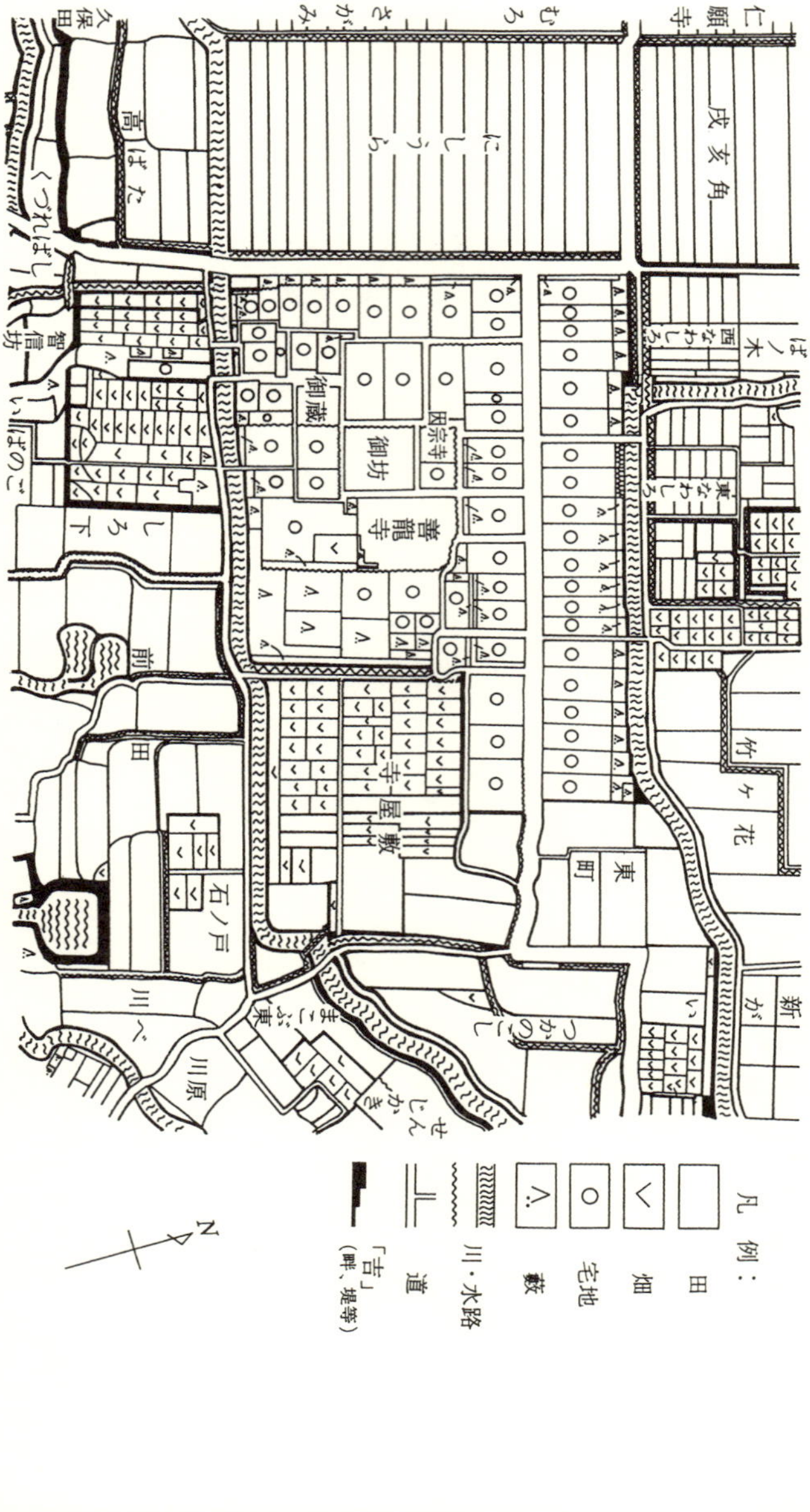

図3　天保7年（1836）金森村絵図（原図金森御坊蔵）

とも興味深い。(7)

さらに金森には「寺屋敷」「大御堂」などの地名が知られる寺院趾があり(8)（図3参照）、鎌倉期の石宝塔も存在することなどから、(9)古代ないし中世前期から寺院が存在したと考えられる。

以上を歴史的推移として整理すると、まず山門末の天台宗寺院が存在し、川那辺氏も荘官などの形でこれに従属していたが、次第に在地領主として勢力を貯えると共に真宗に転じて荘園領主から自立し、集落も真宗寺院を中心とする環濠集落として再編されて寺内町化し、いつの時代でかは明らかでないが、川那辺氏は土豪としての性格を失って寺院として存続した――以上のように考えることができるのではないだろうか。

2　三宅城＝蓮生寺（守山市三宅町）

金森の隣村であり、蓮如を迎えたこと、信長に対する一揆の拠点となったことが金森と共通する三宅でも、やはり真宗寺院と城館趾の関連が認められる。集落の南端に位置する真宗大谷派の都賀山蓮生寺は、寺伝によれば持統天皇の頃霊泉湧出の奇瑞(10)によって建立され、のち長楽寺と改め、中世には叡山に属していたが、源頼政の後裔と称し寺主であった三品氏の源太宗直が蓮如に帰依し、了西と号し真宗に転じたという。(11)集落内の薬師堂には平安期の仏頭が存在することなどから、持統天皇はともかく、実際に古代から寺院が存在したと思われ、中世には叡山の末寺となり、荘官の形で荘園領主としての寺院権門に従属していた土豪三品氏が蓮如を迎えて自立するという、金森と同様のパターンを読み取ることができよう。蓮生寺の本堂は元和元年（一六一五）建立の典型的な真宗建築として知られているが、その棟札ではなお「願主三品九左衛門尉光綱」と武士的な名乗りをしており、近世初頭まで土豪的な性格を持ち続けていたことが考えられる。

城館趾の遺構は、図4の様に、北側の一部が石垣化されるなどしてはいるが、蓮生寺の周囲に土塁と一部に堀が残存している。これだけで約半町四方の居館趾と見ることができるが、以前はその西北隣の一画にも土塁があったことなどから、ここも城館の一部だったことが考えられる。

蓮生寺の東（表）門は袋小路状の虎口を形成しており、中世後期の土豪の居館趾としてはやや不自然だが、慶長のころに「公儀御代官駒井猪之助」の屋敷となっていたと伝えられるため[12]、その時に改修されたものと一応考えておきたい。また蓮生寺の東外側の土塁は寺域を越えて延びているが、三宅の集落全体がおそらくは蓮生寺と薬師堂を隅とする環濠集落であったと考えられることから、その一部と見るべきものかもしれない。

蓮生寺とは対極の位置にある薬師堂には、先述の仏頭と十二神将像一体などの他、多くの仏像の破片が収められている。薬師堂自体は大正年間のもので、それ以前は自治会館の北西隣に「釈迦堂」と呼ばれていた建物があり、これらはそこにあったもので、長楽寺の仏像を持ってきたものといわれる。おそらく廃絶した顕密寺院の仏像が、なお村民の信仰の対象であった故に村堂化して残ったのではな

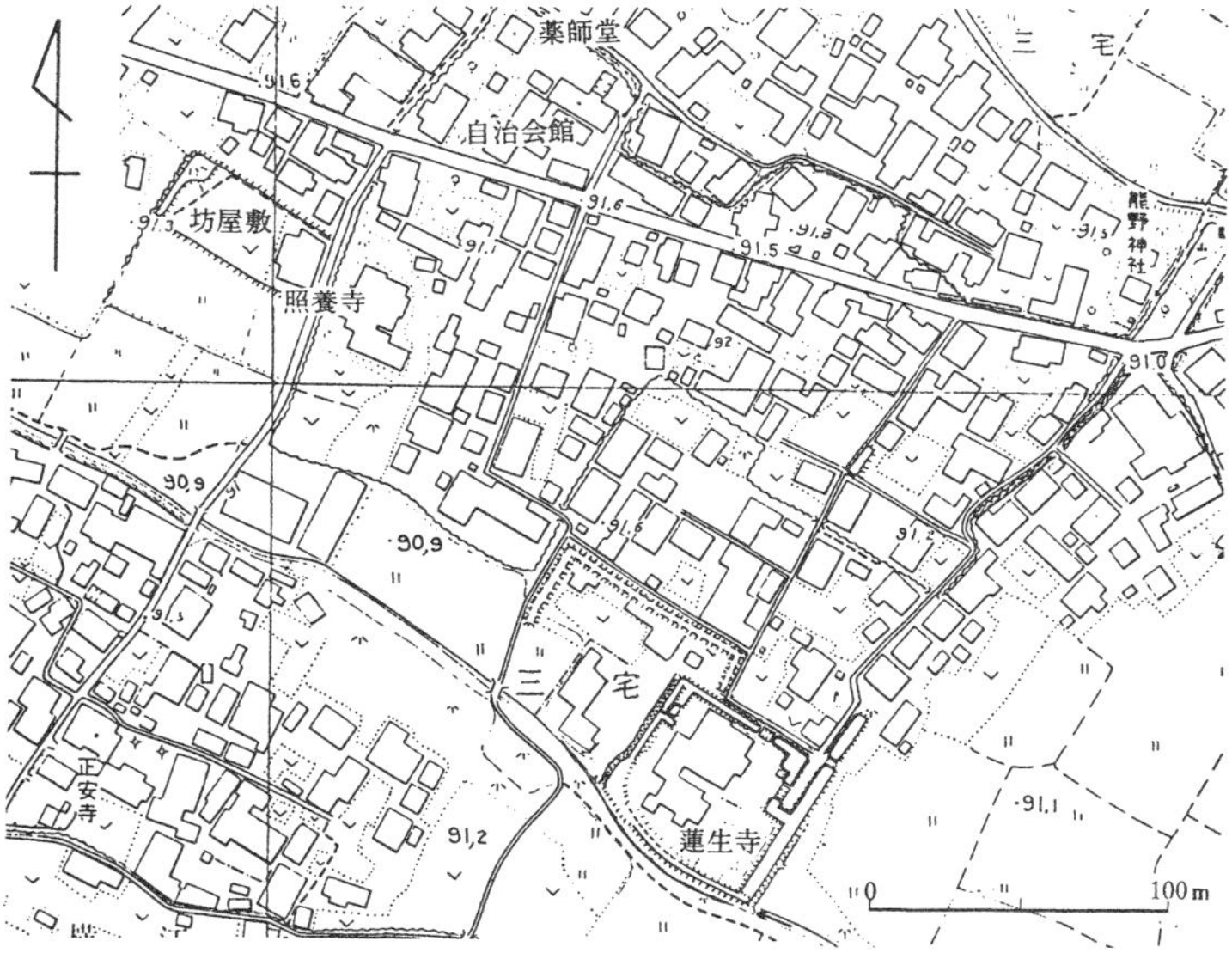

図4　三宅城（蓮生寺）と三宅の集落（注(68)文献に加筆）

写真1　蓮生寺表門付近に残る土塁

いかと思われる。惣としての村の中心である自治会館（会議所）と同じ場所にあるこの堂が、蓮生寺とは集落の対角線上に位置することは、土豪の村落支配の拠点である居館＝真宗寺院と惣の関係を象徴しているようでもあり興味深い。この点を金森について言えば、会議所は御坊の一画にあり、信長の朱印状(13)や近世の村関係の文書の一部も善立寺に伝来している。ここでは比較的早い時期に真宗寺院が土豪としての性格を失って惣と融合し、村（ないし町）のセンター的機能を持ったと見ることもできるのではないだろうか。

なお三宅にはこの他、集落西部に照養寺があるが、照養寺はもと天台宗で青木氏の建立とされ、またその裏には「坊屋敷」と呼ばれ天台の寺院があったと伝えられる地がある。現在は微高地の畑・藪で、寺院趾であることはほぼ疑いなく、信長に対抗した一揆の際には三宅の「真浄坊」が他宗でありながら味方に付いて馳走したことが知られていることから(14)、その跡ではないかと思われる(15)。城館趾と言えるほどの遺構は確認できないが、真宗化せず荘園領主・顕密仏教の側にとどまった土豪の、居館を兼ねた寺院だったのではないかと考えられる。

3　大林城と覚明寺（守山市大林町）

三宅の西隣の村大林でも、やはり真宗寺院と城館趾の一致が見られる。環濠のおもかげを残す集落の西端に位置する真宗本願寺派の覚明寺は、寺伝では聖徳太子の開基、天台宗で、佐々木氏幕下の大

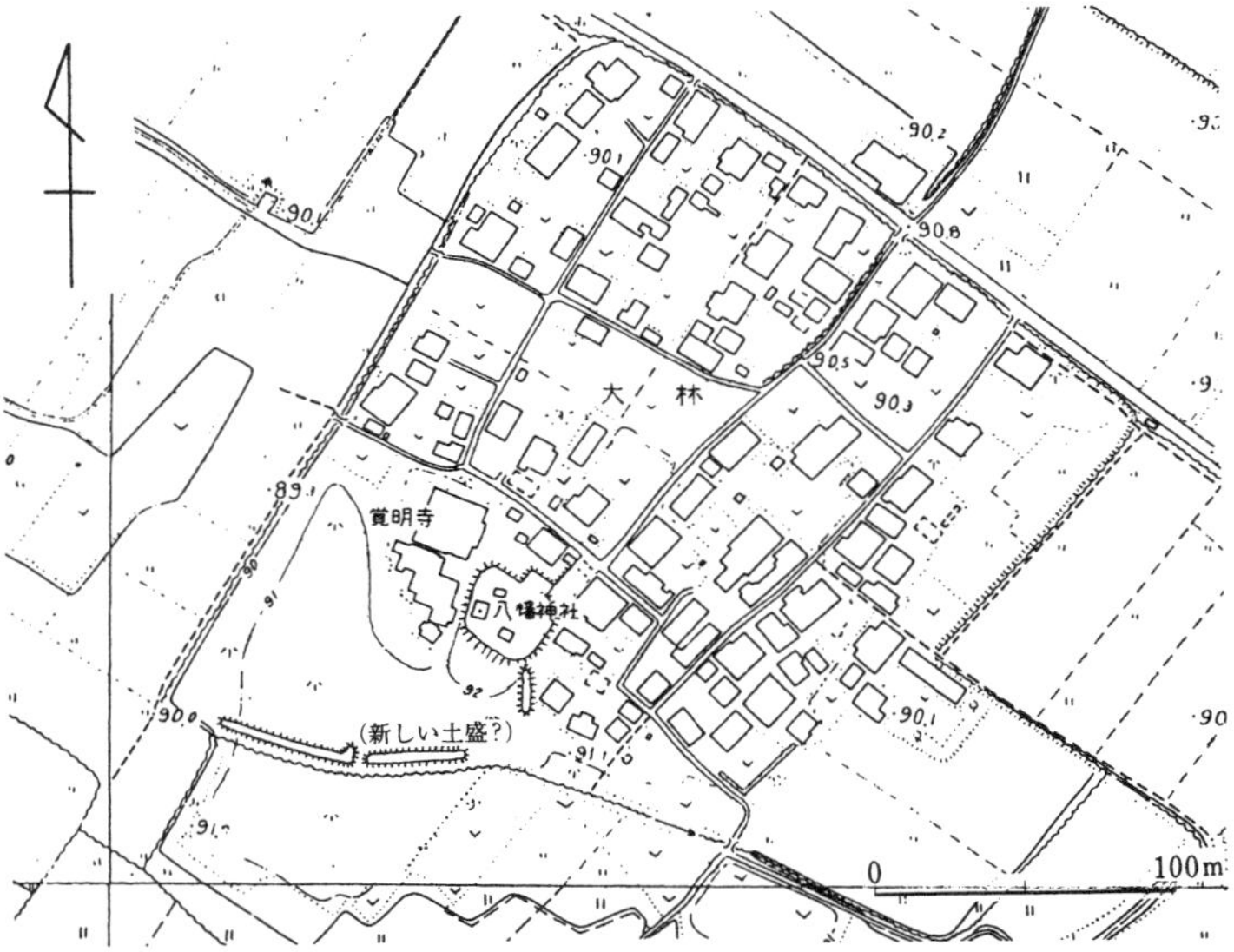

図 5　大林城と大林の集落（注(68)文献に加筆）

林城主大林源定基が大旦那であったが、信長の兵火で焼失し、天正一一年（一五八三）に大林城主宇野伊予守が出家し、真宗に帰依して旧跡に一寺を建立した、とされている[16]。

ここでも武士の関与が濃厚であったことが窺われるが、実際に城館趾と思われる遺構が覚明寺の背後の竹藪に存在する。まず南を流れる川は堀を兼ねていたと思われるが、それに沿った部分と八幡神社の南とに土塁が認められ、詳細は不明ながら方形の城館趾を想定することができる。また八幡神社は微高地の上に建っており、城館の施設の一部であった可能性が考えられると共に、城館の東北、すなわち鬼門の方角に祀られた神社だったことも間違いないと思われる。

寺伝の「大林氏」と宇野氏（覚明寺は現在も宇野氏）の関係など不分明な点もあるが、基本的には、山門末の天台宗寺院と荘官から勢力を伸ばしたと考えられる土豪が存在し、後に真宗へ転じたものと考えられる。ただこの場合は転派の時期が金森や三宅とは違い、信長死後の天正一一年とされていることが異なっている。事実であれば、土豪が在地領主としてのコースを許されなくなり、在地にとどまるには別の形を取らざるを得なくなった時点での選択と言えよう。

4　欲賀《ほしか》城と寺田氏（守山市欲賀町）

大林の隣村欲賀の真宗本願寺派浄光寺（寺田氏）は、寺伝では前身として「欲賀寺」があり、三宅蓮生寺同様に持統天皇が温泉涌出に感じて建立したとされ、大安寺別院であったともされる。(17)「欲賀寺」は直接存在を裏付ける史料に乏しいが、ここにも権門寺院の末寺となっていた古代以来の寺院が存在したことは十分考えられる。そして、浄光寺には石山戦争終決後の天正九年（一五八一）に出された顕如書状(18)があることから、それ以前に本願寺に属していたことが知られる。

寺田氏はその系図によれば、山城国久世郡寺田（現城陽市内）から弘安五年（一二八二）に近江国坂田郡箕浦に移住し、さらに欲賀へ移住して豊前守清信が「江南欲賀城主・山門属侍欲賀寺公文所」であったが、その第三子で「欲賀寺南院住職」であった若狭大輔清通が巧如（本願寺第六代、永享一二年

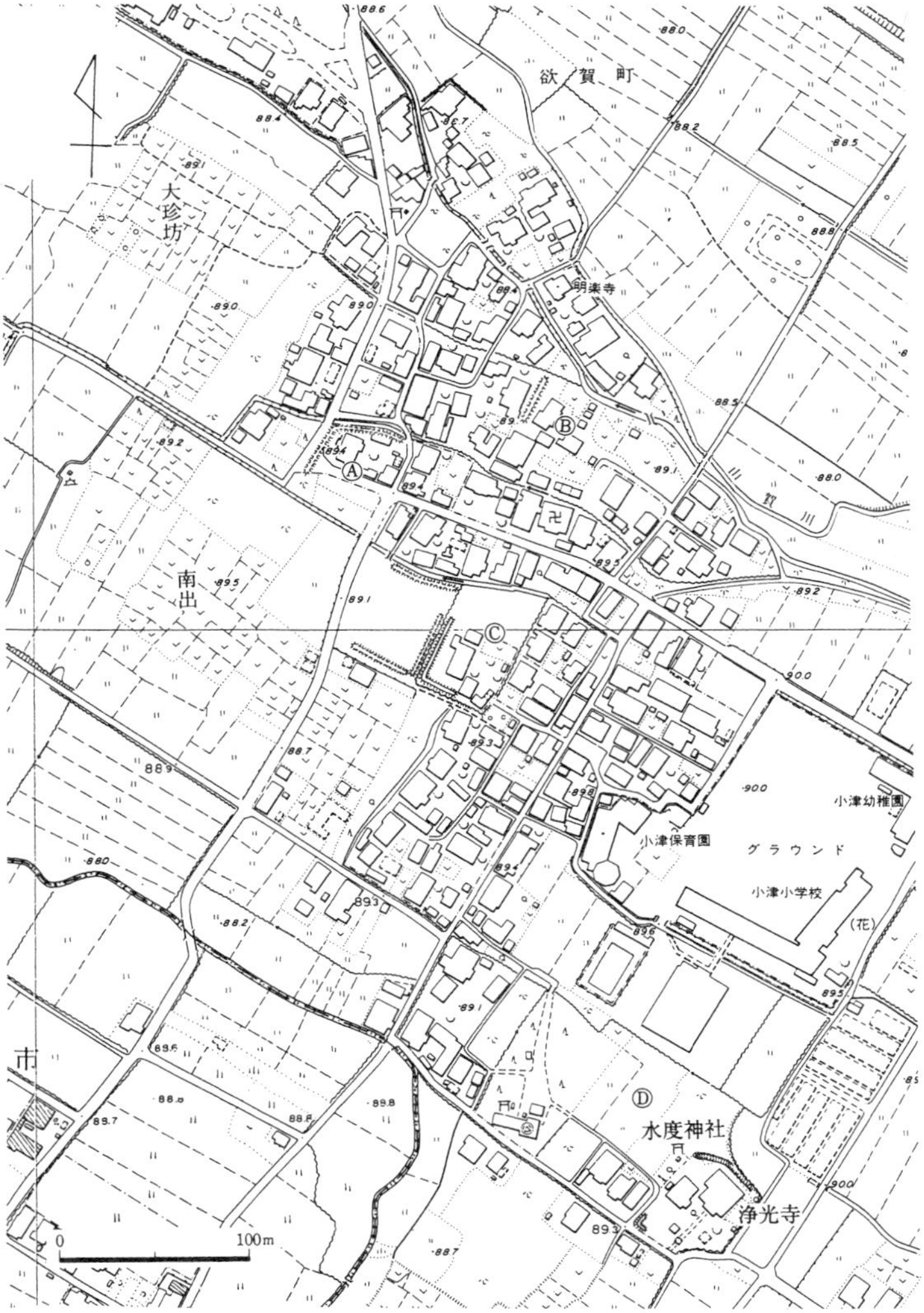

図６　欲賀の城館趾遺構

〈一四四〇〉没）に帰依してこれを道場とし、浄光寺の開基となったという。[19] ここでは「欲賀寺」は山門末の寺院だった様にされているが、いずれにしても荘園領主の末寺と一体となった荘官[20]が真宗化して自立、というコースをここでも想定することができよう。

遺構としては、浄光寺に小規模ながら一部に土塁と堀が認められる他、集落内には土塁を残すなど約半町四方程度の居館趾を想定できる家がいくつかあり、図6のCは堀がめぐり北・西の二方に土塁が存在し、Aは以前は北・東の二方に土塁があり、Bは北側に高い藪が最近まであった。C・Aは江戸時代に庄屋を勤めており、この他Dは先述の系図を伝えたやはり元庄屋の寺田忠左衛門家の屋敷跡だが、その規模からも同様の存在だったと考えられる。また浄光寺の東北隣には、寺田氏の出身地である山城国の寺田（現城陽市内）から勧請したという水度神社があり、城館との関係が考えられる。[21] これらの城館趾的な遺構がいつ造られたかは不明な点が多いが、欲賀には寺田氏が、おそらく同名中の様な形で勢力を持ち、近世には寺院あるいは庄屋といった形で存続したのではないかと思われる。

しかし欲賀の城館趾遺構はこれだけではなく、集落の西北隣に広がる畑地が、城ないし城畑と呼ばれ、微高地（特に西北側）で遺物も多量に採集され、また隣接して泉水だった一片の田があると伝えられるなど、明らかに城館趾とみなすことができる。先に見た集落内に存在する同名中的な城館趾との関係としては、時期的な差、廃絶した本城、あるいは他氏の城館[22]などいくつかの可能性が考えられるが、成案はない。しかし、やや規模の大きい集落に隣接した位置にある城館が放棄され、土豪の一

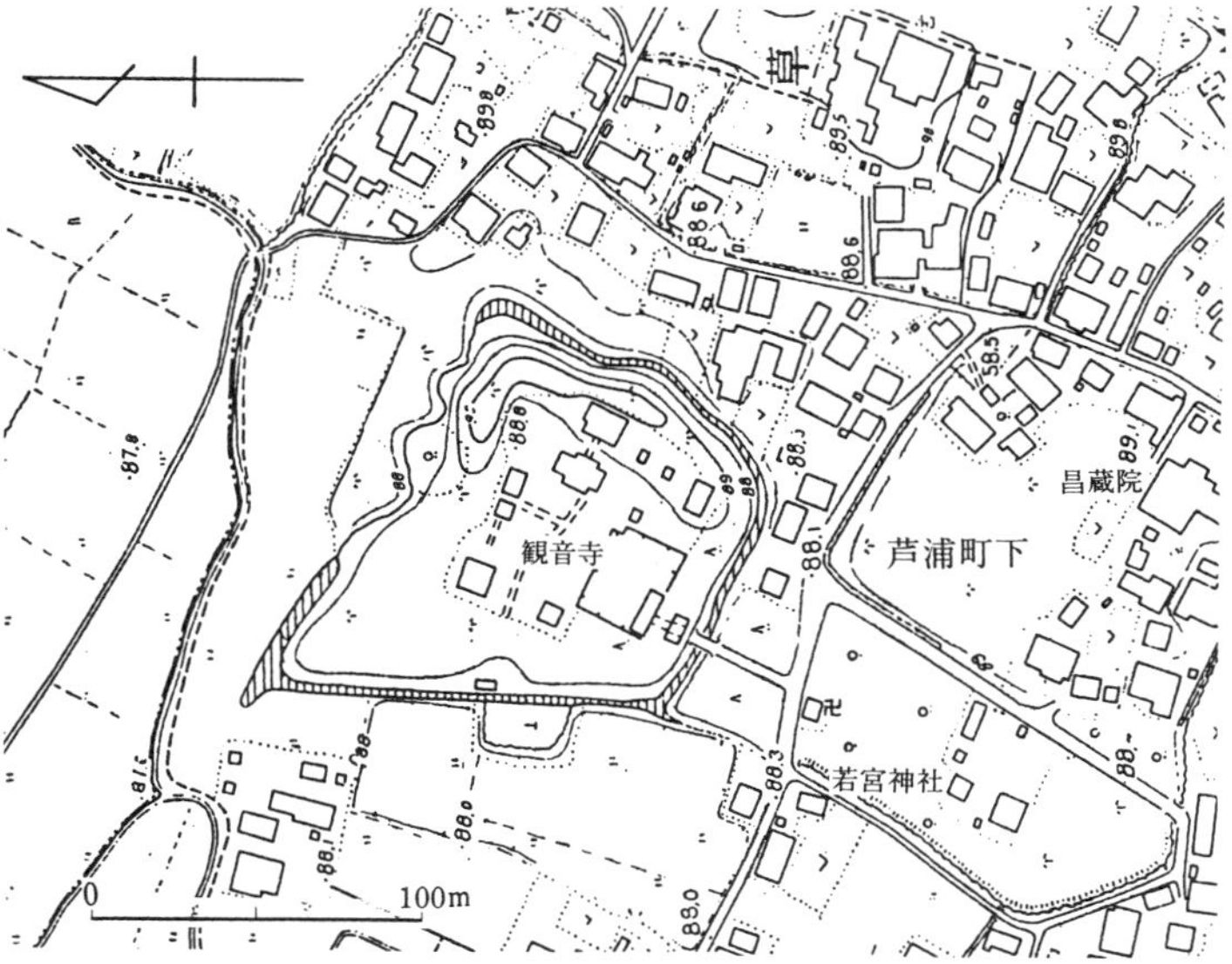

図7　芦浦城（芦浦観音寺）（注(68)文献より）

族は集落の中で、しかも一般とはやや異なった地位を保って近世に存続したという点で、金森の事例との共通性を見ることもできると思われる。

5　芦浦城＝観音寺（草津市芦浦町）と長束三坊（草津市長束町）

欲賀の西隣の村芦浦の観音寺は天台宗の寺院だが、中世末から湖上交通に関与し、織豊政権および徳川氏に重用されて、近世初期には琵琶湖の船奉行、代官として大きな勢力を持ったことで知られている。[23] その遺構は現在も約一町四方の寺地に土塁と堀を残し、地籍図によれば、門前の道に折れがあったこと、西側にも曲輪が想定できそうなことなども窺える。近世にはいってからの改修も当然考えねばならないが、基本的には中世城館と評価しうると思われる。

観音寺の住持は、足利義政に仕えたと伝えられる第六世の秀範以来、志賀郡坂本の西川氏[24]から出ており、またいわゆる六角征伐の際には将軍義材により陣所とされるなど、中世後期にも荘園領主サイドに属したまま近世にまで存続した在地領主的な寺院の例とすることができると思われる。

芦浦の隣村長束は延暦寺領で、円乗坊、善乗坊、東仏坊の三坊があったとされ、東仏坊は、元亀元年の野洲川の戦いでは六角氏に属して信長と戦い戦功があったといい、信長の兵火で退転したものと考えられている[25]。これらは山門に属する在地領主的な存在である「山徒」であり、真宗化せずに荘園領主としての顕密寺院に属したままで存続していた土豪の例と思われる[26]。こうした存在について、やや対象地域を広げてもう少し事例を紹介してみたい。

6　鈎《まがり》陣所＝真宝館（栗太郡栗東町上鈎）

山徒の居城の事例として、文献上もはっきりしているものの一つは、現栗東町内の、鈎陣所跡である。ここは将軍義尚がいわゆる六角征伐の際に陣を張った所として知られているが、それ以前から山徒の居城であったことが諸記録に明らかである。すなわち湖東に兵を進めた義尚はまず、安養寺を陣とするが、長享元年（一四八七）一〇月二七日に同じの「山法師」真宝（真宝坊）の館に陣を替えたのである[27]。

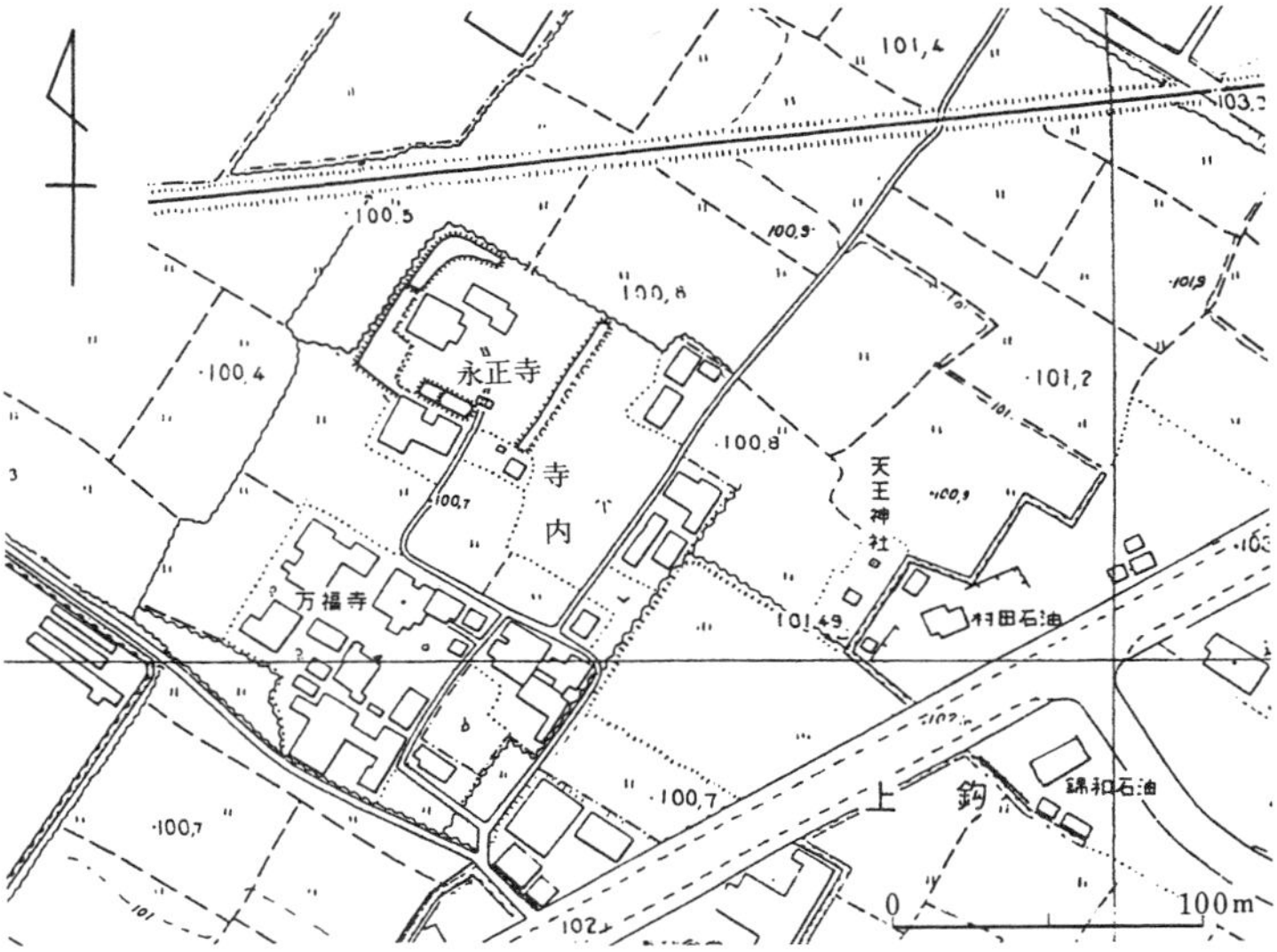

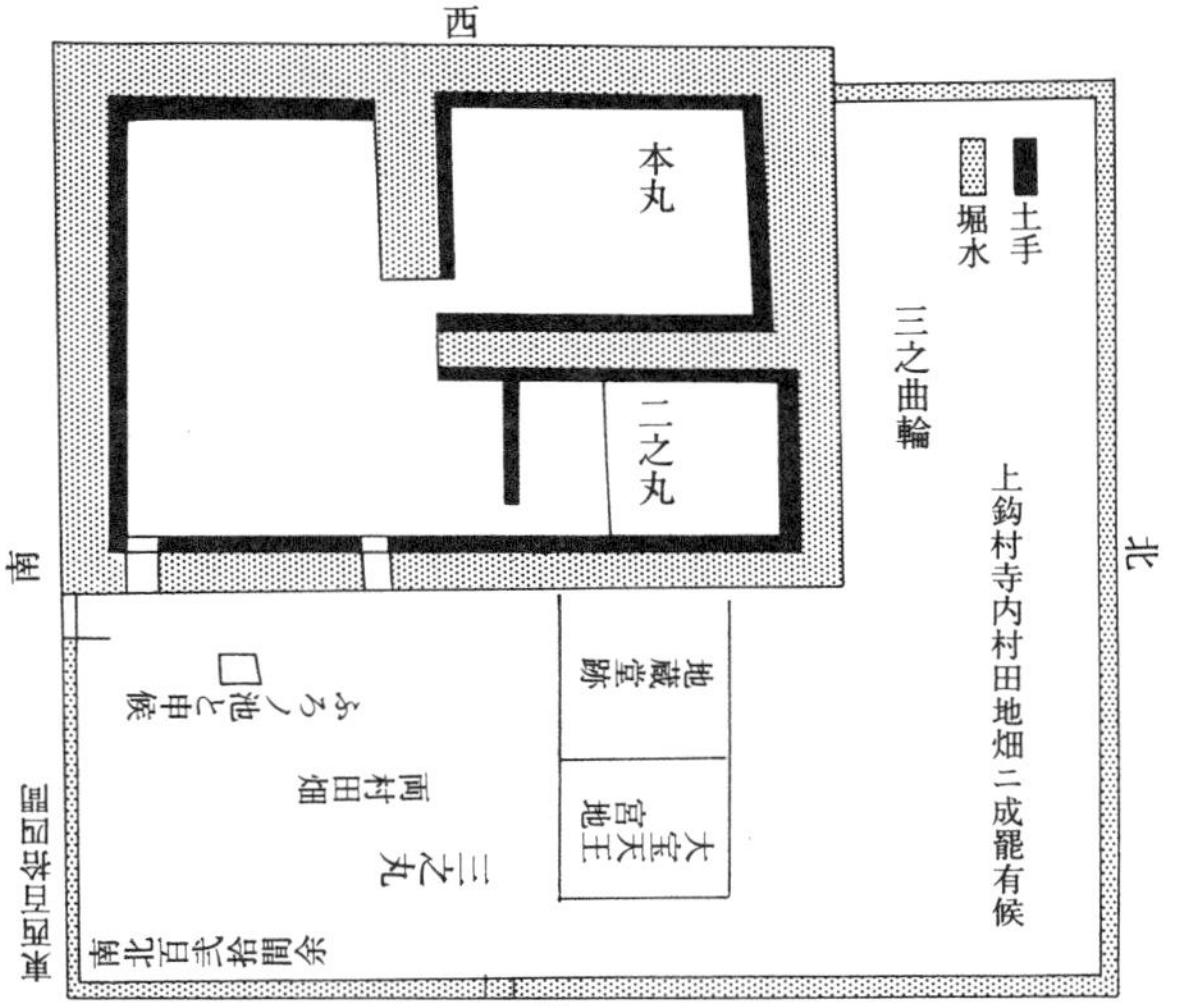

▲図8　鈎陣所跡（真宝館）（注(68)文献より）

◀図9　鈎陣所跡（真宝館）（注(68)文献より）

この将軍の近江遠征には京都出発の時点から「山徒両三輩」[28]が参加しており、真宝がこれに含まれていたかはともかく、山徒が（在地領主として）相応の武力を持ち、また荘園領主の権力を自らの基盤とするが故に、積極的にこの合戦に参加していたことが窺える。

その遺構としては、図8の様に、永正寺の周囲に土塁と堀跡と思われる溝が残り、また集落の周囲にも堀跡と思われる水路があり、陣所跡を描いた「寺内村由来図」（図9）に見える遺構の範囲をおよそたどることができる。

この内どこまでが本来の真宝の館であったかははっきりしないが、前線における将軍の陣所に選ばれていることから相当の軍事施設を備えた城館であったこと、またそれは「本丸」とされる半町四方規模の居館を中心としたものであったことが想定され、同じ時期に真宗化していった土豪と本質的には同様の性格を持っていたと考えることも許されるのではないだろうか[29]。

7　井口《いのくち》城（野洲郡中主町井口）

もう一つこの付近で山徒の居館であったと思われる城館趾の例を挙げたい。野洲川下流の中主町井口には、「井口常之丞」の屋敷跡と伝えられる地がある。現状は周囲に堀の痕跡と思われる溝のあるほぼ一町四方の田だが、その一画には「日吉のバンバ」と呼ばれる場所があり、山王さんの跡地であると言われている（第10図）。

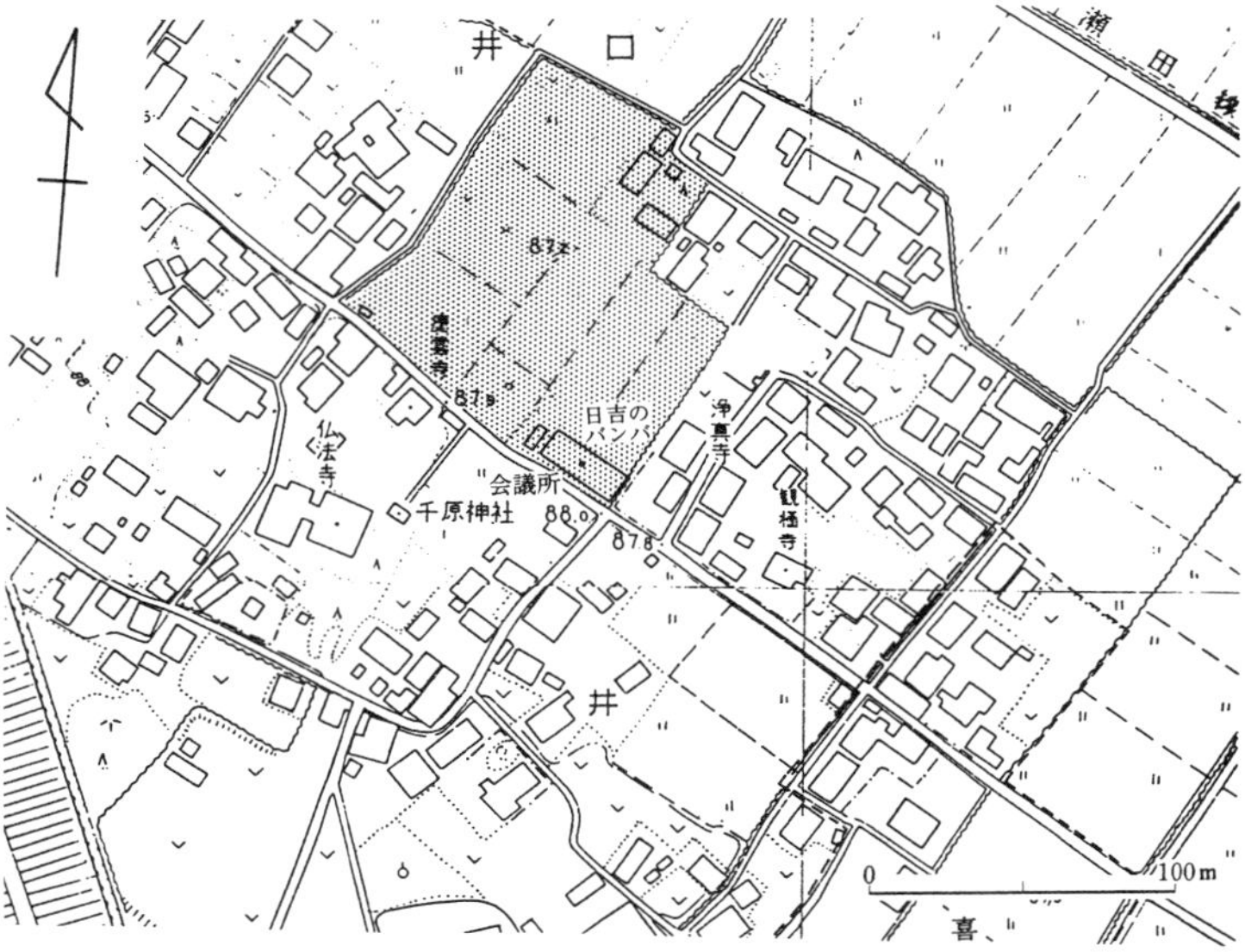

図10　伝井口常之丞屋敷跡（注(68)文献を修正・加筆）

井口氏は系図等によれば結城姓で、代々「井口常善坊」を名乗っており、「山門奉行」を勤め、一族の何人かは比叡山の住侶となっていたが、天正年間に山門の領地が減少したため俗人の武士となり、石田三成、藤堂氏などに仕えたとされる。[30]

一方、井口常之丞屋敷の向かいにある仏法寺は、現在は浄土宗であるが、以前は天台宗だったとされ、[31]本堂に祀られる平安前期の聖観世音菩薩立像（国重文）は比叡山焼討の時にむしろに包んで持ってきたものと言われている。また境内には、井口氏との直接の関係は明らかでないものの、「文保三年（一三一九）三月二十三日」銘の宝篋印塔と「文保三年二月八日」銘の宝塔とがある。

詳しい経緯については不明な点が多いものの、以上を勘案すれば、山門末寺と一体となった土豪＝山徒の存在はほぼ疑いないと思われる。

8　谷氏城・青木氏館と少菩提寺（甲賀郡甲西町菩提寺）

権門寺院と土豪との結びつきは、山門だけでなく他の宗派についても見ることができる。

少菩提寺(32)は天平年間良弁の開基とされ、大伽羅であったが元亀元年（一五七〇）兵火に罹り消失したとされる(33)。文献史料に乏しいが、竜王山東側に寺院趾を想定でき、仁治二年（一二四一）銘の多宝塔（国史跡）、南北朝期の石灯籠（国重文）などの石造遺物が付近に散在していることなどから、大規模な古代・中世寺院の存在を窺うことができる。

そして、『興福寺官務牒疏』によれば、少菩提寺は「住侶学坊三十六宇、交衆十六家、属侍十九家」などを擁していたといい、『菩提寺旧記』が挙げる「交衆十六家」の交名の中には「谷常陸公」が見え、また『興福寺三綱記』は大永三年（一五二三）の金勝寺との合戦に「地頭代青木左衛門実重、谷伊勢守兼亮」らが討死したとしている(34)。いずれも史料の信憑性に問題は残るが、権門寺院末の地方寺院と在地領主の結びつきを見ることとは、以下の遺構の存在からも可能であると思われる。

谷氏の城館は、かつて寺域の一画を占めたと思われる、現在和田神社が建つ小山の山上と山腹の二ヶ所に存在し、『甲賀郡志』は前者を「西城山」と言い「谷武兵衛兼修」の居城と伝えるとしている。

図11　谷氏城（石田敏氏原図）

遺構については石田敏氏の紹介があり[35]、図11の如くである。山上の上城には馬出状の、山腹の下城には食違いの虎口が存在することは土豪の城としては出来すぎているが、菩提寺には信長との対抗の際に六角氏が楯籠っているため、その時に改修を受けたものと考えられよう[36]。

青木氏は石部町・甲西町付近に勢力を持った一族で、石部町石部の真明寺付近にある城館も「青木城」とされるが、現在菩提寺保育園等になっている菩提寺城が六角氏と共に滅んだ青木忠左衛門正信の城であったとされ、またその西北にも、微高地で堀跡を残す「孫九郎屋敷」と呼ばれる青木氏の館跡があり、この館の東北には菩提寺の阿弥陀寺と鎮守の八王子神社が存在する[37]（図12）。

以上、谷氏・青木氏がどのような形で菩提寺と関わっていたかは十分明らかでないものの、寺院

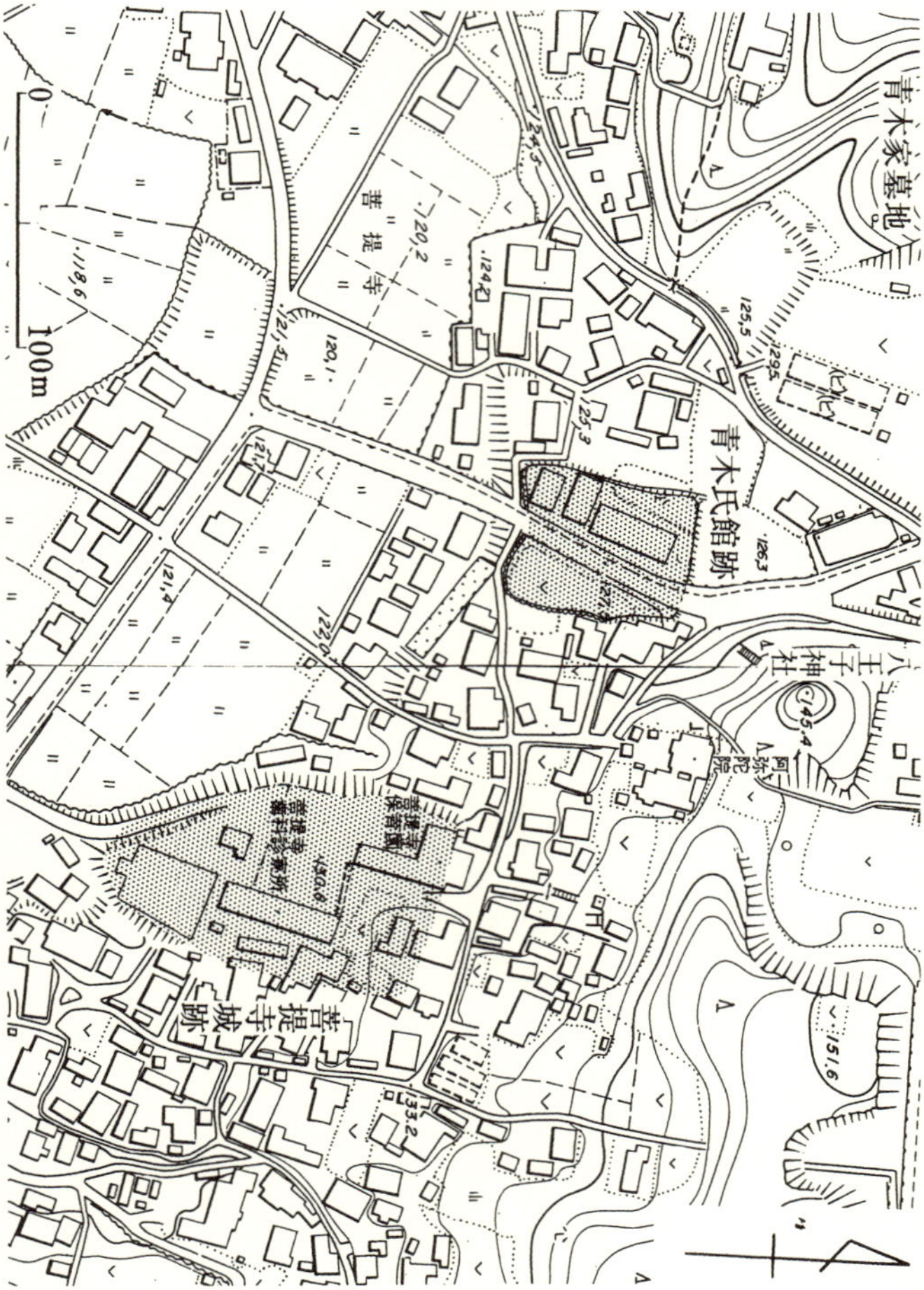

図12　菩提寺城と青木氏館（鈴木儀平氏図による）

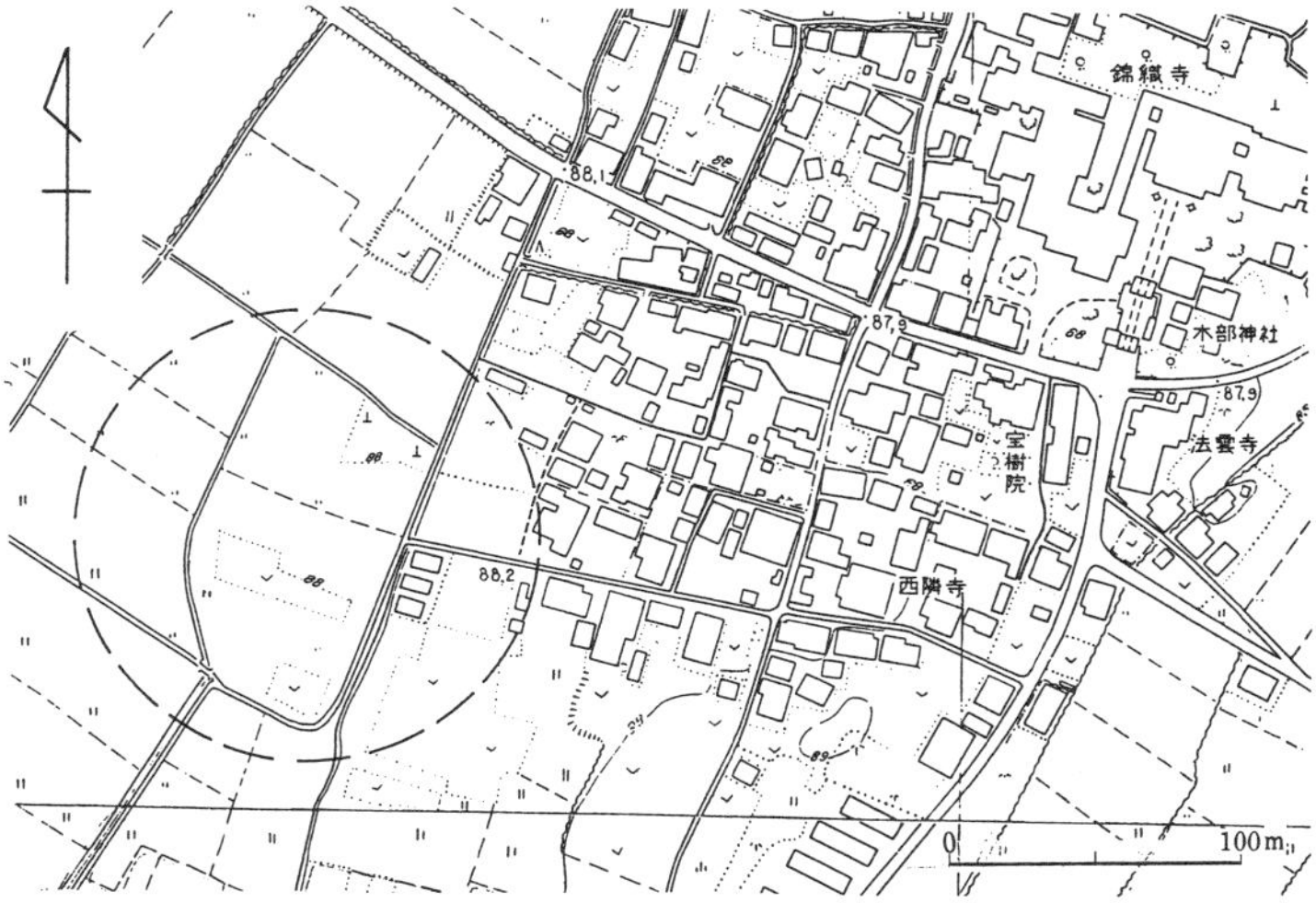

図13　木部城（注(68)文献より）

機構の中でも重要な役割を果たしていたであろうことは予想され、荘園領主的な顕密寺院と関わりを持ちながら存在した土豪の例の一つとすることができよう。

9　木部城と錦織寺（野洲郡中主町木部）

以下、城館趾と寺院の関係について、もう少し事例を紹介しておきたい。

中主町木部は真宗木部派の本山錦織寺の所在地であるが、集落の西南に接して城館趾が存在する。滋賀県が行なっている中世城館趾の分布調査で地籍図の検討から発見されたものであるが、図14の様に小字「川ノ手」の部分が条里地割でなく、それを切る形になっていることからまず条里以後に何かが造られた跡であることがわかり、その内部を見ると周囲を堀跡と思われる細長い地割の田と

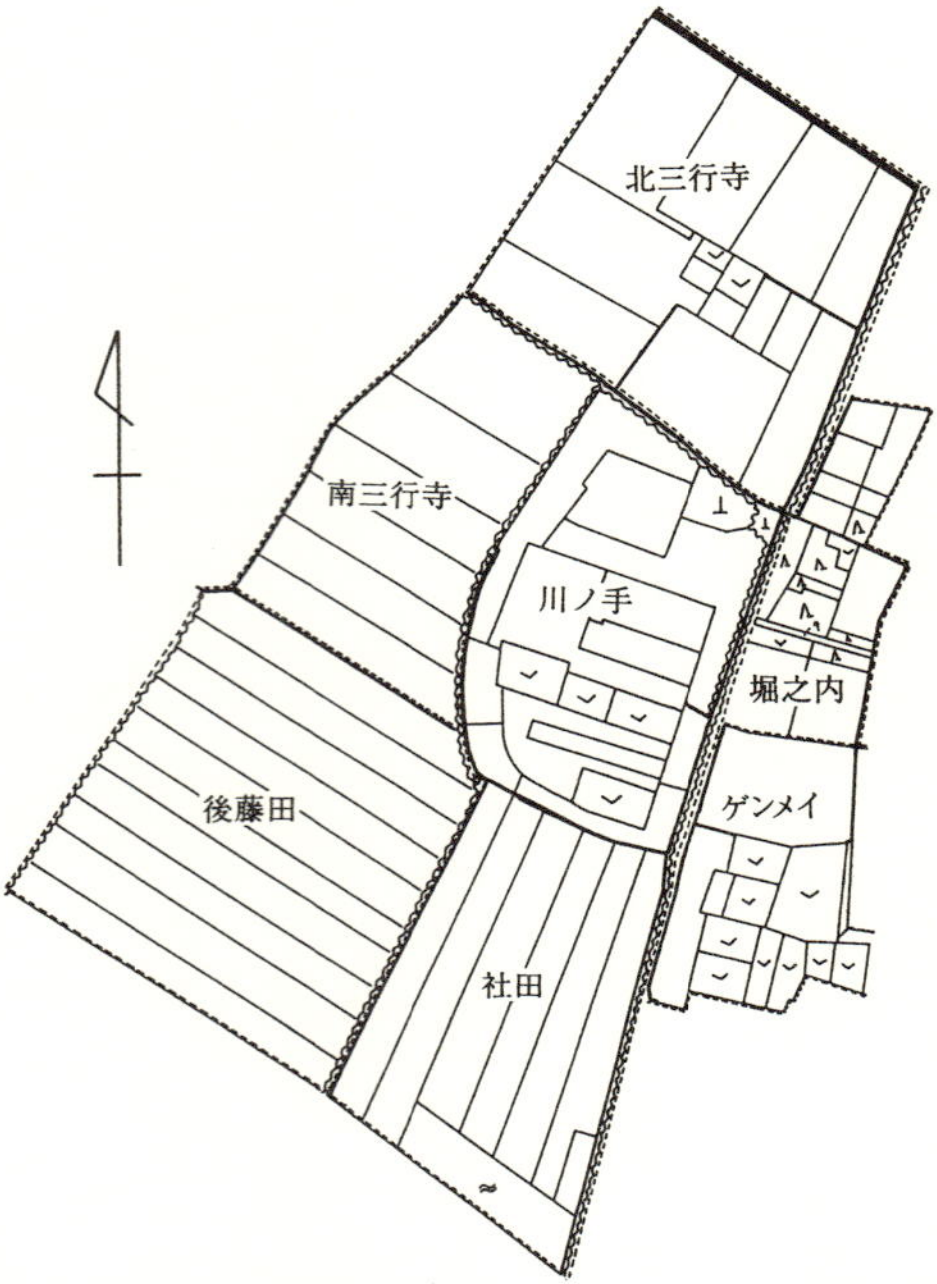

図14　木部城（地籍図．原図は中主町役場蔵）

水路が取り巻き、中央部には畑地があって微高地と思われ、さらに東北の隅は墓地となっており、鬼門に作られた宗教施設の跡であることが考えられた。

以上からこれを城館址と判断したわけだが、調査時で既に圃場整備が行なわれており、遺構を確認することはできなかった。しかし、やはり圃場整備後に行なわれていた中主町による埋蔵文化財の分布調査では「実に大量の中世土器が散布(38)」していたことも確認されており、ここが居館遺跡であったことはまず間違いない。

現在は墓地（木部地区の共同墓地）のみが元禄三年（一六九〇）の三界万霊塔を中心に墓標の立並ぶ景観を残しているが、在地領主など中世の有力者の墓地が庶民の共同墓地となる例は一般的に見られるとのことであり(39)、この木部の場合も、城館が廃絶した後に、その屋敷墓・持仏堂などの形で存在していたであろう宗教施設がもとになって村の墓地が形成されたものと考えられる[40]。

次に問題となるのはこの城館と錦織寺の関係だが、それを積極的に示す史料はないものの、錦織寺は寺伝では、天安年中（八五七～八五九）に円仁が毘沙門天を安置して天安堂と称し天台別院であったが、邑主石畠資長がここに留まった親鸞に帰依し、薙髪してその跡を継いだことに始まるという[41]。直接の真偽はともかく、その開創に在地の武士の関与が示唆されていることは興味深い。この城館趾の主が石畠氏であったかは確認できず、また時期的にも他の例より早い段階だが[42]、ここでも権門寺院の末寺とそれに属する在地領主の真宗化というパターンを読み取ることができそうである。集落に接した、やや規模の大きい城館趾が放棄されていることも、金森や欲賀と同様の事例ともみなせよう。

10　伊勢落城＝真教寺（栗太郡栗東町伊勢落）

先述の少菩提寺の野洲川をはさんだ対岸、多喜山の麓に位置する伊勢落の真宗寺院真教寺は、周囲に土塁と堀を持ち、城館趾である可能性が高い[43]。遺構は図15の様に三方の堀と、南・西の二方に土塁が残り、北側は門前の川が境と思われる。西側の堀は幅七～八メートル、土塁も堀底からは三メートルを越え、また東南隅では内側にも土塁の痕跡があることから二重土塁であった可能性が考えられ、さらにその南外側に延びる土塁からは南側にもうひとつの曲輪の存在を想定することができる。

この城館に居住した主体が次に問題となるが、武邑姓の真教寺は、天正～文禄ころと推定される

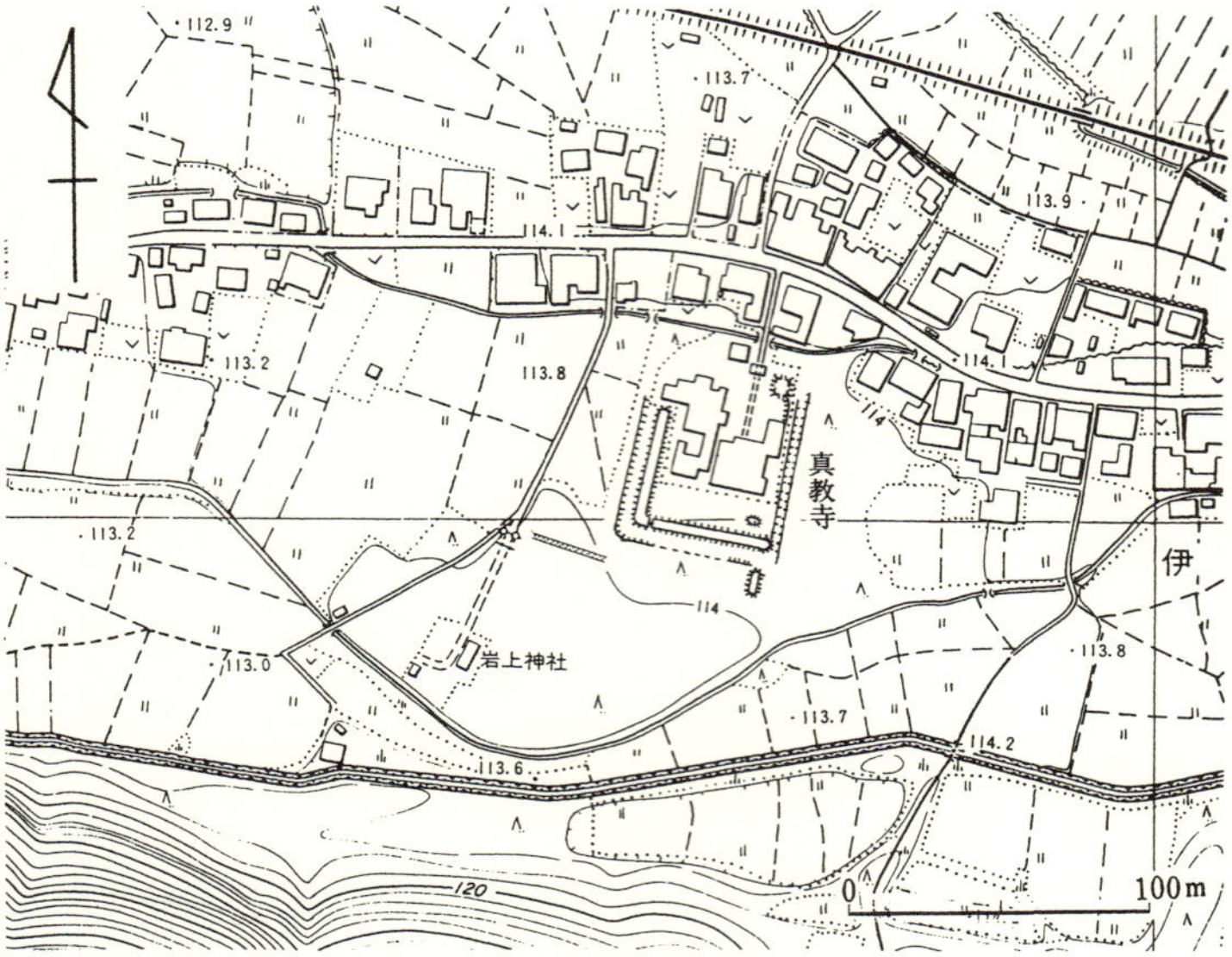

図15　伊勢落城（真教寺）

「興敬寺門徒寺之次第」に寺院名に混じって「武村・竹村」として現われており、有姓の侍であったためにかかる扱いをされたものかと考えられている[44]。現在の遺構が中世そのままであるかは問題だが、やはり土豪とその居館が近世に入って真宗寺院として残ったものと推測することができよう。

なお多喜山には、大菩提寺別院の高野四ヶ寺の内、山上に唯心教寺、山下に多喜寺があったとされ[45]、真教寺との関係は明らかでないが、やはり先行して存在した荘園領主的な顕密寺院としてとらえられるかもしれない[46]。

11　田中江城（近江八幡市田中江町）

田中江はかつての港町として知られるが、

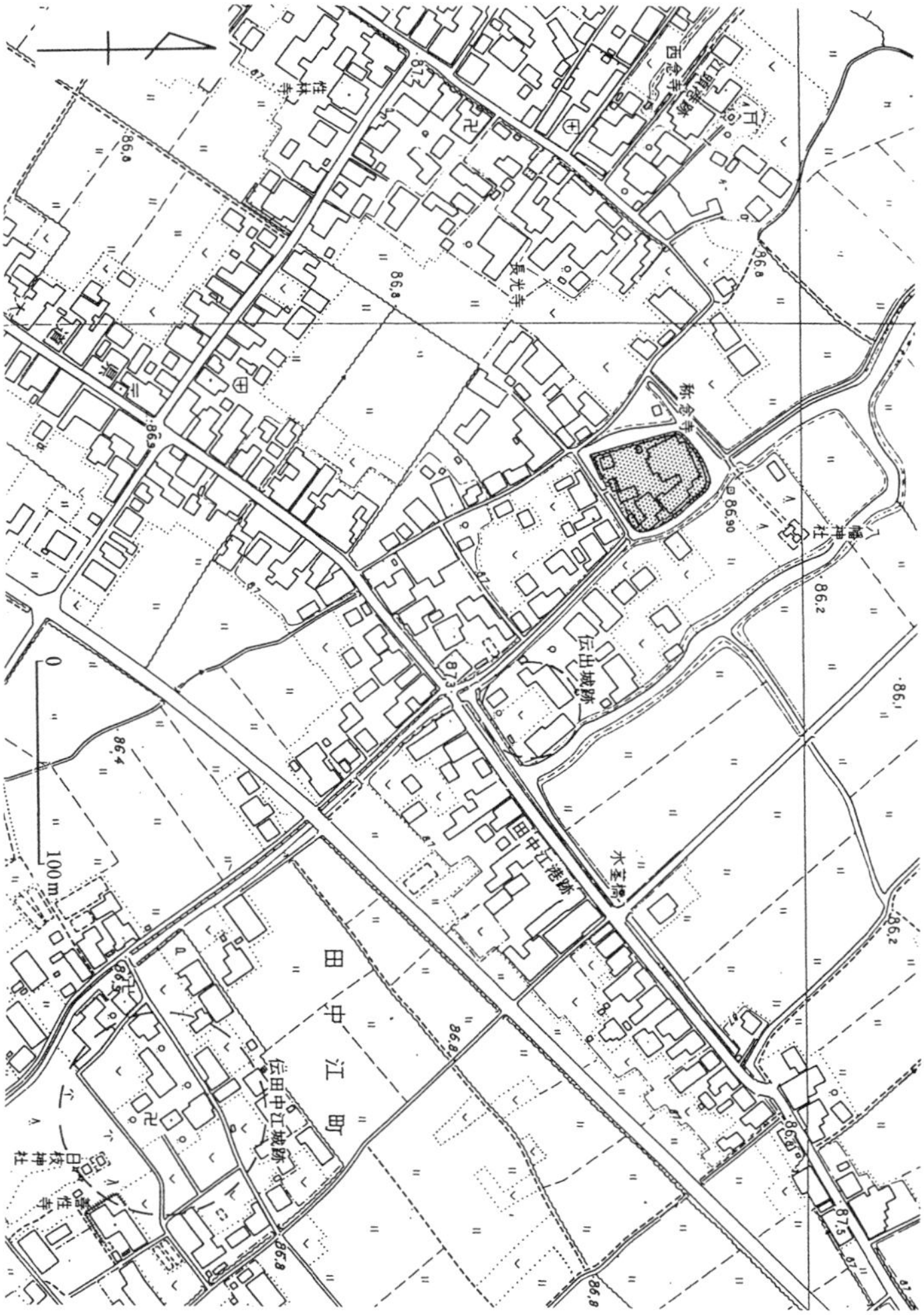

図16　田中江城（注(68)文献より）

そのはずれ、港の入口を扼す位置に真宗本願寺派称念寺が存在する。現在はほとんど埋め立てられたが、図16の様に以前は周囲に堀状に水路がめぐっていた（一三頁写真1参照）。そしてこの水路をはさんで東北には八幡神社[47]が存在し、城館の鬼門に作られたものであったと考えられる。さらに称念寺には「佐々木盛綱」をかくまった、などの佐々木六角氏・観音寺城との関係を示唆するような伝承もあり、[48]以上から佐々木氏に関係し、港の支配にも関わっていた土豪の城館であったことはほぼ間違いないと思われる。

真宗化した経緯については不明だが、現在田中江に含まれる十林寺には平安期から定林寺という天台宗の寺院があったことが知られ、[49]現在は薬師堂に旧国宝の薬師如来座像が残り、日枝神社が建つ。おそらくもとはこの定林寺に従属していたものかと思われる。

なお、田中江城はこの薬師堂付近にあり、港の入口に出城があったという伝承がある。遺構等は確認できないが、寺院を担っていた土豪の城館であったことも考えられる。

12　西宿《にしじゆく》城（近江八幡市西宿町）

西宿には集落背後の竹藪の中に約半町四方ほどの土塁と一部堀が残る遺構があり、その東北には若宮神社があって、これを鬼門除けとした城館趾と考えられた。そして興味深いのはこの藪地の西南隅にある湧水地で、これは小字九門明（クモンメ）に水を引く「九門明のユツボ」であり、この付近は

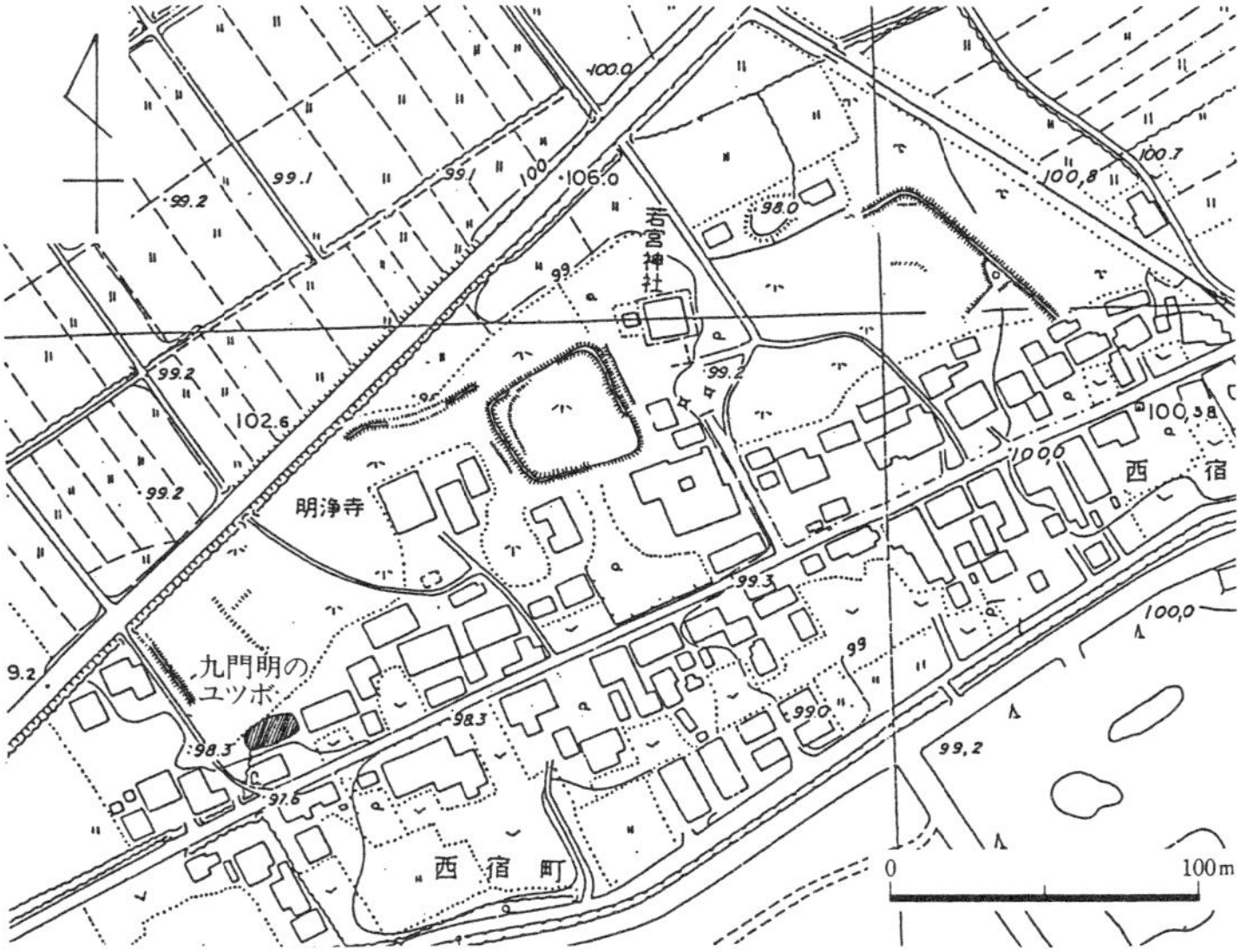

図17　西宿城（利田充雄氏原図．注(69)文献より）

水懸かりが悪く、昔は田毎につるべで水を汲み上げていたが、九門明はここから水を引けるため良い田だったということである[50]。九門明すなわち公文名であることは明らかであり、この城館趾の居住者と関係づけて考えることも十分可能であろう。そしてこの付近にはかつて大きな寺があったという伝承もある。以上を合わせて考えると、おそらく荘園領主の末寺とそれに従属し公文を務めていた在地領主が存在したことが窺われる。ただこれらの存在がその後どうなったかは明らかでない[51]。

13　丸岡城と光林寺（甲賀郡甲西町柑子袋《こうじぶくろ》）

旧東海道に沿った甲西町柑子袋の集落内にある光林寺は、丸岡城主青木民部少輔が亡父菩提のために建長四年（一二五二）創建、文明九年（一四七七）に蓮如に帰依して改宗したとされる[52]。これまでに挙げた事例と同様の、土豪の真宗寺院化と見ることができるが、興味深いことに、信長侵攻の際には金森に楯籠ったと伝えられている。

……九月三日城ヲ開テ集マリ籠リシ人々チリ〳〵ニ返ラレケル。大将秀政同ク善了ハ同道ニテ甲賀へ引ケルカ（中略）又ハ甲賀ノ能登三諦寺衆、柑子袋《コウシフクロ》ノ光林寺先祖ナド多ク籠リシカ、此等ノ案内ニテ甲賀へ引ケル歟。コノ光林寺ハ大力弓ノ上手也、金森へ籠リタル時モチタル弓也トテ今ニ所持セリ[53]。

すなわち、元亀二年（一五七二）の対信長籠城戦に、大力で弓の上手であった「青木周防」という光林寺の先祖が参加し、その弓が光林寺に伝えられていたというのであり、中世末のこの時点まで土豪としての性格を保っていたことが窺われる。

そしてこの光林寺のかつての所在地がすなわち丸岡城である。丸岡城は現在の光林寺から南へ四〇〇メートルほど入った小丘上に、墓地に接して存在するが、この山は光林寺（青木氏）の地所で、光林寺はここから下りてきたと伝えられる。また柑子袋には青木一党が五軒あるが、いずれもこの付近に地所を持っているという[54]。

丸岡城は早く『甲賀郡志』に遺構の実測図が掲載され[55]、また滋賀県の中世城郭分布調査に際し、村田修三氏によって詳しく紹介されているが[56]、図18のような、甲賀に多く見られる高い土塁をめぐらし

図18　丸岡城・東丸岡城と光林寺（縄張り図は村田修三氏原図）

た摺鉢状の方形単郭を基本に、土塁・堀が一部で二重になり、虎口に細長い曲輪が付属するなどの工夫がこらされている。虎口を北西に下がった平坦地が光林寺跡と伝えられるというが、両者は別のものではなく、青木氏の居城における館と城の関係と評価される。

また先の史料でも、金森に楯籠った一揆勢の一部が甲賀へ引いたとあるように、甲賀は信長に対抗する勢力の根拠地となっており、六角氏も観音寺城を放棄した後は甲賀を中心に活動していることから、丸岡城はこのころに六角氏など反信長勢力の持っていた築城技術によって改修されたのではないかと考えられる。丸岡城の東には「青木治部」が居たとされる東丸岡城があり(57)、ここにも馬出し状の遺構があるが、これも同様にこのころの六角氏・一向一揆などの反信長勢力による改修と見ることができよう(58)。そして廃城後、おそらく近世初頭に街道沿いに集落が形成されると共に青木氏＝光林寺も移転し、土豪としての性格を払拭して、純粋の真宗寺院として存続したと考えられる。

なお、現光林寺と丸岡城の間にある公民館などの建つ一画には、法相宗廃光明寺の跡という仏堂があり(59)、真宗化以前の青木氏との関係も想像される。

むすび

以上、村落における城館と寺院の関係についていくつかの事例を紹介してきたが、最後に、最初の一向一揆として知られる、この地域で起こった次の事件を考えることでまとめに代えたい。

A　湖東御経回之事

寛正六年ノ春、大谷御退転ノ後ハ、野須栗太ノ坊主門徒ヲ力ニ思召テ、金森ニ三年オハシマス。文正元年ノ御仏事、十一月ノ二十一日ヨリ金森ニテ御イトナミ候。文正元年ノ秋ノ末ニ、栗太高野ノ邑ノ善宗正善ノ道場(福正寺ノコトナリ)ニワタラセオハシマス(落葉ノ御詠歌)。安養寺村ノコウシ房(了法ノ父ト云)ノ道場ニモウツラセオワシマス。手《テ》原村ノ信覚房(京ノ正親町行忍ノ門徒ナリケル)ノ道場ト云ヘルニ上様オハシマセリ。野須ノ郡ニ、アラミノ性明ノ道場(聞光寺ノコトナリ)、カイホツ中村ニ妙実ノ道場(蓮光寺ノコトナリ)、矢島南ノ道場(西照寺ノコトナリ)、赤ノ井慶乗ノ道場(西蓮寺ノコトナリ)、三宅了西ノ道場(蓮生寺ノコトナリ)上様オワシマシケル。(後略)

(『金森日記抜』[60])

B　其砌《ソノミキリ》ノ事ナレバ、山門往《(ワウ)》〳〵ニ国《クニ》〳〵在所《サイショ》〳〵御門徒《コモント》ヲセバメ、(乱暴《ランバウ》)狼籍《ラウセキ》、タヾナヲザリノ礼銭《レイセン》・礼物《レイモツ》ヲ申《マウシ》カケ、理不尽《リフジン》ノ沙汰《サタ》ヲ成《ナセ》リ。剰《アマツサヘ》帰命尽十方無旡光如来ノ御本尊引キマクリ、奪イ取《トリ》テ、諸人《ショニン》ヲ悩《ナヤマス》コト云《イフ》ニ及《オヨバス》。マヅ金ノ森道西ヲハジメテ、金森《カネガモリ》ニ楯籠《タテコモリ》、合戦《カチセン》ヲハシムル。山徒《サムト》ハ一味《キチミ》ニヲシヨセタリ。城《シロ》ニモ銘誉《メイヨ》ノ兵《ツハモノ》籠《コモリ》タリシ間、輙《タヤスク》懸破《カケヤブ》ラルベキ様《ヤウ》モナシ。マヅ森山日《モリヤマニチ》浄坊《シヤウハウ》、責衆《セメシュ》ノ大将《タイシヤウ》ニテ責寄《セメヨセ》、テツカヒノ働《ハタラキ》ヲナスニ、城《ジヤウ》ヨリ十七、八町トリ出《イデ》、アヤマタズ日浄坊ヲウチトリ、当座《タウザ》打捨《ウチステ》ハ三人ナリ。此《カク》ト注進申《チウシンマウス》ニ、蓮如上人様仰《オホセ》ニハ、コノ事シゾコナウナトイヒシ処《トコロ》ヲ、言語道断誰《タレ》ガシナシゾヤ。定而《サダメテ》、太輔《タユウ》(慶乗ゾヤ)ガシワザカ。邪正ノ分別《フンベチ》ヲモテ相果《アヒハタス》ベキヲ曲事《クセコト》ゾ。急金《イソギカネ》ノ森《モリ》ヲ開ケト仰《オホセ》ケル間、各々《ヲノ〳〵》カネノモリヲ自焼《ジヤキ》シテ、在々《ザイ〳〵》所々《ショ〳〵》ヘチリウセヌ。

（『本福寺跡書』[61]）

「寛正の破却」で京都を逐われた蓮如は、金森の道西らを頼り、この付近の道場をわたり歩いて過ごす。そこで起こったのがBに見られるような山門の勢力との衝突であり、道西をはじめとする金森に栖籠ったグループに対し、守山の日浄坊を大将とする「山徒」たちが攻め寄せて合戦となるが、蓮如に知らせたところ、曲事と断じられて解散した、というのがあらましである。

ここで問題となるのは、この一揆を起こした主体が何であったかということであろう。そこでまずAの蓮如を庇護したメンバーの性格を検討すると、金森の道西と三宅の了西はすでに述べた通り村落に城館を構える土豪であり、この他、開発中村の妙実（現守山市洲本町蓮光寺）は金森の道西と同じ川那辺氏の一族[62]、荒見の性明（現守山市荒見町聞空寺）は石原姓で、蓮如が滞在中に地頭であった新左衛門信晴が弟子となったものとされる[63]など、いずれも本稿で繰返し見てきたような、荘園領主のもとにあって村落を基礎に領主制を形成してきた土豪的存在だったと考えられる[64]。

従って、この蓮如を擁して蜂起した一揆は土豪層を主体とするもので、それまで荘園領主としての寺院権門（具体的には主として山門）のもとにあった彼らが蓮如の滞留を契機としてイデオロギー的にも自立し、横の連合を形成して立ち上がったものと評価することができるのではないだろうか。一方の山徒の側も実態としてはおそらく同じような存在だったと考えられ、この時点において、この地域の土豪にとっては、荘園領主の膝下に留まるか、あるいはそこから自立して独自の領主制を形成するかという二つの選択肢があり、その路線をめぐって起こった対立、というのがこの合戦の基本的な性格だったと思われる。(65)金森に集結した土豪たちにとって、蓮如の教説は荘園領主からの自立を理論的に可能にする革命のイデオロギーとして作用しているのであり、その限りで、世俗的レベルでの権門との対立を避けようとする蓮如との間に齟齬が生じたのも必然的な結果であったと言えよう。日本の中世社会、特に荘園領主である寺院権門の影響が強かった近江などでは、社会自体が仏教的に構造化されている側面が強く、土豪のあり方の変化もその枠内でしかありえなかったが故に、蓮如の存在は自らの意志を越える大きな結果をもたらすことになったと思われるのである。

地域における在地構造を考える上でもう一つ考慮に入れなければならないのは大名権力の存在である。佐々木六角氏と金森一揆を起こした土豪たちとの関係については史料的に十分明らかでないが、おそらく何らかの被官関係があったと思われ、荘園領主、特に山門との対抗関係という点でも利害は一致していたはずである。金森一揆の約二〇年後、六角氏は本所領の回復を標榜する足利将軍から二度にわたって攻撃を受けるが、そこで問題とされたいわゆる六角氏の荘園侵略も、末端での実態としてはこのような動きが背景となっていたのではないだろうか。このいわゆる「六角征伐」は近江に所領を持つ奉公衆の要請によるものともされているが、(66)荘園領主の復権をめざした戦いであったことを軽視することはできず、それは将軍義尚が山徒真宝の館を陣所としたことにも象徴的に示されているのである。この時点での政治的な対抗関係を単純に示せば、

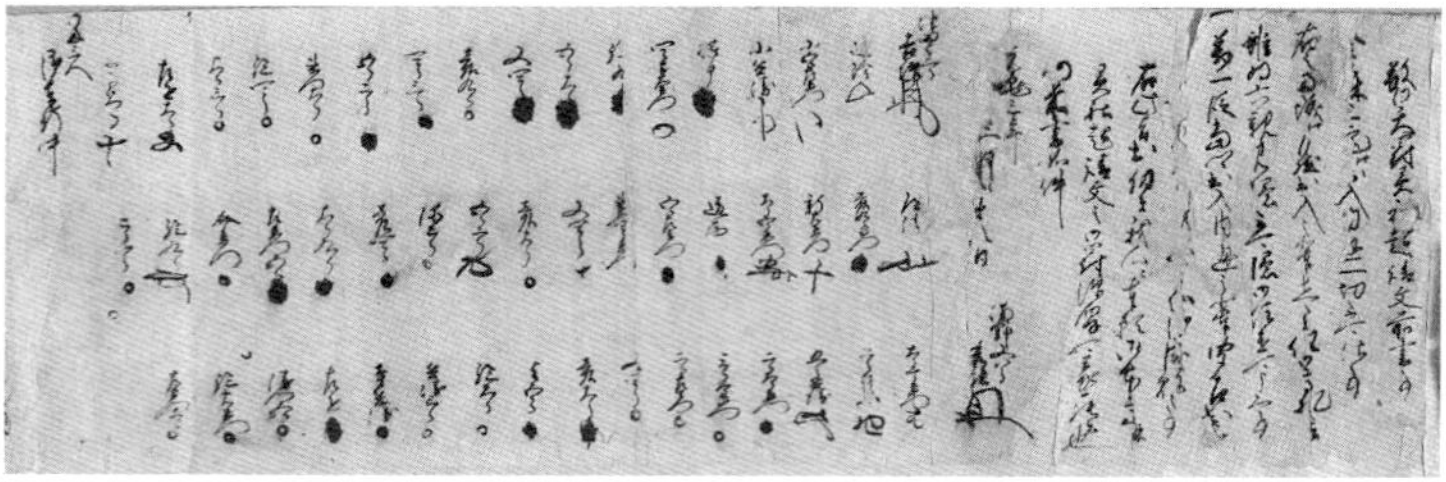

敬白天罸霊社起請文前書事
□（一、敗カ）金森三宅江出入、内通一切不可仕事、
右之両城江自然出入之輩在之者、任御高札之旨、雖為六親、
見隠不可隠、（闕脱カ）御注進可申上事、
一万一従当郷出入内通輩、聞召出［　］共、□□□（可被加）御成
敗之事、
右此旨於偽者、我心ニ奉願御本尊并霊社起請文之御罸、
深厚可蒙罷者也、仍前書如件、
元亀三年
三月廿八日　浦野又八郎
秀能（花押）
津田与二郎
吉次（花押）　道法（略押）　大郎二郎衛門（略押）
□珍（略押）　彦九郎衛門（筆軸印）　二郎□□（花押）
小五郎左衛門（略押）　新右衛門（略押）　五郎兵衛（略押）
小兵衛（略押）　大郎五郎衛門（花押）　二郎大郎衛門（筆軸印）
掃卩（筆軸印）　道西（筆軸印）　三郎大郎衛門（筆軸印）
四郎右衛門（略押）　五郎左衛門（筆軸印）（ママ）　二郎左衛門（筆軸印）
孫九郎（筆軸印）　衛門四郎衛門　又四郎（筆軸印）
五郎大郎（筆軸印）　又四郎（略押）　彦大郎（筆軸印）
又四郎（筆軸印）　彦大郎（筆軸印）　与五郎（筆軸印）
彦久郎（筆軸印）　五郎二郎（略押）　孫大郎（筆軸印）
四郎三郎（筆軸印）　弥二郎（筆軸印）　兵衛三郎（筆軸印）
五郎二郎（筆軸印）　彦四郎（筆軸印）　義兵衛（軸軸印）
衛門大郎（筆軸印）　大郎九郎（筆軸印）　左近（筆軸印）
孫四郎（筆軸印）　左衛門五郎（筆軸印）　衛門五郎（筆軸印）
大郎三郎（筆軸印）　介衛門（筆軸印）　孫右衛門（筆軸印）
左近大郎（略押）　孫九郎（略押）　左衛門大郎（筆軸印）
馬大郎（略印）　二郎大郎（筆軸印）
御両三人
御奉行中

写真2　元亀の起請文

信長が金森周辺の村々から徴収した「元亀の起請文」の一つ．有姓で花押を持つ若干名と，筆軸印を捺した多数の百姓層からなる一村の署名．村名は未詳だが，これを集落の形に置き換えると，例えば三宅のようになるであろう．（「水木家資料」国立歴史民俗博物館蔵）

幕府（・奉公衆）・
荘園領主（・山徒ら）
↔六角氏・一向一揆

と理解することができると思われる。

六角氏が幕府と和解し、一向一揆を弾圧し、さらに和睦するといったその後の政治過程については詳しく触れないが、中世後期の近江では、最終的には信長を迎えるまで、このような所属を異にする在地勢力同士が、しかし決定的な対立には至らずに、それなりの地域秩

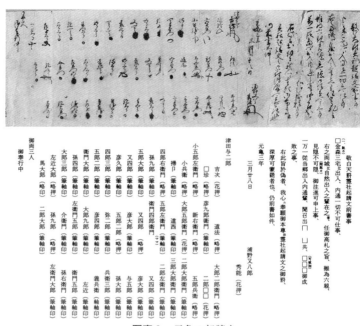

序を保ちながら存在し続けた。[67] そして信長が侵攻してきた時には、「元亀の起請文」の夥しい署判に見られるような、その間に成長を遂げた一般村民をも交えて、それぞれの間の矛盾を止揚し、六角・浅井などの指導による惣国一揆的な状況が出現していたと考えられる。

以上、論証にも不備が多く、成功しているとは言いがたいが、地域史と在地構造を、城館という要因を入れて解明していくことの可能性を示し、またそのための一つの視角を提供することができたなら幸いである。

注

（1）村田修三「城跡調査と戦国史研究」（『日本史研究』第二一一号　一九八〇年）。
（2）拙稿「金森寺内町について―関係資料の再検討」（『史林』第六七巻四号　一九八四年）。
（3）金森の伝承等については、金森歴史保存研究会の諸氏に御教示をいただいた。なお、同会から『寺内町金森の伝承行事と伝説』が刊行される予定である。
（4）内田秀雄「蓮如と金森の道西―守山中心に本願寺教団の形成」（『湖国と文化』一九八〇年秋号）。
（5）「藤原姓川那辺系図」（善立寺蔵）など。
（6）元禄一三年（一七〇〇）恵空による善立寺由緒書（善立寺蔵。「善立寺物語」として『金森の記録』（『もりやま』第四号　一九八二年）に細川行信氏により翻刻されている）。
（7）また、現在も御坊に集まって行なわれている正月の雑煮の儀式は、もと城で行なわれていたとも言われ、城の殿様は朝の早い人だったので正月は朝早くから裃をつけて行った、という伝承がある。

（8）畑の部分を「大御堂」、東辺を「寺屋敷」、西南角を「鐘撞堂」と言う（前掲善立寺由緒書）。現在の小字は「ヲミド」。

（9）もと小字「石ノ戸（塔）」にあったが現在は御坊境内に移転されている。『重要文化財懸所宝塔修理工事報告書』（滋賀県教育委員会文化財保護課　一九六六年）。なお、平安末期の建物跡と井戸跡が付近の金森遺跡から発掘されており、これらとの関係が考えられる。

（10）『日本書紀』持統天皇七年（六九三）一一月一四日条、同八年三月一六日条の「醴泉近江国益須郡の都賀山に涌く」の記事によるものだが、金森同様の野洲川伏流水の湧出を指すかと思われる。

（11）蓮生寺縁起絵巻、三宅薬師堂文書など。蓮生寺への改称は本願寺第一三世宣如（万治元年＝一六五八没）の時という。なお文化年間の村絵図にも「長楽寺」が蓮生寺門前付近に描かれており、何らかの実態が残っていたことが考えられるが、明らかでない。

（12）蓮生寺縁起絵巻、三宅薬師堂文書など。「駒井氏系図」（『群書系図部集』第三所収）にも記載がある。

（13）前掲拙稿(2)でも触れたが、この朱印状は直接善立寺に発給されたものではなく、後に村の文書を収蔵する機能として伝来したものと思われる。

（14）（元亀三年＝一五七二）正月一九日下間正秀書状（「赤野井福正寺文書」『野洲郡史』上巻三九三頁）。神田千里「石山合戦における近江一向一揆の性格」（『歴史学研究』第四四八号　一九七七年）参照。

（15）以上、三宅の故事、伝承については北川藤一郎氏より御教示をいただいた。照養寺については、栗東町歴史民俗博物館の井上優氏を通じて、藤井浄宣師より御教示を得た。

(16)『寺院要覧』（守山市仏教会　一九七九年）。

(17)「大安寺別院近淡海野洲郡結園荘都賀山病療院欲賀寺四至彊界之絵図」という、この寺院と付近を描き転写したとされる絵図が伝存する。大安寺領は実際に古代野洲郡に存在し（天平一九年（七四七）「大安寺伽藍縁起幷流記資財帳」）、それを踏まえているものと思われる。『守山市史』上巻参照。

(18)三月一四日付。浄光寺文書。大坂籠城の際の礼を述べる。『守山市史』下巻に収録。

(19)江戸時代には庄屋を勤めた家の一つで浄光寺の北隣に存在した（寺田）忠左衛門家の系図による。寺田謙三氏他執筆の『欲賀町の曙と其后の変遷史』稿本によった。

(20)これとの関係は明らかでないが、小字「下司」があり、下司名の所在地かと思われる。近江には、「下司目」、「下〆」等の「下司名」の転訛と思われる地名など、荘官に関わる地名が多い。

(21)城陽市の水渡《みと》神社は式内社で、現存。
以上の他、浄念寺（藤井姓）も遺構はないが、分家の敷地まで入れると同様の規模になるという。

(22)『近江輿地志略』には、「本間屋敷　同村にあり。一町半に三町許の屋敷也。いかなる人といふ事をしらず。」との記述があり、これを指すことが考えられる。本間氏は、文和二年（一三五三）五月に本間石河又四郎季光が足利義詮から「欲賀郷闕所分」を勲功の賞として与えられ、応永四年（一三九七）には足利義満から「欲賀郷内中里半分」が、本間又四郎詮季と本間蔵人季光にそれぞれ与えられている（「本間文書」）。また、元亀二年（一五七一）一二月織田信長が金森などを佐久間信盛に与えた知行宛行状（「摂津吉田文書」。「大日本史料」第一〇編七）にもその名が見えている。

なお欲賀については寺田謙三氏、寺田靖氏より御教示をいただいた。

(23) 歴史については『草津市史』第一、二巻、遺構については『滋賀県中世城郭分布調査』三（滋賀県教育委員会・滋賀総合研究所　一九八五年）参照。

(24) 武蔵国児玉の出身で犬上郡久徳から移ったという（「観音寺由緒記」芦浦観音寺文書）。

(25) 『近江栗太郡志』巻五。

(26) 「山徒」は山門の僧侶一般を指す言葉だが（下坂守「山門使節制度の成立と展開―室町幕府の山門政策をめぐって」『史林』第五八巻一号　一九七五年、参照）、ここではこのような「在地山徒」とでも呼ぶべき存在について扱う。

これらの山徒は、愛知郡新開の岡田千甚坊、同郡西川の金全坊、高島郡の伊黒法泉坊などが各郡志に紹介されている以外はあまり知られていないが、広範に存在し、また中世末までかなりの勢力を持っていたと思われる。おそらく大和における衆徒国人などと比較できる存在だったはずで、文献からの検証は困難だが、近江中世史の大きな問題であり、今後の課題としたい。

(27) 「長興宿禰記」一〇月二八日条など（『大日本史料』第八編二〇）。

(28) 「後法興院政家記」長享元年九月一二日条（同前）。

(29) なお、この陣所跡には後に永正寺が建てられ、荒廃の後天正年間に再建され諸役免除の特権を得て「寺内村」となる（『近江栗太郡志』巻五参照）。城館趾に真宗寺院が存在する形になっているが、歴史的経緯としては両者の間に直接の関係はないため、これについてはここでは特に触れない。

(30) 井口雅巳氏蔵。井口と井口氏については原田久一郎氏より御教示を得た。なお、井口常善（禅）坊については「補足一」を参照。
(31)『野洲郡史』下巻。
(32)やはり良弁開基とされる栗太郡の大菩提寺（金勝寺）に対して言うとされる。この付近は奈良時代から材木伐採が盛んで、その関係からつくられたと考えられる。またそのため近代までに禿山となり、花こう岩の霽爛《ばいらん》が著しいため、遺構は明確でない。なお菩提寺については鈴木儀平氏より御教示を得た。
(33)『甲賀郡志』下巻。
(34)いずれも『甲賀郡志』下巻所収。
(35)A「甲西町の中世城館遺跡」（『近江の城』第六号　一九八四年）、B「甲賀と湖南の山城調査の中から」（前掲23『滋賀県中世城郭分布調査』三）。
(36)虎口の評価については千田嘉博氏より御教示を得た。
(37)鈴木儀平「甲西町・菩提寺城を偲んで」（『近江の城』第七号　一九八四年）、石田前掲35B。
(38)『中主町文化財調査報告書』二（中主町教育委員会　一九八四年）。
(39)吉井敏幸「一ノ谷遺跡の歴史的性格について」（『歴史手帖』第一四巻一一号　一九八六年）。
(40)同様に城館の一隅が共同墓地化した例として、守山市勝部町の勝部火屋城を挙げることができる。ここは隣接する小字が「城之越（シロノコシ）」であることから発見したもので、現状は微高地の墓地が残るのみだが、地籍図ではやはり条里地割を切る形で、この墓地を東北隅とする水路のめぐった一画が認められ、城館趾と判断した。この「火屋墓地」がどこまで遡るか明らかでないが、現在の村落からはまったく離れていることから、城館の存在した時代がかなり上がる可能性も考えられる。

(41)『野洲郡史』上巻。

(42)この事例との直接の関係はともかく、本稿で扱っている、荘園領主としての寺院権門に対抗するイデオロギーという真宗の役割は、親鸞の時から存在した。平雅行「中世的異端の歴史的意義―異端教学と荘園制的支配イデオロギー」(『史林』第六三巻三号　一九八〇年)参照。

(43)この遺構は、田中利一・大崎隆志「栗東町内城郭紀行　その2」(『栗東の文化』第一三号　一九八七年)によって紹介された。

(44)高牧実「湖東の門徒と元亀の起請文」(『徳川林政史研究所研究紀要』昭和五一年度)。高牧氏は地侍・殿原と表現しているが、城館の規模などから土豪としてよいと思われる。

(45)『近江栗太郡志』巻五。

(46)また多喜山山上には多喜山城がある。前掲『栗東の文化』は真教寺の遺構とこれを(在地領主の)居館と山城の関係として理解しようとされているが、多喜山城は元亀三年(一五七二)織田信長による築城であることが遺構の編年上ほぼ確実であるため、考えがたい。ただ真教寺の遺構が織田氏と関わっている可能性はありうる。多喜山城については、村田修三「近江の城を歩いて(五)」(『近江の城』第五号　一九八四年。『滋賀県中世城郭分布調査』二、滋賀県教委・滋賀総合研究所　一九八四年に再録)を参照。

(47)現在は付近にあった船寄社を合祀。

(48)このほか、(田中江からは水郷を通って観音寺城の方へ行くことができるが、)(寺にいたとされる)白狐の跡をつけたところ(観音寺城付近の)森までたどっていけた、といった話があるという。田中江については、称念寺および大堀松三郎氏より御教示を得た。

(49)『近江蒲生郡志』巻七。

(50)鳥居勝蔵氏より御教示を得た。また調査に際し嶋澤良一氏のお世話になった。

(51)現在は真宗大谷派の明浄寺が建っているが、寛文二年（一六六二）の創建とされている（『滋賀県市町村沿革史』）。

(52)『甲賀郡志』下巻。

(53)善立寺由緒書（前掲6）。

(54)光林寺より御教示を得た。

(55)下巻。一九二六年。

(56)「近江の城を歩いて（三）」（『近江の城』第三号、一九八三年。『滋賀県中世城郭分布調査』二　一九八四年に再録）。

(57)村田前掲論文。更に郡志によれば、字「城山」には青木浜田の拠守した所と伝える邸趾がかつて存在した。青木氏の城館については第八項でも紹介したが、真宗化という別の存在形態をとった一族と評価できると思われる。

(58)丸岡城の虎口等も含めて、先に見た谷氏城（第八項）の食違い虎口（下城）や馬出し状遺構（上城）と共通したものではないかと思われる。

(59)『甲賀郡志』下巻参照。

(60)『真宗史料集成』第二巻。

(61)『蓮如・一向一揆』(日本思想大系)。
(62) 蓮光寺の縁起等。
(63) 聞空寺の縁起等。
(64) 本文に挙げた以外では、安養寺のコウシ坊(現栗東町安養寺所在の安養寺)はもと金勝寺別院の安養寺の一院であったとされ、現在の半町四方ほどの寺域は、周囲の溝と土盛が堀と土塁の痕跡である可能性も考えられ、寺伝でも門徒の山中源右衛門尉栄範が蓮如滞在中に帰依したとされるなど土豪の関与が認められる。手原の信覚坊(現栗東町手原円徳寺)は俗姓手原氏であったとされ、また栗本寺という大寺があったともいう。高野の善宗正善(現栗東町高野福正寺)はもと金勝寺別院多喜寺の一院で蓮如に帰依したとされ、石山戦争の時は従軍するなどしたという。現在地は高野氏の館跡とされる城館趾だが、寛永六年(一六二九)に移ったものという。矢島南の道場(現守山市矢島町西照寺)は特に城館趾的な痕跡は見られないが、矢島には「矢島寺」の伝承と自治会管理の平安期の仏像(普門院)があり、また赤ノ井慶乗の道場(もと守山市赤野井町所在の西蓮寺)の所在地には、「堂屋敷」の通称地名と「閼伽池」と呼ばれる池、「釈迦堂」など顕密寺院が存在したことが窺える。山徒との合戦で蓮如からその首謀者とみなされていることから、おそらく土豪的な性格を持っていたと考えられる。
(65) 金森にはイヲケノ尉などの堅田衆も参加しており無視することはできないが、これらの武装市民が一揆の主体であったとはみなしがたい。新行紀一氏はこの一揆を宗教による連帯のみを基盤とした最も尖鋭な宗教戦争的傾向を帯びたものとしており(「荘家の一揆と一向一揆―金森一揆と堅田大責を中心に」、津田秀夫編『近世国家の成立過程』塙書房、一九八二年)、筆者もその宗教的な純粋さには疑いを入れないが、それは歴史的な規定とは言えず、地域の在地構造とその矛盾を明らかにすることはできないのではないか。また本文の様に規定することで、これ以後の一向一揆や、あるいは山城国一揆などとも比較していくことが可能になると思われる。

(66)『新修大津市史』第二巻中世、『草津市史』第一巻など参照。この付近では現守山市矢島の矢島氏が参加している。拙稿「木村氏と矢島氏」(『近江の城』第二九号、一九八八年)参照。

(67)小領主連合による在地支配を「地域的一揆体制」としてとらえることが提唱されている(宮島敬一「荘園体制と地域的一揆体制」『歴史学研究』一九七五年大会報告号、同「戦国期における在地法秩序の形成」、『史学雑誌』第八七編一号　一九七八年、など)が、このような上位の公権力との関係における在地勢力の多様性・多元性を無視して普遍化を図ることはできないと思われる。

(68)『滋賀県中世城郭分布調査』三(一九八五年、滋賀県教育委員会・滋賀総合研究所)。

(69)『滋賀県中世城郭分布調査』四(一九八六年、滋賀県教育委員会・滋賀総合研究所)。なお、図版の内、『滋賀県中世城郭分布調査』所収の図を利用したものは、使用されている地形図が主に一九六〇年代のものであるため、現況とは必ずしも一致しない。

（補足一）

本稿で取上げた事例は真宗寺院化した城館が多いが、寺院と城館について言えば、近江の中世においては、むしろ比叡山に連なっていた在地領主「山徒」の方が重要な存在であるかもしれない。

本文の末尾に掲げた史料Bでもその広範な存在はうかがえるが、信長が近江に入部した後、元亀二年（一五七二）に佐久間信盛に与えた知行目録では、「金森」や馬淵氏・本間氏といった土豪の旧領と並んで、

一野洲・栗本郡幷桐原（蒲生郡）ニ在レ之山門山徒、為二闕所一申付事、

一建部（神埼郡）幷上之郡（蒲生郡）ニ在レ之日吉山王領、同山門山徒令二扶助一事、(1)

とあり、多くの山徒の闕所地が与えられ、また山徒が家臣に加えられていることが知られる。

比叡山の史料が、おそらく信長の焼討ちによって失われているため、その全貌は容易に知ることはできないが、断片的な史料や地誌などにはかなりの山徒の存在が伝えられている。

本章第三節で伝承を紹介した「金前（全）坊」はその代表的な事例であり、本稿で取上げた地域では、この他、集《あつまり》（現草津市）の駒井氏＝山徒月性院なども知られている。

また、本文で取り上げた欲賀では、その後集落西側の小字「大珍坊」と「南出」で圃場整備に伴う発掘調査が行なわれ、それぞれに約五〇メートル四方程度の、一二世紀末〜一五世紀末・一六世紀初頃の館趾が検出された。(2) これもその後気のついた史料だが、室町幕府の裁許記録『政所方書』(3)の「自

是遺召文日記」には、永享一一年（一四三九）の記事に、具体的な内容は不明ながら、本文でも述べた「井口常禅（善）坊」や、「曲（鈎）東蓮坊」「駒井東実坊」といった山徒とおぼしき人名と共に、「欲賀大喜坊」という人名が見えている。「大喜坊《だいきぼう》」→「大珍坊《だいちんぼう》」という転訛を想定するのはそれほど無理ではないと思われ（おそらく関西的な発音では、「ダイキボウ」と「キ」にアクセントが来ると思う）、時期的にも符合する大珍坊の館趾が、山徒欲賀大喜坊の館跡ではないかと考えている。

この他、『醍醐寺文書』（大日本古文書）七〇一号によれば、「欲賀郷」には「馬場」を持つ「光明寺」やそれに隣接し堀に囲まれた「大蓮寺」があり、その屋敷は享禄三年（一五三〇）に売却されていることが知られる。位置は未詳だが、旧仏教系寺院の広汎な存在がうかがえる。

なお、欲賀には、次のような伝承もあるという。

「油坊と称し、欲賀の村外れに於いて、多くは晩春もしくは夏の夜、突然火焔の燃え上がると共に多数の僧形を認めることがある。これは往時延暦寺の僧徒が寺院の灯油料を盗み私腹を肥やした罪により、迷える亡霊の致す所であると云い伝う(4)。」

かつて山徒が居住し、後に領主としての地位を失い、また真宗勢力に替わられて退転したことの反映ではないかと想像される。

もう一つ、集落自体の形成に関わる問題がある。近年の各地での発掘調査によれば、近世・近代に続く集落は、おおむね一五世紀頃を中心とする時期に形成されたことが知られており、これは大和国若槻庄での文献史料による集落復原の結果などとも一致する。(5) 中世村落遺跡として有名な、欲賀に隣接する横江遺跡は、(6) 一四世紀末頃には廃絶しており、欲賀の大珍坊・南出の遺跡も、やや遅いが一五世紀末〜一六世紀初頭には廃絶していることを考えると、やはり現在にまで続くこれらの集落は、多くは一五世紀前後に成立したものと見なして大過ないものと思われる。とすると、三宅などに典型的に見られるような、こうした土豪居館を含んで成立した集落が、蓮如の時に始まる一向一揆とほぼ同じ時期に出現していることになるが、おそらく因果関係としては逆で、こうした集落の移転と、在地領主・百姓の共同による新しい集落の成立という社会的背景の下に、地域の自立と新たな編成を目指す一向一揆のような動きも出てきたのではないかと考えられよう。それはおそらく、やはり時期を同じくして起こった山城国一揆なども同じ性格を持つ現象と思われる。そして、山城国一揆が土豪のみの一揆ではなく、「土民」と呼ばれた百姓層の要求を背景にしたものであったことが指摘されているが、(7) この近江の金森を中心とする一向一揆なども、本文では土豪一揆としての性格を強調する結論となっているが、信長の侵攻を受けた際の「元亀の起請文」(8) に見られるような、若干の在地領主層と多数の百姓層とによって構成される集落が、一五世紀後半の蓮如のころに成立しているとすれば、本稿で主に扱ったその当時の一向一揆も、史料や遺構には現れにくいが、決して土豪のみによるものではなく、百姓層も含んだ、村落全体の動向と関わる問題として取り上げるべきであろう。

補足一注

（1）「摂津吉田文書」『大日本史料』第一〇編七。
（2）守山市教育委員会畑中政美氏より御教示をいただいた。
（3）内閣文庫蔵。桑山浩然編『室町幕府引付史料集成』上巻（一九八〇年、近藤出版社）所収。
（4）小牧実繁「近江国野洲郡の伝承」『郷土研究』第五巻五号、一九三一年、のちに同『近江国伝聞録―伝承を訪ねて五十年―』滋賀民俗学会、一九八四年に所収。
（5）渡辺澄夫『増訂畿内庄園の基礎構造』下巻（一九七〇年、吉川弘文館）。
（6）木戸雅寿・宮下睦夫・森格也『横江遺跡発掘調査報告書Ⅰ・Ⅱ』（一九八六・一九九〇年、滋賀県教育委員会・滋賀県文化財保護協会）。
（7）村田修三「惣と土一揆」（『岩波講座日本歴史』中世三、一九七六年、岩波書店）、永原慶二「日本史における地域の自立と連帯―山城国一揆によせて―」（日本史研究会・歴史学研究会編『山城国一揆―自治と平和を求めて―』一九八六年、東京大学出版会）、脇田晴子「山城国一揆と自由通行」（同）。
（8）藤田恒春氏による紹介がある。「元亀の起請文について」（『史林』第六九巻一号、一九八六年）、「信長侵攻期近江南郡の村と『元亀の起請文』」（『国立歴史民俗博物館研究報告』第七〇集、一九九七年）。

（補足二）

本節に関連した内容で、その後「平地城館趾と村落」と題する報告を行った（「第八回全国城郭研究者セミナー」一九九一年八月四日、於奈良大学）。当日の報告及び討論は、同実行委員会・城郭談話会・

中世城郭研究会編『シンポジウム「小規模城館」研究報告編』（一九九二年）に収録されているが、本節及び本書に収録した他の文章と重複する部分が多いため、本書へは再録しなかった。やや独自の部分としては、集落をめぐる総構えの問題があるため、要旨を述べておきたい。

事例としては、一方には本書第一章六節および第三章で扱った木村氏館や、秦荘町の目加田館城（図1）に見られるような在地領主の城館を中心とした集落全体の編成があり、また他方には、史料1に挙げたような、世間が物騒なので、村の「年寄共」が相談して、堀を掘り入口を一つにした、といった、惣による環濠集落形成の動きが認められる。そして本節でも扱った欲賀の寺田氏の城館群や、長浜市加田の「七殿屋敷」（『滋賀県中世城郭分布調査』六）に見られるような集落内の同名中の館群、および三宅や金森のような集落に隣接する城館は、両者の中間に位置するものと考えられる（図2）。このように集落との関係をとらえることによって、平地城館はその意味が明らかになることも多いと思われる。また、この違いはかつて田端泰子氏が指摘した村落構造の違い（「中世後期における領主支配と村落構造」『日本史研究』第一八七号、一九七八年）などとも関係することは間違いない。

平地城館跡が、土塁などの残る、また在地領主の居館としての部分だけではなく、集落全体の構造と密接に関わっていることは間違いなく、村落論や在地領主論などにとっても重要な論点となりうることを改めて指摘できたのは意味があったかと思う。

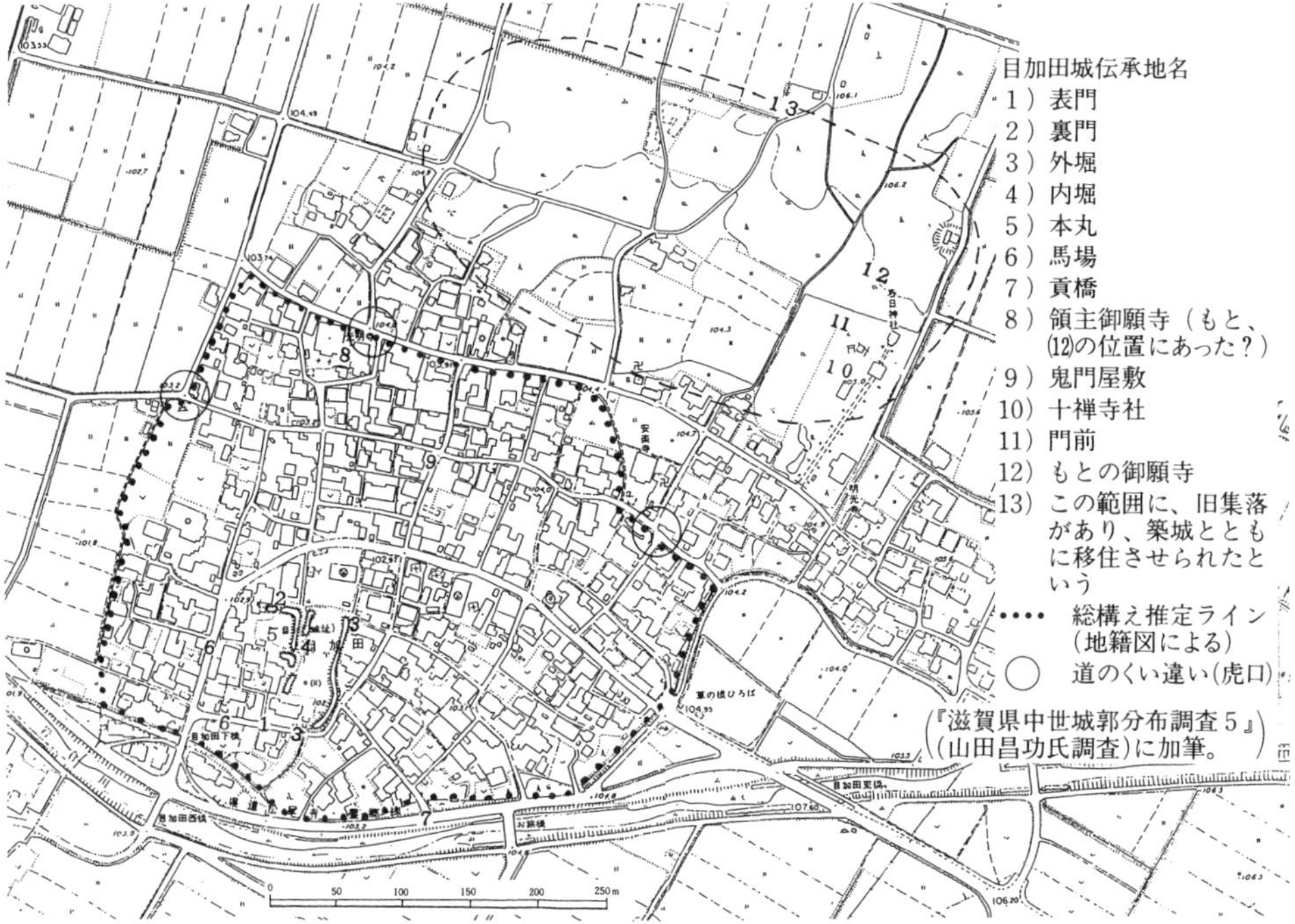
目加田城伝承地名
1）表門
2）裏門
3）外堀
4）内堀
5）本丸
6）馬場
7）貢橋
8）領主御願寺（もと、⑿の位置にあった？）
9）鬼門屋敷
10）十禅寺社
11）門前
12）もとの御願寺
13）この範囲に、旧集落があり、築城とともに移住させられたという
総構え推定ライン（地籍図による）
道のくい違い(虎口)
（『滋賀県中世城郭分布調査５』（山田昌功氏調査）に加筆。）
0
50
100
150
200
250 m

図１　目加田地形図

史料1

就ニ今度世上忩劇一、在所悉被ニ放火一、其上ニ懸銭等過分出申候間、在所
ぉ相離別之屋敷ぉ可ニ相構一由申合候へ共、左様ニ候ヘハ御寺領之耕作不
レ可レ成候、田地可ニ荒申一候条勝事存、年寄共談合仕処、路次之分ぉハ相
除、別ニ道ぉ付替、堀ぉ構、一口ニ出入ぉ仕候者、自然物忩之時も可ニ相拘
一候由申候間、堀之事ニ候へ者、作職ぉは失墜仕可レ致ニ用意一候、然者御
寺家様之田地内、小之分ぉ堀ニ被レ下候者、可レ致ニ沙汰一候之由申入候
処、御領掌候之小之分田地可レ被レ下由、畏入存候、此外者縦入目過分
候共、不レ可ニ申入一候、若又相違儀候者、何時も可レ有ニ御異変一、仍為
ニ後日一請文如レ件、

大藪蔵介
光政（花押）
周琳（花押）

永禄五年八月六日
（一五六二）

植松庄
両御代官様
参

（国立歴史民俗博物館所蔵
「田中穣氏旧蔵典籍古文書」三五二一）

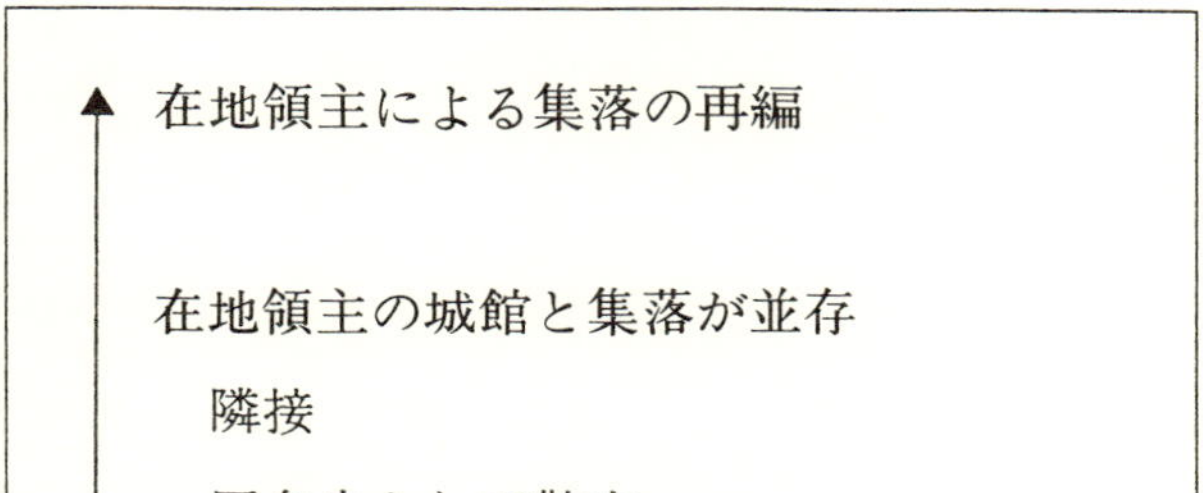

図2　中世後期の城館と集落の関係

第二章　城下町

1　観音寺城・石寺

1　石寺の歴史

鎌倉時代初めから近江守護を勤めた佐々木六角氏は、もと小脇（現八日市市小脇町脇）に本拠を持ち、集落付近の比定地では、地割りや部分的な発掘から、約二〇〇メートル四方の館跡が想定されている。[1]近年各地で研究が進んでいる、平地方形館の形をとった守護所の典型的な例と言えよう。[2]石寺のある観音寺城への本拠の移転の時期は明らかでないが、観音寺城は南北朝ころから合戦の際には使用されていたことが知られ、応仁・文明の乱の際にもしばしばここで合戦が行なわれている。観音寺城は、もとからあった観音寺の寺域を城郭化したものと思われ、その影響が城郭の構造にも現れていることが指摘されている。[3]第三節で扱う京極氏の上平寺城もやはり寺院の所在地が城郭化されたものと考えられ、それ自体大変興味深い現象である。

「石寺」の初見も、文明元年（一四六九）八月の「石寺合戦」[4]で、石寺が城下として本格的に使用されだすのもこのころからと思われる。永正一六年（一五一九）には、「くわんおん寺ふ《麓》本いし寺一ゑん《円》」の旦那職が売却されている。[5]

天文二年（一五三三）には、「石寺のくきぬき（釘貫＝防衛施設的な門）」のために材木の調達が行な

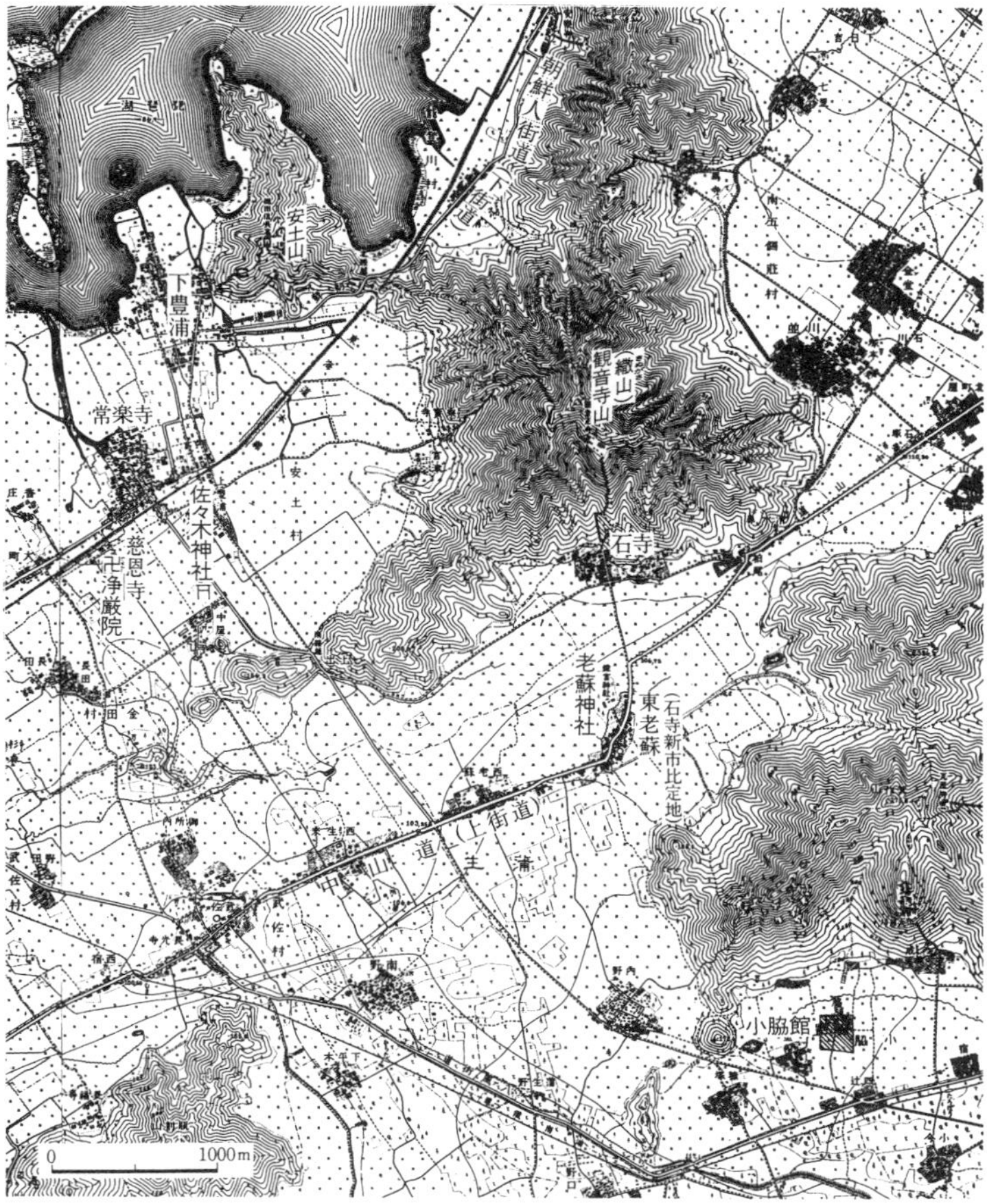

図1　小脇館，観音寺城・石寺，安土（陸地測量部2万5千分の1地形図「八幡」「八日市」1920年測図）

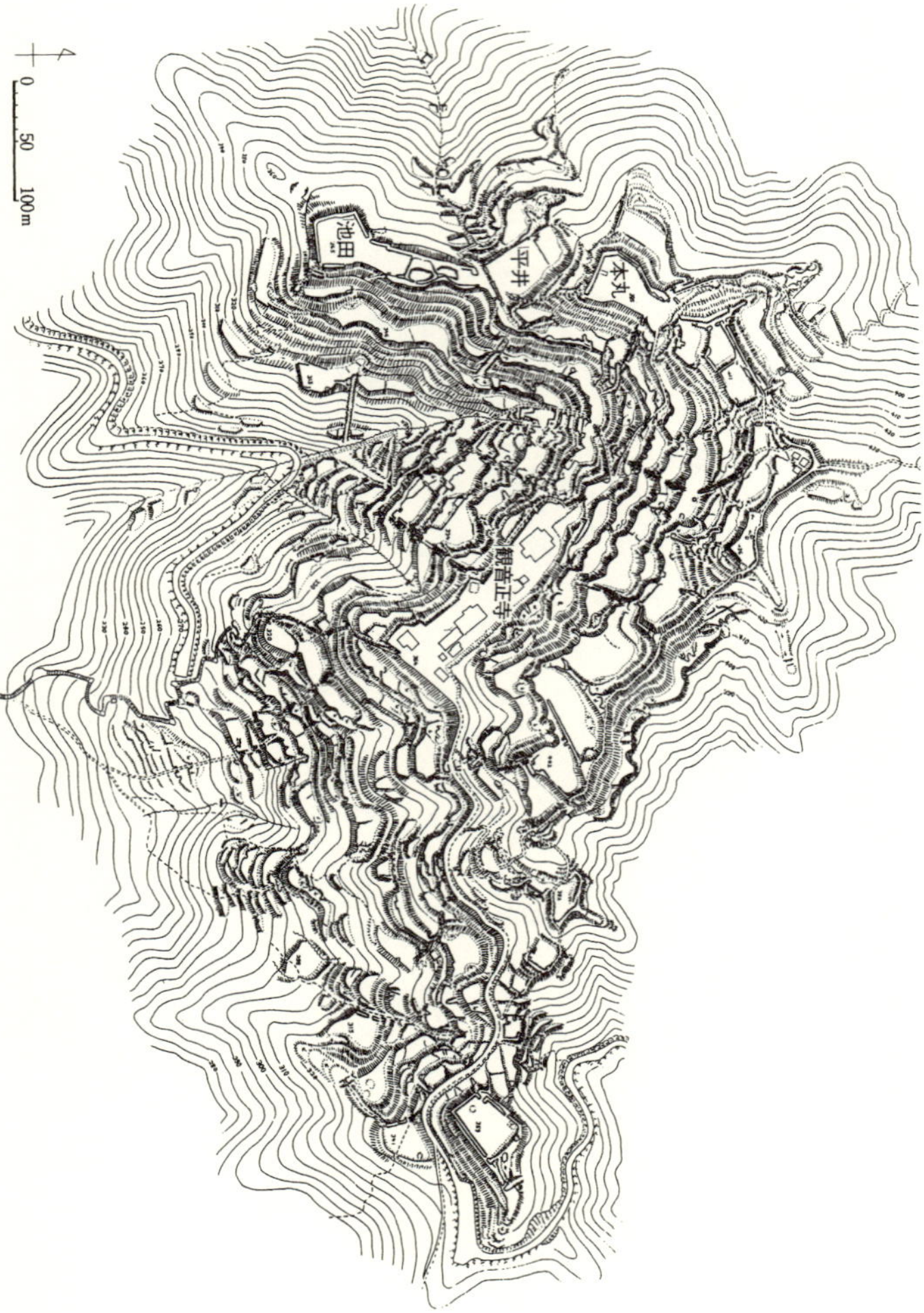

図2　観音寺城跡図（本田昇氏原図を村田修三氏が修正，滋賀県教育委員会実測図を参照して作図．『五個荘町史』第1巻古代・中世より）

写真1　観音寺城・石寺遠景

写真2　観音寺城の石垣（平井丸）

われている。(6)このころ将軍足利義晴は観音寺山西麓の桑実寺に逗留しており、六角氏の権力も隆盛していた。

そして、天文一八年（一五四九）には、後述するように、「楽市」の初見でもある「石寺新市」の存在が明らかで、石寺は戦国期城下町としての体裁を整え、最盛期を迎えていた。

一方、石寺は、中山道の宿駅としての機能も果たしていた。

天文七年（一五三八）に六角定頼の許へ下った大徳寺の使者の算用状には、「四十八文　ハタコ（旅籠）観音寺宿」「九十六文　ハタコ　四ケ度　観音寺小宿」などとあり、おそらく石寺に逗留していたものと思われる。(7)

公卿山科言継も、弘治二年（一五五六）九月一二日に石寺に泊まっており、『言継卿記』同日条には、「観音寺之麓石寺宿迄来了、池田三郎右衛門（六角氏被官）宅に着了」とある。

また、永禄六年（一五六三）九月二三日には、醍醐寺の僧と思われる旅行者が「石寺」の旅籠に泊まり、やはり四八文を支払っている。(8)

その直後になるが、六角氏と家臣団の内訌観音寺騒動（永禄六年一〇月）に際しては、「麓石馬寺三千家屋一時焼却」との記事がある。(9)あまり良質な資料ではないが、「石馬寺（石寺の近村）」が「石寺」の誤記であるとすれば、一応石寺関係の資料に数えられよう。

六角氏はこの後、永禄一一年（一五六八）九月に織田信長の攻撃を受けて甲賀へ脱出し、以後観音寺城へ戻ることはなかった。おそらく石寺もこれに伴って衰退し、安土・八幡などの新しく建設された近世城下町へ吸収されたのであろう。(10)

なお、直接城下に関わる資料ではないが、京都の『冷泉町記録』に収められた天正一八年（一五九〇）と文禄二年（一五九三）の家持ち住民の書上げには、二人の石寺出身者が記されている。

「冷泉室町東頬

……

なう人

三郎兵衛　是ハいしてら衆にて御座候、

五十年さきニ罷上、京にゐ申候、」

「冷泉町西頬

……

きもの屋（抹消）

宗龍　是ハ近江いしてらより十七年さきに

当町へ来候、」(11)

この二人がなぜ石寺から京へ出てきたのかは不明だが、書上げられた計五八人の内、八人は近江出身（他は、大津・山上・甲賀・あわす〈粟津?〉・坂本二名）、ほかにも「なら（奈良）衆」二名などが見えるので、京都への流入は当時の一般的な状況だったようである。記載通りなら、「なう人（農人？）三郎兵衛」が来たのは天文九年（一五四〇）、「きもの屋（？）宗龍」が来たのは天正四年（一五七六）ということになる。前者は石寺が興隆していた時期だが、後者の天正四年は、ちょうど信長によって安土が建設された年であり、あるいは「宗龍」の方はその影響を受けての、石寺の解体に伴う転出だったのかもしれない。

2　石寺の構造

石寺の構造については、これまで観音寺山の山麓部に武家屋敷が集中して存在することと共に、保内商人を誘致した保内町があったこと、天文一八年（一五四九）には既に石寺新市が楽市とされており楽市の初見であることなどが注目されていたが、その具体的な位置やプランは不明であった。ここでは文献史料の再検討と地名・地割等の考察を通じて石寺の復原を試み、その意味する所を考えてみたい。

石寺に関して議論の対象となってきた史料は次の二つである（共に「今堀日吉神社文書」）。

（イ）　書跡

石寺に於いて保内町仰せ付けらるに就き、保内町に於いて□売買致すべし。万一此の旨相違の輩これ在らば、衆中として罪科に処すべき者也。仍って執達件の如し。

年号日付　（五六号）

（ロ）

紙商買の事、石寺新市の儀は楽市たるの条、是非に及ぶべからず。濃州幷びに当国中の儀、座人の外商買せしむるに於いては、見相に荷物押置き注進致すべし。一段仰せ付けらるべく候由也。

仍って執達件の如し。

天文十八年（一五四九）十二月十一日　（能寺）忠行在判　（後藤）高雄在判

枝村
惣中
（一〇八号）

まず（イ）だが、従来はこの文書から六角氏が保内商人を石寺に強制移住させ、城下以外での売買を否定した、商農分離政策であると論じられていた。しかし、この文書は素直に読む限り単に「保内町」における売買を命じているだけであり、他の史料からも石寺への少なくとも大規模な移住や、石寺のみでの売買といった事実は考えることができない。また、この史料は従来六角氏の文書とされていたわけだが、発給者名の記載もなく、様式も合わないなどの点からそれ自体疑問であり、むしろ保内商人団内部で作成されたものと考えた方が妥当である。

次に「楽市」の初見として有名な（ロ）だが、ここで楽市とされているのはあくまでも「石寺新市」であることに注意する必要がある。「市」の語が城下全体を指すことは考えられず、ここでは城下の一構成要素である石寺新市という市場が、文字通り楽市とされているのである。その実態や保内との関係及びそれぞれの設定時期などが問題となろう。

従来石寺は近世城下町と同じようなイメージで、即ち武家居住区と町屋地区が一つにまとまり、周辺の商工業者をその中に移住させて形成されたものとしてとらえられてきたように思われる。しかし、以上の点からもわかるように、石寺は戦国期城下町の通例として小林健太郎氏も指摘した如く[12]、もっと分散的な構造を持っていたと考えねばならない。

そこで形態の復原だが、従来注意されてきたのは、老蘇神社付近での中山道の屈曲、「構口」「下御用屋敷」「犬追馬場」等の城下町関係と思われる地名、及び「蛭子《えびす》町」「長之《ちよう》町」「酒屋町」等の「町」の付く地名である。

このうち「町」地名は、本来一町の田区（＝条里の一坪）の意味であり、特に湖東平野のような条里地帯ではその用例も多く、それが即ち町屋の跡であると考えることはできない。地籍図（図3）によって石寺の地割を検討すると、実際に田の大部分に条里地割が遺存しており、もし町屋が建設されたならば地割が攪乱されるはずであるから、条里地割の部分には町屋はなかったと推定できる。また

図3　石寺地籍図（部分），明治6年（1873）5月

微地形を考えてもそこは低湿地であって集落の存在には適さず、結局大字石寺の範囲では、城下集落はほぼ現在の集落付近に限定される。図3で言えば特に条里と異なる道路A―C以北、及びA―B―D付近等の石垣で囲んだ微高地である畑地などの部分が想定される。現在の集落中にも郭だった部分がかなりあると思われ、山麓の郭群（武家居住区）との区分は明らかであるが、ここには領主に直属する商工業者等が武家と共に居住していたと考えることができる。一乗谷朝倉氏遺跡でも「城戸《きど》の内」の中に町屋跡と考えられる遺構が発見されており、これと共通した性格のものではないかと思う。

それでは先に見た保内町と石寺新市はどこに比定することができるだろうか。今まで注意されていなかったが、大字東老蘇の小字「上菜野」の中に「保内町」という小分け地名が存在する（『滋賀県小字取調書』（明治一五年）、『近江蒲生郡志』巻八。現在は保内町の地名はなく、その正確な位置は明らかではない）。

また、付近には市神を祀った跡と思われる「エビス」の地名も存在し、街道沿いであり、地籍図では畑地で微高地であることなどから、この付近がかつての石寺新市であり、保内町はその中の一部分、即ち保内商人の市場内での売買の場所であったものと推定される（図4、5参照）。保内商人は保内町に移住してそこでのみ商売をしたのではなく、本拠は保内に置いたまま、他の市場と同様に石寺新市にも来て商売をしていたのである。ここにはかつて日野と八日市を合わせた程の町があったという伝承もあり、石寺新市の所在を物語るものではないかと思われる。

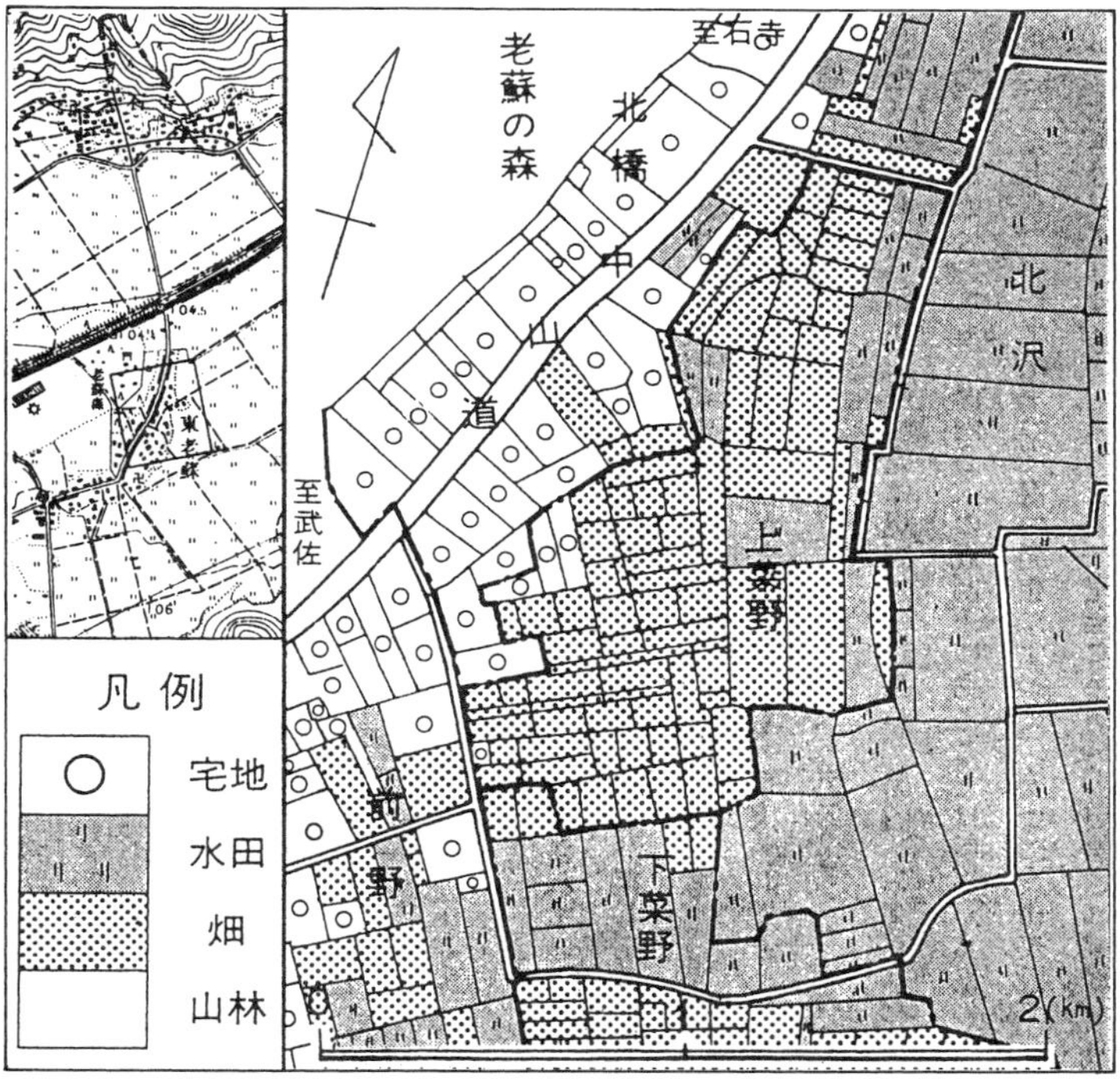

図 4　東老蘇地籍図（明治 6 年,『八日市市史』第 2 巻中世より）
「保内町」を含む小字「上菜野」,「蛭子（エビス）」を含む小字下菜野の付近.
畑地が目立つ.

石寺新市の実態は、地割も乱れており確定し難いが、小林氏が検出した土佐の岡豊《おこう》などの事例と同様に、街村状の形態をとっていたと考える。推論の域を出ないが、この部分の中山道は、もとは直進していたものを六角氏が「エビス」付近で石寺へ向けて屈曲させ、そこに石寺新市を設定したのではないかと思う。現在の中山道は、石寺新市が消滅した後、

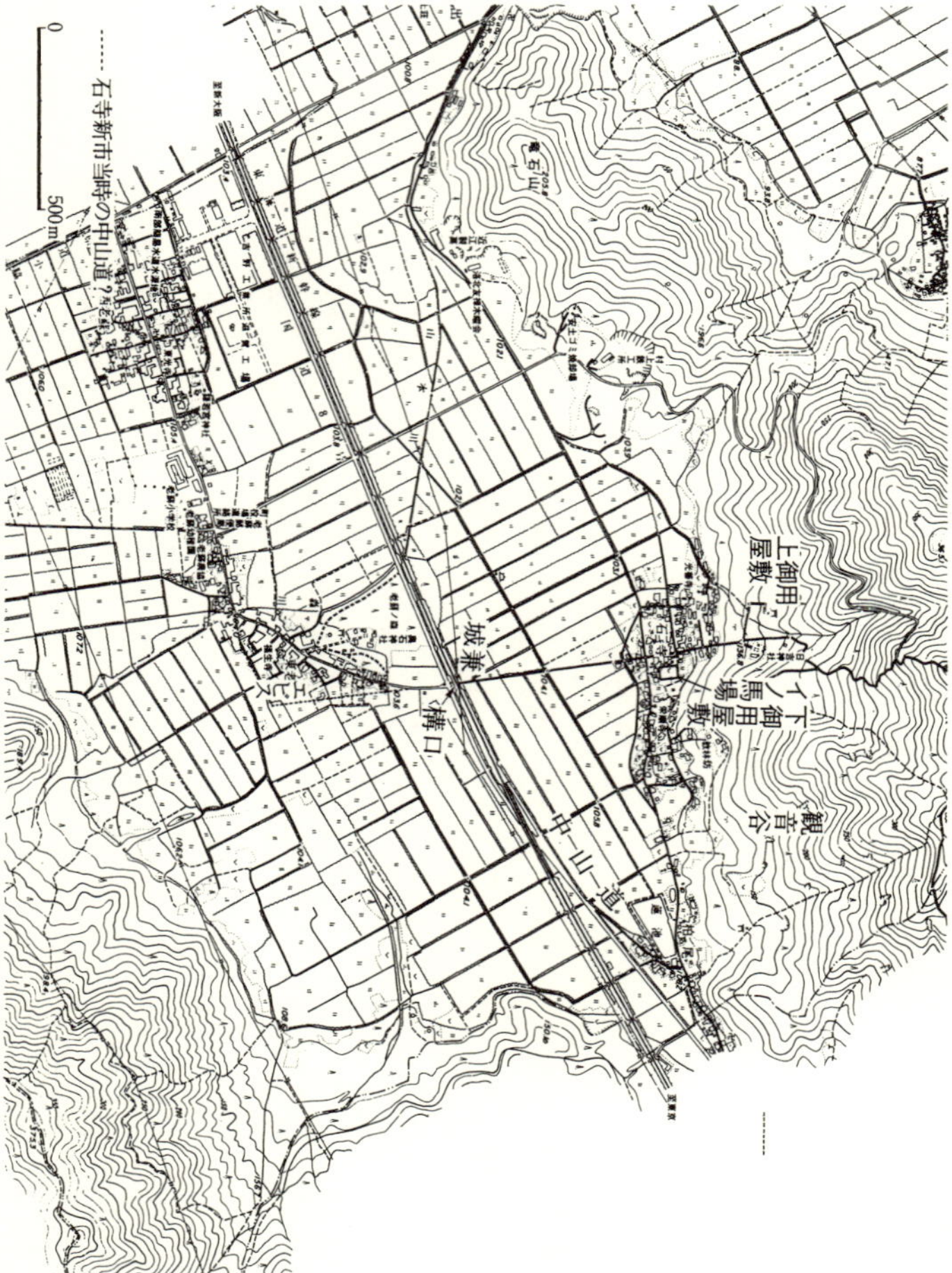

図5　石寺・東老蘇付近（安土町役場発行1万分1地形図，1978年を使用）

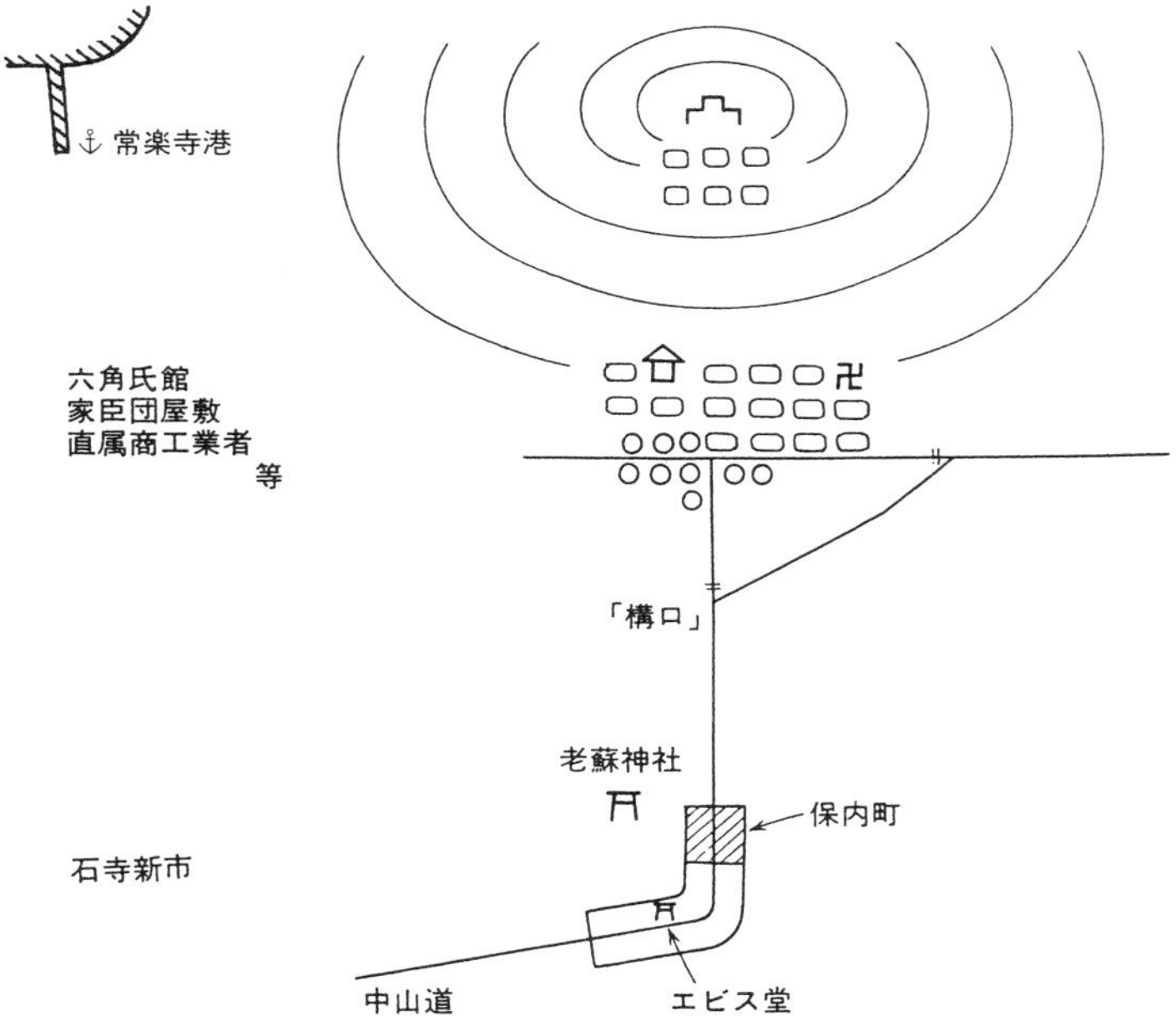

図6　観音寺城・石寺模式図

さらにバイパス状に移動したものであろう（図5参照）。

以上、石寺の形態をまとめれば次のようになろう（図6参照）。まず観音寺山麓には現在の集落付近に、観音寺城の居城化以来、六角氏の館を中心とした武家地区と直属商工業者等の町屋地区があまり分化しない形で集落が形成されてきた。そして、おそらく天文初めころに城と城下町の整備が行なわれ、国人領主らの城下集住が進められる一方、「構口」の外、中山道沿いに石寺新市が立てられ、保内商人の売買の場所が与えられた。

山麓の集落は一乗谷の「城戸の

内」に比せられ（先述の「釘貫」が「城戸」に相当するかもしれない）、また、一乗谷にも石寺新市同様の市場が存在したものと思う。

次に、このような形態を持った石寺の歴史的位置、とりわけその地域における意味を考えてみたい。図7は今堀日吉神社文書をもとに作成した湖東地方における市場の分布図である。戦国期には、ほぼ三～四キロメートル間隔で街道沿いに市場が存在し、実質的にはそれぞれが国人領主の支配下にあって周辺地域での中心地の一つにすぎない。六角氏が新たに石寺新市を立て、そこを楽市としたのは、六角氏への権力集中の政策と見られるが、石寺新市の形態から考えても、それは他の市場の否定・吸収ではなく、六角氏は国人領主による割拠的な市場支配という領国の構造を打破し、統一的な領域市《し》場《じょう》を形成することはできなかったと言える。大名館・武家居住区等とそこから離れた市場という二元的な構造を持つ戦国期城下町は、このような領国の状況を背景としている。大規模な郭群の存在から見て、戦国末期には何らかの形で家臣団が集住しつつあったと考えねばならないが、六角氏は経済的機能等の集中は果たせなかったものと思われる。

これに対し、武士の在地性を否定すると共に、市場や商人をも城下町に吸収し、兵農分離・商農分離を行なって地域社会を近世化していったのが近世統一権力であり、安土以下の近世城下町であった。安土城下町の構造については、本章第四節で述べるが、安土は戦国期城下町の二元的な構造を脱して武家居住区と市場域が一体化された、格子状の街路を持つ城下町である。そして、そこに出された

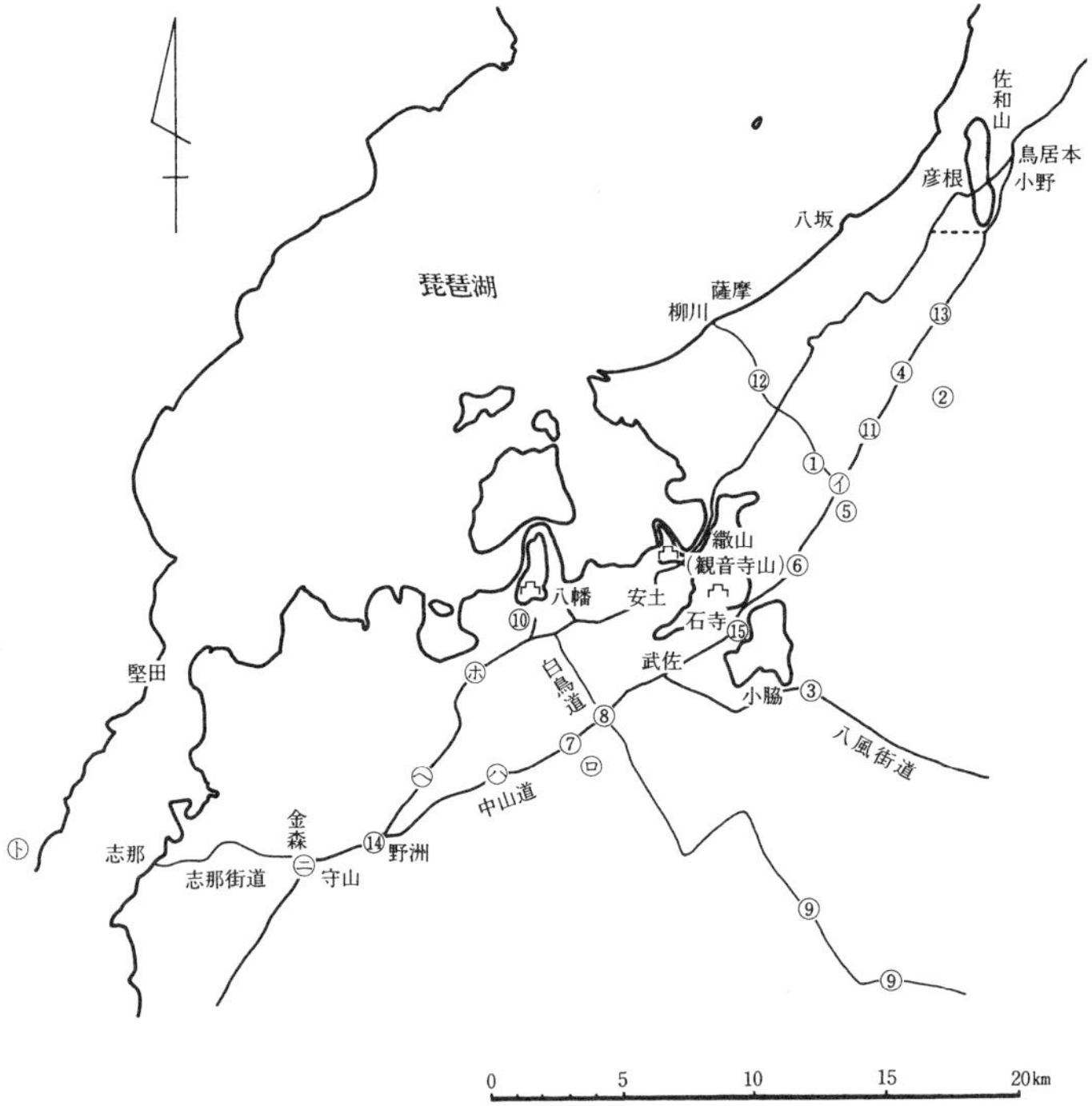

市場名	初見年代
①長野市	貞和元（1345）？
②甲良市	〃　？
③八日市	応安7（1374）
④四十九院市	応永35（1428）
⑤愛智川市	〃
⑥小幡市	正長元（1428）
⑦横関市	文明4（1472）
⑧馬淵市	文亀元（1501）
⑨日野市	文亀2（1502）
⑩嶋郷市	〃
⑪枝村市	享禄2（1529）
⑫出路市	〃
⑬高宮市	〃
⑭野洲市	天文14（1545）
⑮石寺新市	天文18（1549）

この他に
平方市(貞和元？)・高島南市(文亀2)
尾生市(享禄2)
がある。

㋑くつかけ（沓掛）
㋺東川
㋩篠原
㊁守山
㋭田中井
㋬永原
㋣坂本

㋑〜㋣は「永禄元(1558)十二月十一日上へ進上申跡書」(今堀日吉神社文書200号)に、「従レ昔 至二今日一、保内ヨリ紙おろす所之事」として挙げられた地名。
他に愛智川、枝村、横関（以上は上記と重複）高嶋、甲賀、日野牧が挙げられている。

図7　中山道と下街道および今堀日吉神社文書に現われる市場の所在地

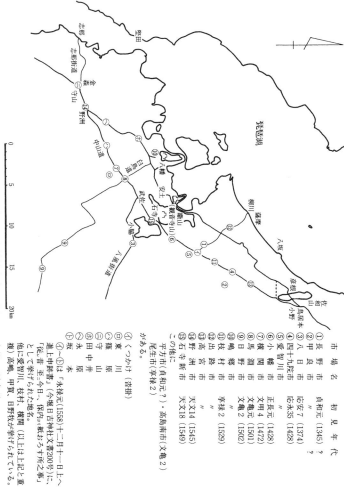

「安土楽市令」を始めとする信長の政策には、様々な手段で在地の市場や商人等を安土に集中させたことが窺える。例えば安土令第二条には、

往還の商人、上《かみ》海道（＝中山道）相留め、上《のぼ》り下り共当町に至り寄宿すべし

とあるが、これは商人の中山道通行を禁止し、信長の設定した下《しも》街道（＝朝鮮人街道）を通行させることにより、中山道を中心に分布する市場とそうした地域構造を否定し、安土に集中させる目的であったと理解できる。石寺新市も、おそらくこの過程で消滅させられたのであろう。また、保内商人は保内に住み続けることを許されず、安土に移住させられたものと思われる。安土令第一三条の

博労の儀、国中馬売買、悉く当所に於いて仕るべきこと

は、博労座を持つ保内商人の移住に伴なうものであり、「博労町」がその安土での居住地だったのではないかと考えられている。

楽市令は、在地に古くから存在した「楽市場」の属性を適用した新城下繁栄策であることが指摘されている。[13] 石寺新市は字義通りの「楽市」であり、他の市場と並立した存在であるが、安土は「楽市」と言っても既に「市」ではなく、在地の諸機能の集中による社会の近世化の手段としてその属性が用いられているのである。こうした点に六角氏の城下町石寺と信長の安土の違いがある。

安土を受継いだ八幡は、第四節で述べるように、形態的にも機能的にも一層整備された近世城下町である。八幡の「楽市令」は安土のそれと殆ど同じだが、第一三条として

在々諸々諸市、当町へ相引くべき事

とある点に、その建設の意図がより明確に現われている。八幡の建設（天正一三＝一五八五年）と天正一一・一二年の太閤検地によって、この地方の近世化は一応の完成を見たと言えよう。

以上によって、石寺の歴史的な意義はほぼ明らかにできたと思う。それは大名に権力が集中しつつもなお国人領主の割拠と連合を基調とした戦国期＝近世の前段階に位置づけられるのであり、その形態はまさしく戦国期の社会と大名権力の性格に照応するものであった。

観音寺城と石寺は、山城部分の膨大な遺構の存在と共に、市場の所在等まで想定しうる点、戦国期城下町の事例としてまことに貴重な存在である。その保存と共に、発掘をも含めた全面的な調査が期待される。

注

（1）『八日市市史』第二巻中世、一九八三年。
（2）金子拓男・前川要編『守護所から戦国城下へ―地方政治都市論の試み―』（一九九四年、名著出版）。
（3）蔭山兼治「戦国期城郭―天台宗山岳寺院の利用法について―」『文化史学』五〇号、一九九四年。
（4）「(文明元年）八月二七日山内政綱感状」『古証文』。
（5）永正一六年二月七日「伊勢道者売券」『輯古帖』。

（6）「馬淵村千僧供馬場孫左衛門氏文書」『近江蒲生郡志』巻二、六六二頁。弘治二年（一五五六）にも、「御屋かた様之御たて（館）の用」として材木の調達があったことが知られる（同前）。もっとも、六角氏自身は、麓の石寺よりも、むしろ他の戦国大名と同じように山上を日常の居所としていたようで、連歌師宗牧も、山上の二階の座敷で六角定頼に対面している（『東国紀行』天文一三年〈一五四四〉一〇月。『群書類従』第一八輯）。

（7）大日本古文書『大徳寺文書』五、一九四〇号「就二土御門公事一小日記」。

（8）「永禄六年北国下り遣足帳」国立歴史民俗博物館蔵。山本光正・小島道裕による資料紹介（『国立歴史民俗博物館研究報告』第三九集、一九九二年）参照。

（9）『長享年後畿内兵乱記』永禄六年一〇月九日条。『続群書類従』第二〇輯上。

（10）もっとも、『兼見卿記』天正一〇年（一五八二）八月六日条には、「江州観音寺之辺一宿」とあり、宿駅としての機能は安土建設後もなお残っていたらしい。ただし、「不弁之仕合也」ともわざわざ記されており、衰退のためか、本能寺変後の混乱のためか、いずれにしても既に十分なものではなかったようである。

（11）『冷泉町記録』（『日本都市生活史料集成（三都篇Ⅰ）』一九七七年、学習研究社）。

（12）「観音寺城の城下町―そのプラン想定への手懸り―」（『観音寺城と佐々木六角氏』第二号、一九七八年）。

（13）勝俣鎮夫「楽市場と楽市令」（『論集中世の窓』一九七七年、吉川弘文館。同『戦国法成立史論』一九七九年、東京大学出版会）。

＊　＊　＊

その後、石寺の地名・伝承等について改めて聞き取り調査をする機会があったので、城下町関係のものについて述べておきたい（図3・図5参照。＊は筆者のコメント）。

・下御用屋敷（しもごようやしき　小字「高橋」の内）
観音正寺参道の東。東側に石垣と水路のある高くなった畑の所。

・イノ馬場（いのばんば　小字「高橋」の内）
＊犬追馬場の意。下御用屋敷と同じところ。イノ馬場からカンガ谷（下御用屋敷の東の低地）にかけての一帯を「死刑屋敷」と言い、のだたん（そこに居ると栄えない）所とされている。
犬追物は室町期の重要な武家儀礼で、大規模な施設と人員を必要とした。地方でこれを行なうことは、地域における武家社会の中心地であることのシンボルであったと思われる。高島郡新旭町に所在する高島氏の清水山城の麓にも小字「犬の馬場」があり、一乗谷の朝倉氏館の前にもやはり「犬の馬場」がある（拙稿「高島郡の平地城館趾について」『滋賀県中世城郭分布調査』八参照）。

・上御用屋敷（かみごようやしき　小字「宮ノ脇」の内）
天神のある平坦地。
＊ここは六角氏の館所在地に比定されているが、先述のように、六角氏自身の通常の居所は、むしろ山上にあったことが史料からは窺える。織田信長の岐阜城でも館は山上、山麓の双方にあり、

毛利元就の郡山城でも山上の館と共に、山麓には「御里屋敷」の伝承地があり、両者の使い分けは戦国大名の山城に通有のものだったと思われる。観音寺城では、「下御用屋敷・犬追馬場」の伝承地があるのも興味深く、今後の調査によって具体的な機能についての解明が可能になるかもしれない。

・城兼（しろかね　小字「森尻」南東隅の一画）
・構口（かまえぐち　小字「森尻」の内）
中山道と学校道（バンバ道）の分岐点。城に入ってくる人を見張ったという。
・風呂ノ町（ふろんじょ　小字「八ノ坪」の内）
公民館の前の所。昔風呂屋があり、佐々木の侍が下りてきて風呂に入りに来たという。
＊「風呂」地名は寺院跡にも多く、あるいは寺院関係地名かもしれない。
・観音谷（かんのんだに　小字「光円」の内）
　影清道の上にある藪が観音寺の跡ではないか。礎石もある。
・円増坊（えんどうぼう　小字「光円」の内。文字は『石寺村誌』による）。
・寺院には、現存の光善寺・栄順寺・教林坊の他、徳万坊、香林坊、観泉坊、永寿院があった。宮荘（五個荘町）の寺ももと石寺にあり、小字「源三谷」の切り通しの東北にその跡の石垣がある。
・石寺の集落は、もとは（南向かいの）清水山の方にあったという。石寺の宮さんは天神さんで、移してきた。日吉神社は観音正寺の宮さん。（一九八七年八月、安土町教育委員会による地名調査の際に、志井国蔵・山梶輝夫・川村克巳・坪田覚治の各氏よりおうかがいした。報告書が未刊のため、一部を収録した）。

なお、本稿（2）は、楽市の初見としても知られる「石寺新市」の位置比定と城下町の中での意義付けを中心にしたため、港については特に触れていないが、第四節の安土城下町の項でも触れている常楽寺港は、明らかにもと観音寺城ないし六角氏の外港であり、その城下町の中に位置づけられるべきものである。今回図6の模式図にも書き加えたが、機能と原理の異なる場が、地理的にも分散して存在する中世的な都市のイメージが一層明らかになったと思う。

2　小　谷

小谷城は戦国大名浅井氏三代の城として知られる。浅井氏は郡名を名字とすることからもこの地の古くからの豪族と思われるが、分郡守護京極氏の被官の地位から、浅井亮政が勢力を伸し、小谷城を大永五年（一五二五）以前に築城（「朽木文書」等）、天文三年（一五三四）には京極氏父子をその宿所で饗応し、権力の確立を示した。以後天正元年（一五七三）の信長の攻撃による滅亡まで、浅井氏の居城、湖北の政治権力の中心として存続した。その構造や、発掘調査によって出土した山上の「大広間跡」などの遺構、越前朝倉氏一乗谷遺跡とも共通性の高いことが注目される遺物などについてはそれぞれの報告書に譲り、ここではあまり知られていないその城下部分について述べることとしたい。

小谷城の城下に関しては、他の戦国期城下町同様、当時の姿を明らかにしうる程の文献史料や同時代の絵図は残されておらず、ここでは従来よりの知見を踏まえて、地名・地割・地形などの検討を行なうことで、その復元を試みることとしたい。資料としては、小谷城址古図[1]、明治初年の地籍図[2]（図2参照）、「滋賀県小字取調書」[3]及び、地名の聞取り調査[4]（図2参照）が主なものである。

まず、武家屋敷地区として従来から知られているものに清水谷《きよみずだに》がある[5]。清水谷は、中央に道が通り、その両側が階段状に削平された地形を示している。谷の奥には浅井氏屋敷跡と伝える「御屋敷」があ

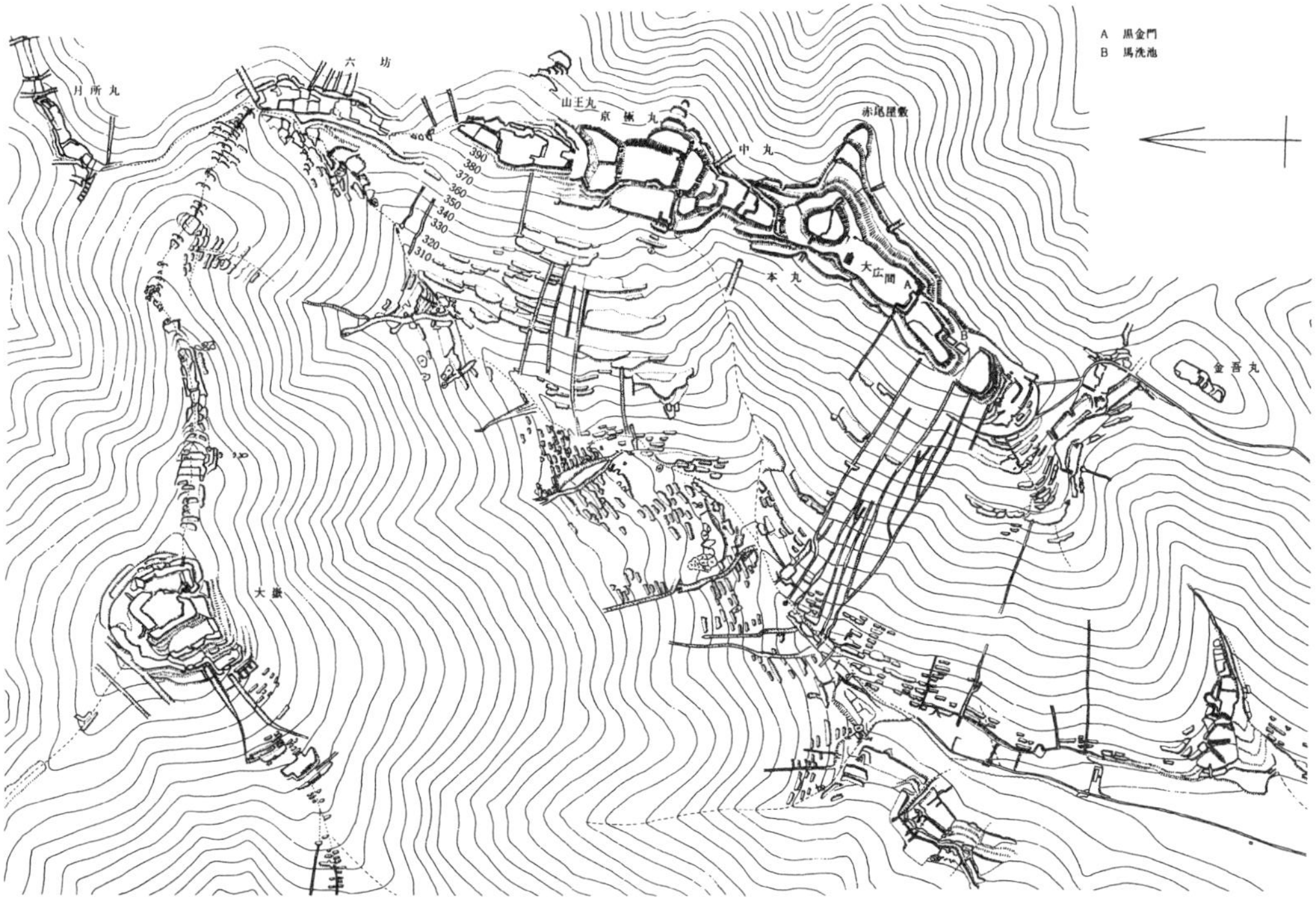

図1 古谷城縄張図（主要部，石田敏氏原図．『滋賀県中世城郭分布調査7』より）

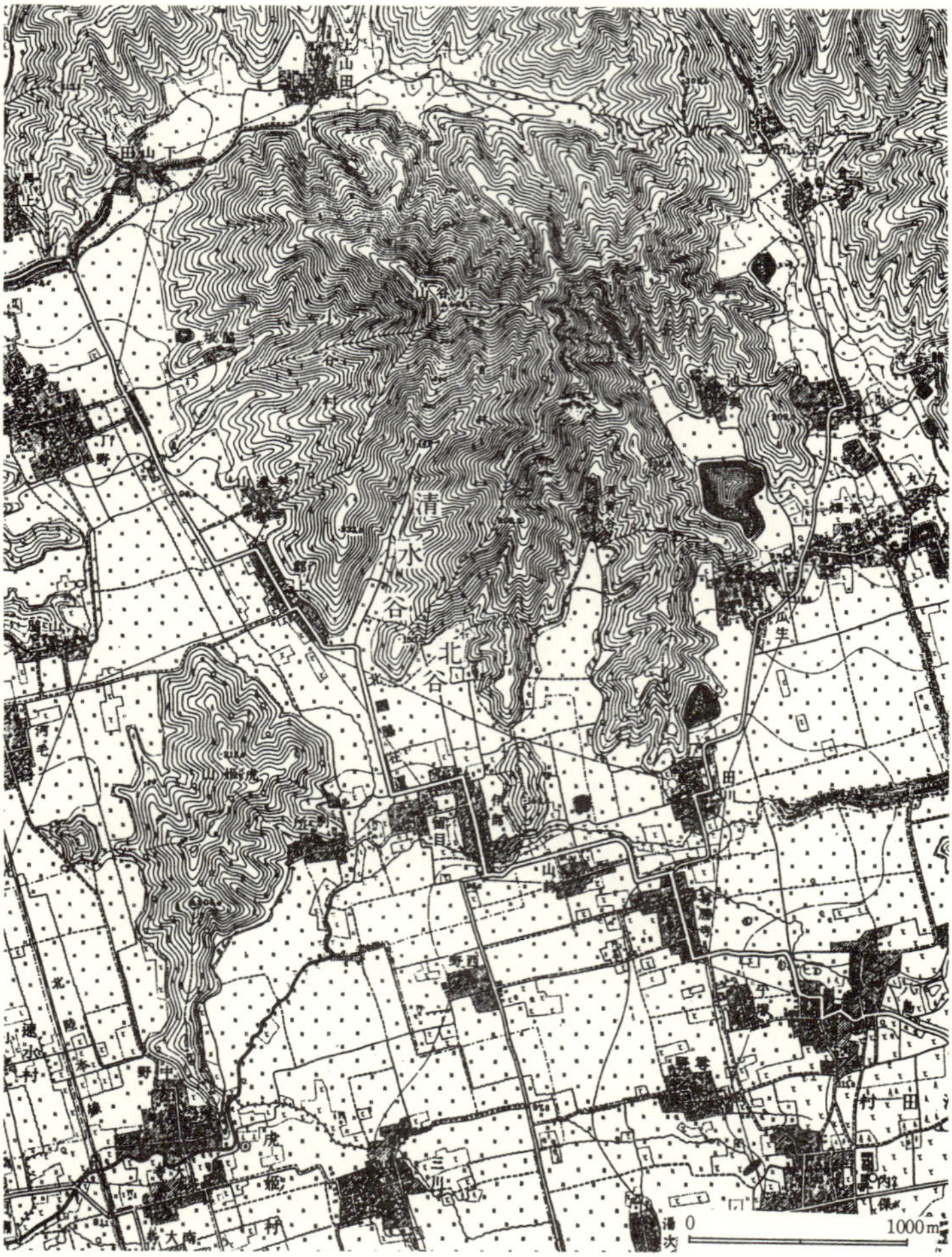

図２　古谷付近（２万５千分の１地形図「虎姫山」1920年測図）

写真1　清水谷から見た小谷山

る他、山城屋敷、木村屋敷・遠藤喜左衛門屋敷の記載が「古図」にもあり、谷全体が浅井氏一族と重臣を中心とした武家屋敷地区であったことは疑いない。清水谷の入口付近には沼地状の低湿地があり、(6) 防禦的機能を果たしていたことと思われる。町屋地区との境でもあるこの部分には、谷を塞ぐ人工的な防禦施設があったことも当然考えられよう。

この他に武家屋敷としては、須賀谷に片桐氏、脇坂に脇坂氏、大手登り口の南に「戸田豊後守」、伊部に「伊部清兵衛」（図4の「御屋敷跡」）の屋敷跡ないし伝承地があり、浅井氏・小谷城下との関係は必ずしも確認できないが、山麓などの随所に家臣の屋敷が存在していたと思われる。しかし、集住地としては清水谷のみと考えてよいだろう。なお、清水谷は越前朝倉氏の一乗谷の城戸の内と一見似ている如くだが、一乗谷の城戸の内が広範に町屋を含むの

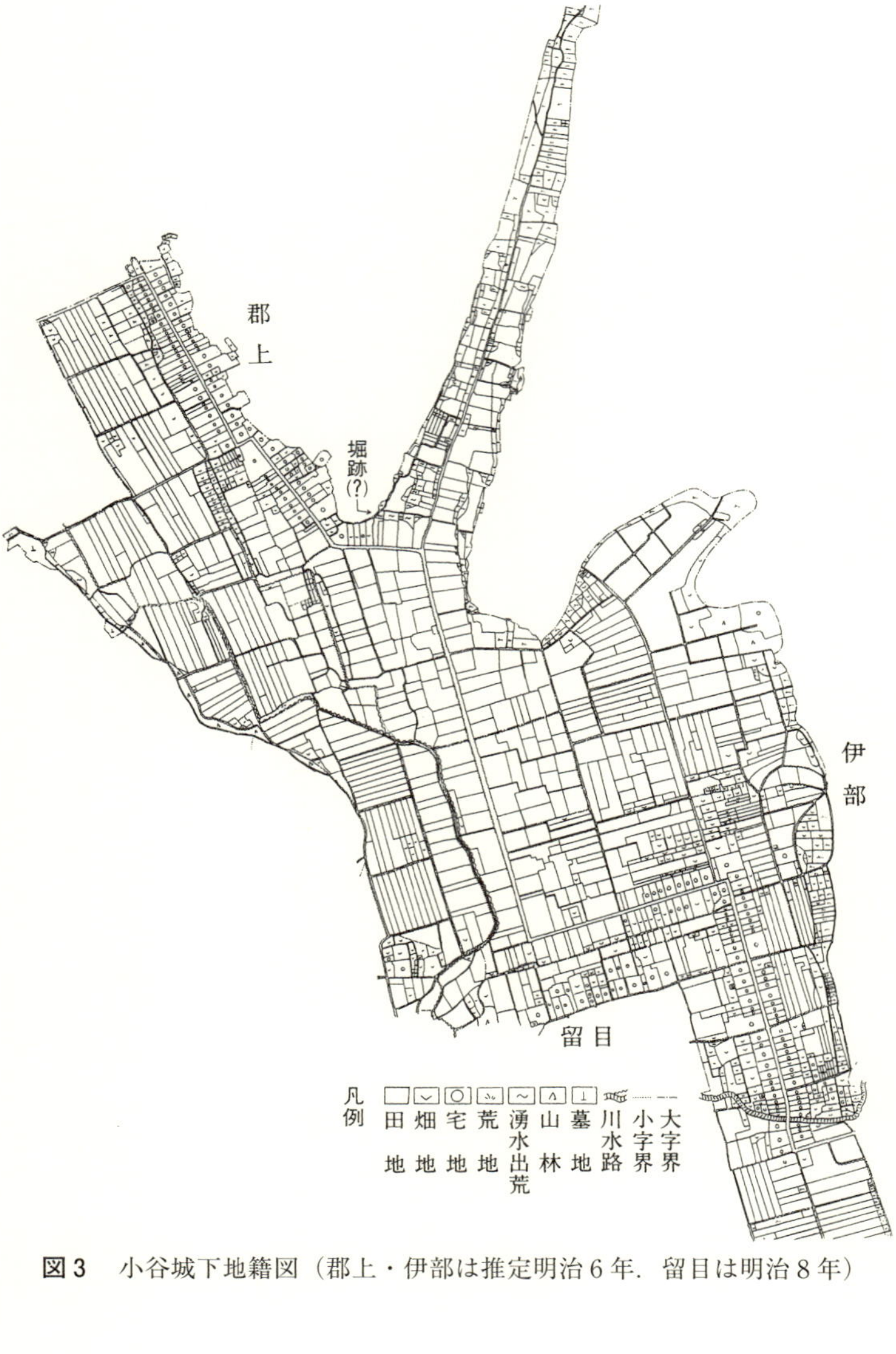

図3　小谷城下地籍図（郡上・伊部は推定明治6年．留目は明治8年）

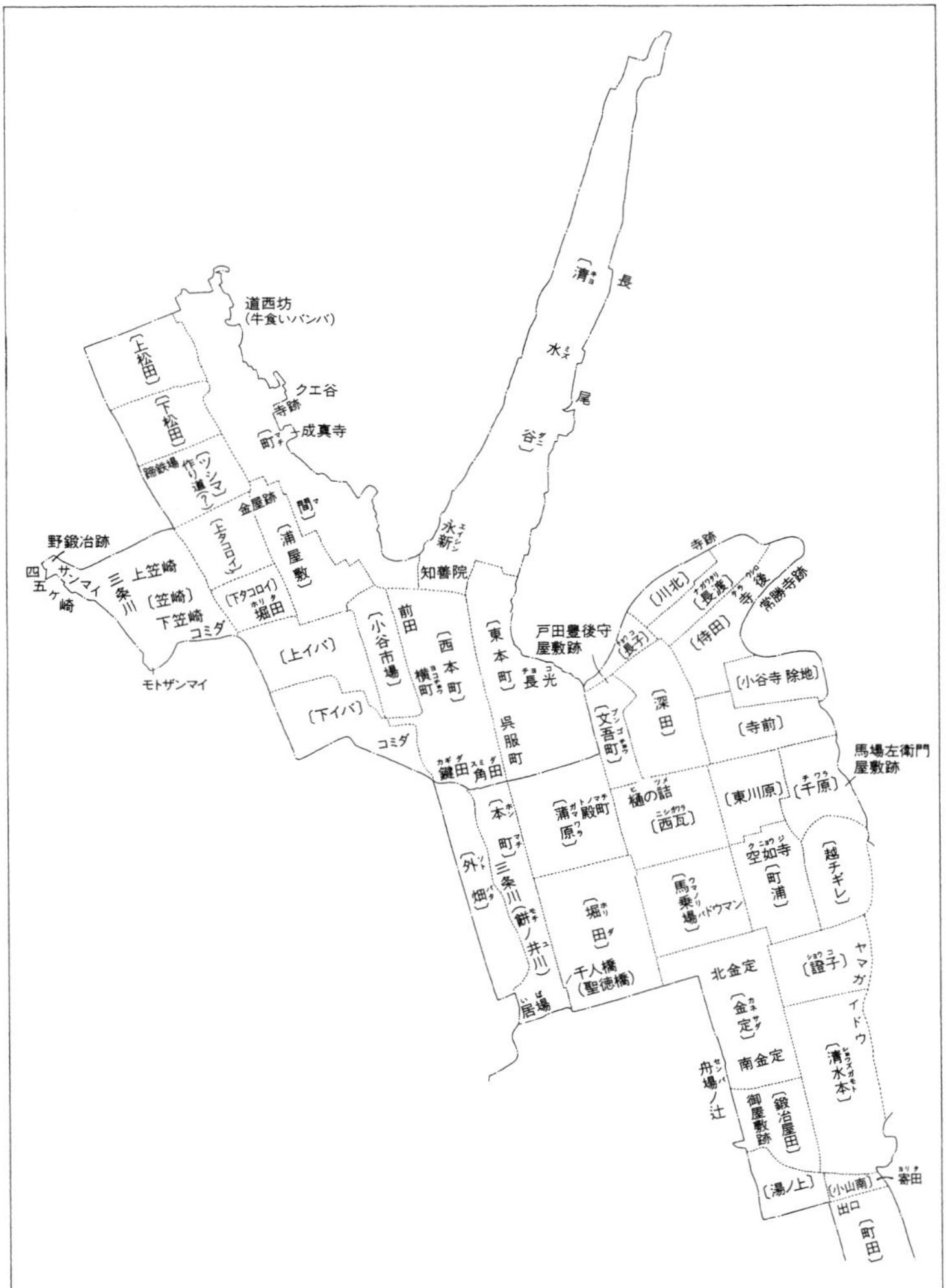

図 4　郡上・伊部地名分布図

に対し、小谷では清水谷は武家屋敷のみで、町屋は谷の外に存在するプランであったと考えられる。寺院は清水谷の入口に「知善院」の地名があって長浜に移転する以前の旧地と考えられ、この他、小谷寺の北方にはその前身の「常勝寺」が、また郡上の成真寺が浅井氏時代にはその北側の「寺跡」にあったと伝えられるなどいくつかの存在が推定されるが、全く散在しており、特に寺院地区的なものは形成されていなかったと思われる。

次に町屋地区だが、まず清水谷にやや似た存在として、北谷（小字では川北・長渡り・持田）がある。この谷の奥の北側には弓を作る工場があり、商人町もあったと伝え、詳しい状況は明らかでないが、山上の城とも直結するこの谷には、おそらく浅井氏に直接従属する手工業者などが居住していたものと思われる。谷口の、大手登り口付近から大瓶の破片が出土しているのも、それに関するものかと思われる。この他北谷には、先述の「常勝寺」と他にも「寺跡」があり、また山城につながる武家屋敷も存在していたかも知れない。

この北谷以外に、「本町」「小谷市場」等の地名から、街道（北国脇往還）沿いに町屋が存在したと従来より考えられている。これについては、秀吉による移転先の長浜の町名との地名の一致から、その範囲をほぼ推定することができる。ここで両者の対応関係をまとめれば、表1の様になる。(7)

表1

長浜	小谷
大谷市場町	小谷市場[8]
西本町	西本町
東本町・北井部町	東本町
南伊部町・北伊部町	伊部
郡上町・郡上片原町	郡上
知善院町	知善院
上呉服町・中呉服町・下呉服町	呉服町
金屋町・金谷新町	金屋跡[9]

すべてがそのまま対応するとは限らぬにせよ、これによって、この町屋地区の範囲は現在の大字郡上から伊部にかけてであったことを推測できる。この範囲で地割を検討すると、周囲の条里地割とは異なった、道路に面した間口の狭い、町屋に通有な短冊型の地割が認められ、小字で言えば以下の範囲に連続して町屋が存在したことを確認できる（図4参照）。

町間・浦屋敷・小谷市場・東本町[10]・西本町・本町、

及び、蒲生・堀田・馬乗場・金定・證子・清水本・鍛冶屋田の各街道沿いの部分。

このうち、小谷市場と西本町の西側の部分では、街道に平行して街路がもう一本通って別の両側町を形成し、また浦屋敷の部分はその名からも片側町であったのではないかと考えられる。なお、伊部は近世の北国脇往還の宿場、郡上も宿場的存在で、現在の集落が街村状なのはそれ故でもあるが、短冊型の地割は集落をはずれた所にも続いており、共に小谷城下時代の町割を踏襲していると見てよいだろう。この町屋地区は、町間から本町にかけては西側が三条川に合流する水路と三条川で画され、また最南端は、おそらく田川が境となっている。以上の範囲より外は基本的に条里地割が残存しているため城下であったとは考え難く、「町」の付く地名が存在してもそれは条里の「町」に由来する地名と見るべきである。町屋推定部分より外の蒲原・堀田・西瓦《川原》などは条里地割でもないが、これは低湿地であるためと考えられる。

次にこの町屋地区内で町あるいは場の性格を表わす地名を検討すると、まず北端の街道屈曲部、水路の外側（西）には「古図」に「張付場」と記されており、伝承は確認できなかったが、実際に城下の町はずれの処刑場が存在したことを想定するのも無理ではないだろう。そして、更に注目されるのは、浦屋敷の北部に「金屋跡」（「古図」では「金屋町」）、東本町の西南部街道沿いに「呉服町」の地名があることで、長浜の町名と一致することからもその小谷城下での存在が推定され、実際に同業者町が存在したとすれば、戦国期城下町としては珍しい例と言える。この他に町の性格を示す地名としては「小谷市場」があるが、城下町当時に実際に市が開かれていたかどうかは明らかでない。長浜には「大谷市場町」として移転していることからも常設店舗による街が形成されていたことは間違いなく、位置的にも街衢の中の一画であり独立したものではないことから、最終段階では他の部分と特に変わった性格はなかったかもしれない。

以上、小谷城下のこの町屋地区は、城下の最終段階においては長さ二キロメートル以上におよぶ大規模なもので、かつ機能的にもかなり整備されていたことがうかがわれる。長浜へ移転する直前に秀吉によって集中・整備が行なわれた可能性もあるが、基本的には浅井氏時代に成立していたと考えてよいだろう。

浅井氏の流通政策を示す史料として知られる、永禄九年（一五六六）九月一日浅井長政撰銭条目案(11)には、次のような諸条項が見える。

一以二質物一為レ叶二用所一、質屋を相尋処、不レ執族太曲事也。（後略）（第四条）

一自二他国一当谷居住之仁、其外往還之商人、定置公用之他を、撰二清銭を一本国へ遣儀、堅令二停止一畢、相背族者、申聞輩ニ彼宿資財雑具を遣、至レ于二亭主一者可レ加二誅罰一之事、（第六条）

一他国之商人売買之代可レ為レ如レ掟、則以二其通之代一用所を相叶可レ令二帰国一、無二承引一商人ニをゐてハ、当郡内へ出入永代相止、至レ于レ宿者可レ処二厳科一之事、（第七条）

一当掟以来、諸商売高直仁申輩堅令二停止一候、近年可レ為レ如二有来一之事、（第八条）

小谷城下には他国からも商人が来住・往来し、質屋・商人宿などもあったことがうかがえ、また浅井氏が価格統制なども行なっていたことがわかる。浅井氏の領国は東国・北国と京都の主要交通路を扼す位置にあり、浅井氏自身も流通に関与していたのではないかと思われ、そのことが城下の発達をもたらしたひとつの背景だったと考えられよう。

小谷城下にあるいは関係するかと思われるものに、もうひとつ、尊勝寺の市場がある。尊勝寺は街道を伊部から更に東南へ進んだ所に位置する集落であり、地元で作られた地誌『平埜《ひらの》荘郷記』(12)に次の様な記述がある。

尊勝寺村市之事

（前略）当村ニ市ノ在リシハ、浅井備前守亮政公小谷山ニ築城ノ時ヨリ始ルトミエタリ、然ハ其節ハ当村甚タ繁昌イタス所ト想像ラル、天正元年、浅井落城ノ以後モ、打続キ宿駅ト申、市アリテ繁栄イタシタル村ナリ、天正十一年ヨリ同十四年マテ、当村彦根元ト佐和山之城主左衛門督秀政殿ノ御知行所ナリ、此時亦改メテ市ノ免状ヲ玉ハル、其免状ニ曰、

当郷市之儀、可レ為レ如二先々之（ママ）一候、往還之荷馬以下諸事不レ可レ有二相違一候、為レ其如レ此候、

天正十一年十一月十一日　　左衛門督秀政判

如レ此免状アリ、今ニ吾家相伝ス、（中略）

当村古老ノ伝ニ、今慶徳寺ノ前畑ニ市神ノ堂アリ、因レ之中川ノ橋ヲ堂ノ橋ト申ス由、又北町壱町ヲ北市場ト号シ、中町壱町ヲ南市場ト申ス、

筆者による推測はともかく、引用の文書や当時の伝承・俗称等はほぼ信用してよいと思われる。尊勝寺は長さ四町の街村であり、しかも地籍図を見ると条里の中央に街道を通し、その両側を宅地として形成された計画的な集落であり、市場であった当時の町割を踏襲していると考えられる。

この市場がいかなる性格のものであったか、その形成主体は誰だったかが問題だが、尊勝寺には一向宗の江北十ヶ寺のひとつである称名寺が存在し、しかも称名寺は方一町ほどの堀で囲まれた「多賀

図5　尊勝寺城地形図・略測図（『滋賀県中世城郭分布調査7』より）

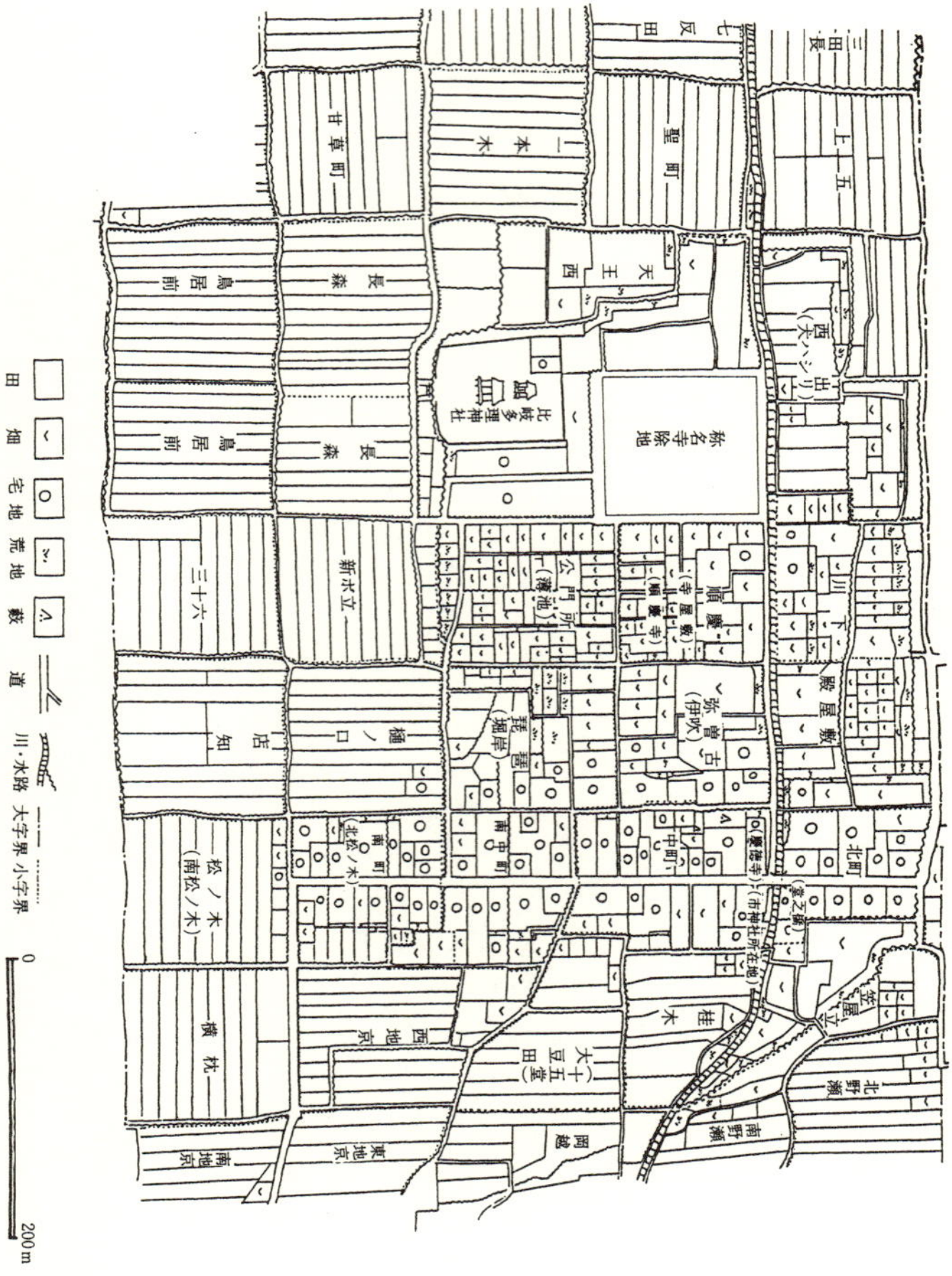

図6　尊勝寺城地籍図（明治6年）（『滋賀県中世城郭分布調査7』より）

（　）内は小分け地名、明治15年の『滋賀県小字取調書』（『角川日本地名大辞典』所載）により補った。

古屋敷」と呼ばれる土豪居館の跡に建られており、その上集落の西側の称名寺を含む一帯は、南北三町東西四町に及ぶ性格のよくわからない巨大な城館趾(13)であるという複雑な複合遺跡であり、果して市場がこれらの存在といかなる関係にあったのか明らかではない。戦国期城下町には、城を中心とする部分からは離れた場所に市場が存在する例も多く、この尊勝寺市場が小谷城下の一部である可能性も考えられるが、尊勝寺が市場を含めて注目すべき遺跡であることのみを指摘し、今後の調査による解明を期待したい。

注

（1）『滋賀県史蹟調査報告』第七冊（一九三八年　滋賀県）所収。以下「古図」と記す。

（2）郡上・伊部・別所は推定明治六年。留目は明治八年。伊部は伊部区有。他は湖北町役場蔵。

（3）明治一五年。『角川日本地名大辞典』25滋賀県（一九七九年　角川書店）所収。

（4）一九八三年三月一七日実施。柴垣実、中山虎男、肥田勇一、肥田健作各氏より御教示を得た。

（5）『滋賀県史蹟調査報告』第七冊（前掲1）。および『小谷城清水谷遺跡発掘調査報告書』（一九七八年　湖北町教育委員会・小谷城清水谷発掘調査団）参照。

（6）地籍図（図3）のこの付近で「荒地」の記号を付した部分は、原資料では多くは「湧水出荒」である。

（7）長浜の町名は、『近江輿地志略』による。

（8）「滋賀県小字取調書」では、「大谷市場」。

（9）「古図」では「金屋町」。
なお、典拠は不明だが、「明治紀元改正湖東長浜之図」（『長浜案内』一九二一年、下郷共済会、所収）は、「自二浅井郡一移転町名・神社・寺坊」として、伊部町・郡上町・呉服町・大谷市場・大手町・神明町・妙法寺・知善院・徳勝寺を挙げている。

（10）東本町の街道に面した部分には、地中に大きな石垣があったという。

（11）「菅浦文書」一七一二号。前掲書（1）に写真が掲載されている。

（12）寛政五年（一七九三）、岡本山人著。引用した部分は『大日本史料』第十一編之五に収録されている。

（13）『東浅井郡志』巻三、七三三ページ参照。

〔参考文献〕

『滋賀県史蹟調査報告　第七冊　小谷城阯・安土瓢箪山古墳』（一九三八年、滋賀県）。
『史跡小谷城跡環境整備事業報告書』（一九七六年、湖北町教育委員会）。
『小谷城清水谷遺跡発掘調査報告書』（一九七八年、湖北町教育委員会）。
『史跡小谷城跡—浅井氏三代の城郭と城下町—』（一九八八年、湖北町教育委員会・小谷城址保勝会）。

〈付記〉

成稿後、次の様な文書が紹介された。

今度小谷町□長浜江御引被レ成候間、跡ニ居残者として、其屋敷方ともに作毛可レ仕候、又北国東

国之たちん《（駄賃荷）》に物之儀、先々のことくつけ可レ申候、公儀伝馬之事、無二油断一出可レ申者也、

天正九

二月十日　次（花押）

小谷惣中へ

（森岡栄一「羽柴於次秀勝について」『市立長浜城歴史博物館年報』一、一九八七年）

浅井氏滅亡後八年近くを経た天正九年（一五八一）の文書で、「小谷町」の長浜への移転後に残った者へ空き屋敷地の耕作を命じたものであり、北国・東国への宿駅機能が依然として生きていることもわかる。「今度」と書かれた長浜への移転がいつだったかが問題だが、この時点に近い時期まで下がるとすれば、本文でも触れた秀吉入城後の集中・整備が予想以上に大きかった可能性も考えられよう。本稿で示した地表面から窺われる遺構は最終段階のものであり、おそらく当所は「小谷市場」が、清水谷や北谷の家臣団居住区や職人地区とは区別された市の開かれる場として存在し、それを核として次第に町屋が充塡していったのではないかと考えられるが、本文に掲載した永禄九年の掟書の段階では相当の発達を遂げていたことも確かで、どの段階でどの程度の町が出来ていたかが課題として残っていることをとりあえず補記しておきたい。

なお、長浜への移転についてはその後更に次の論文が発表されたので参照されたい。

森岡栄一「長浜城下町の成立について」（『滋賀県立琵琶湖文化館研究紀要』六、一九八八年）。

3　上平寺

1　城下の構造

京極氏の居城としては太平寺城（伊吹町）、柏原城（清滝寺、山東町）、勝楽寺城（甲良町）、それに上平寺城が知られているが、城下の存在を想定できるのは今のところこの上平寺のみである。上平寺の城館は以前から使用されていたものを高清の代に整備したとされており、ここに城下が営まれたのも、京極政経・材宗との抗争に終止符を打った永正二年（一五〇五）から、浅見氏らの国人一揆によって高清が逐われ上平寺が焼かれた大永三年（一五二三）までの間と一応考えられる。上平寺城と城下については、近世の比較的早い時期に現地の遺構と伝承などに基づいて作成されたと思われる絵図があり、参考とした（図2、もと長浜市内の旧家に伝来したもので、現在は伊吹町役場所蔵。一〇二×八五センチ）。

遺構は、まず現在の集落の上（北）、「風呂屋谷」から流れる溝（内堀と言われる）で隔てられた小字「神屋敷」の林の中、伊吹神社境内にいたるまでの間に、図のような通路の両側に平坦地が連続し一部に土塁・石垣を備えた遺構が存在する。絵図に「御屋形」とある京極氏の屋敷跡とされる場所の奥には現在も二つの池と「虎石」と呼ばれる大きな立石をはじめとする石組が残り、小さな石は庭作

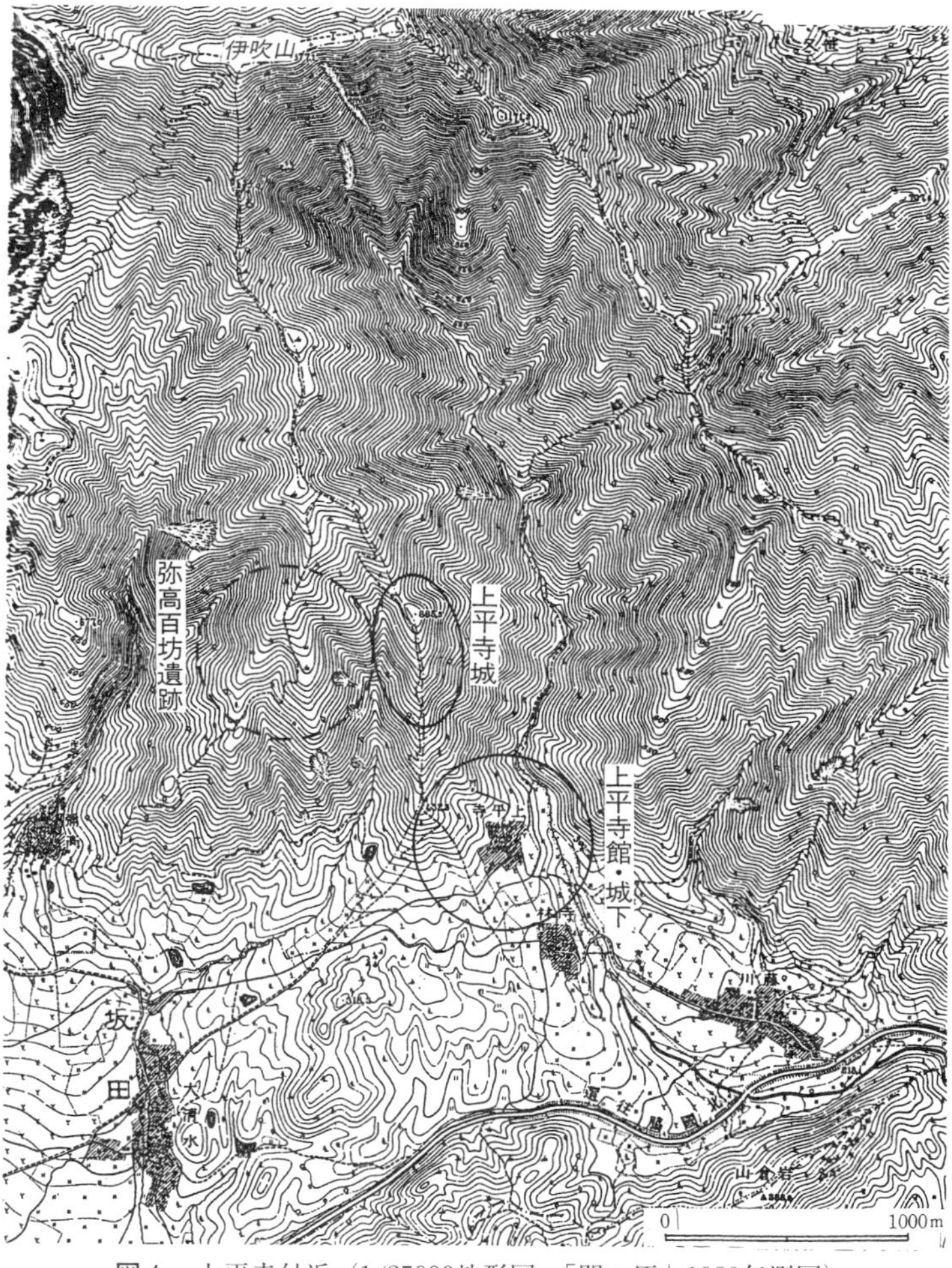

図１　上平寺付近（1/25000地形図.「関ヶ原」1920年測図）

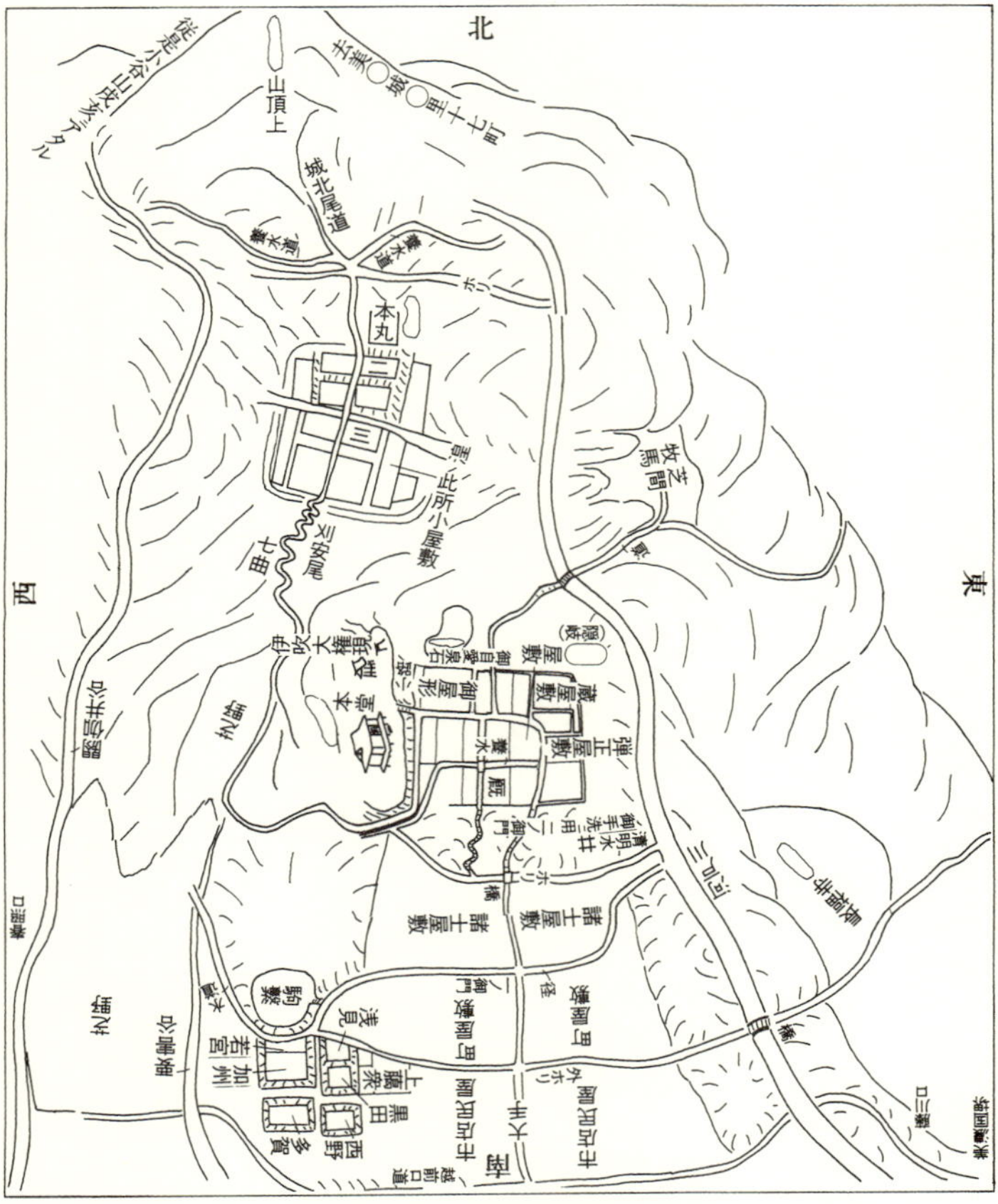

図２　上平寺城下町古図（伊吹町役場所蔵図）トレース図

写真1　上平寺城下（左側が「隠岐屋敷」）

りに持ち去られたということだが、今日なお戦国大名の庭園の様相を伝えている。この他に「隠岐屋敷」・「厩跡」の伝承地があり、絵図には「蔵屋敷」・「弾正屋敷」（郡志所載の図では「大津屋敷」）の記載もある。

以上この部分は京極氏の屋敷を中心とした一族・重臣の屋敷地区と考えられるが、「本堂」のある高台（現伊吹神社境内。神仏分離以前は、現在「内堀」近くにある薬師堂がここにあったという）に向けて延びる道の両側に屋敷（坊）の並ぶ構造はむしろ寺院のものであり、先行して存在した「上平寺」の施設を利用したものであることが窺われる（弥高百坊遺跡でも同様のことが指摘されている。長谷川銀蔵・博美「上平寺城跡」『近江の城』第一六号、一九八五年、参照）。五輪塔など墓石も多く散在し、何ヶ所かにまとめられているが、これも寺院に関わるものと考えられる。なお伊吹神社南側の永正三年（一五〇六）銘のものを含む五輪塔群は京極氏の墓とされている。

「内堀」より下（南）の現在の集落部分も、先の遺構中央の通路につながる道に沿って整った地割が認められ、やはり上平寺の坊跡が基礎となっているのではないかと考えられる。かつては現在集会所となっている杉本坊をはじめ八ヶ寺があったと伝えられ、また「大門尻」「大門西」「大門東」といった地名（いずれも現在の小字）から、絵図に「一ノ御門」とある十字路の付近には寺院の「大門」があったものと思われる。絵図では「一ノ御門」より上が「諸士屋敷」、下の「外ホリ」までが「町屋敷」とされている。一応信用するとすれば、家臣団屋敷と領主需要をまかなう給人的な直属商工業者の居住区とみなすことができよう。なお現在は道路の下になっているが、以前は道の外側に堀が存在し、底に四尺道があったという。

絵図はこの「外ホリ」の外側を「市店民屋」としている。地籍図（図4）・地形図（図3）でわかるように、堀の南側の藤川地籍の部分にも畑地が続いており、ここにも遺構の存在を予想しうる。また絵図は北国脇往還までの範囲を描いていることから、街道沿いにある寺林の集落を念頭に置いているのかもしれない。「市店民屋」の記載を重視するなら、堀の内側の給人居住区とはやや性格の異なった、街道にも近い市場的な存在を想定することもできよう。

その西側の台地上（現在の小字高殿、地籍図では加州屋敷）には道路沿いの林の中に土塁を持った曲

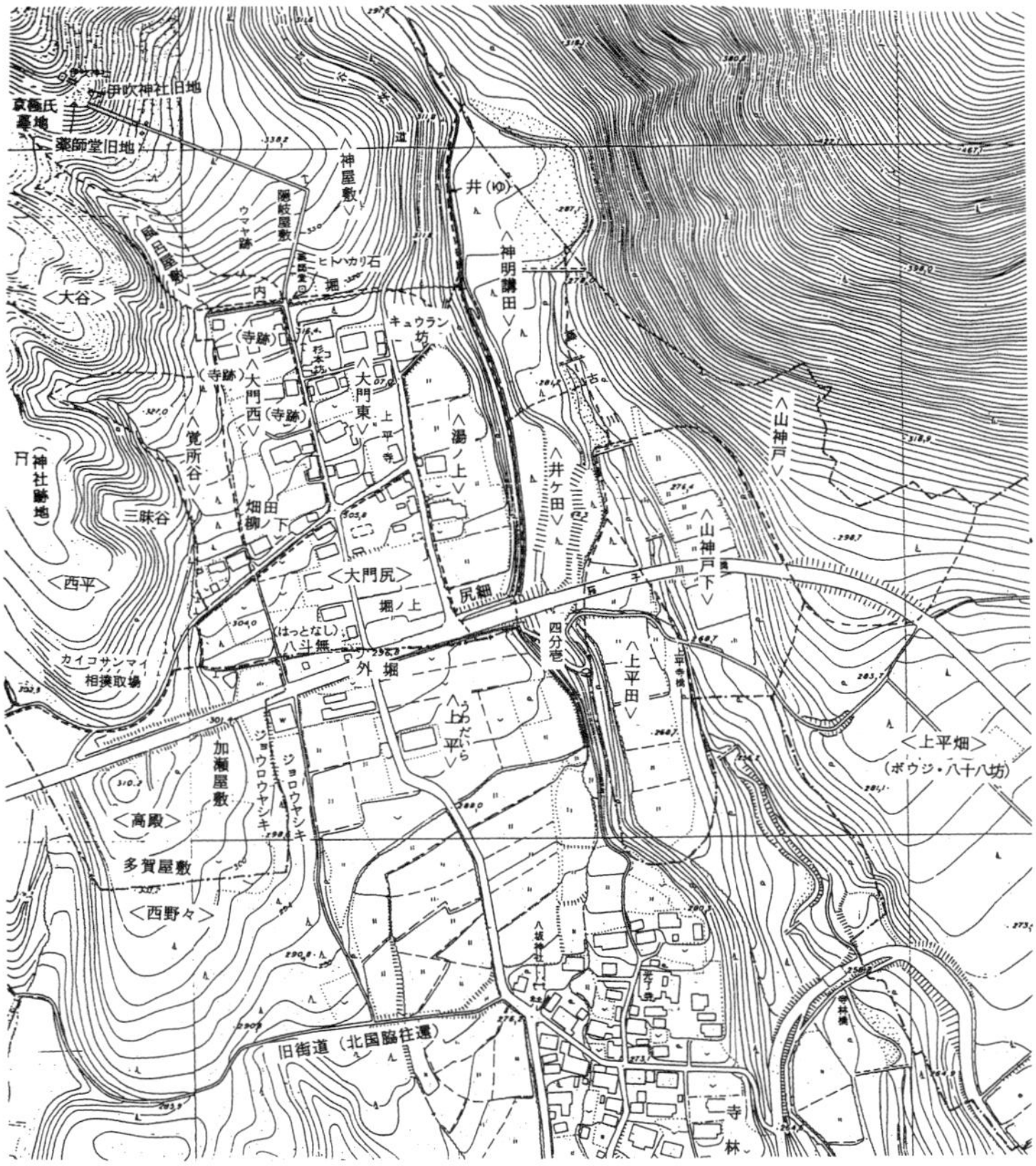

図3　上平寺の地名（例：〈　〉小字名，----小字界，-·-·-大字界）

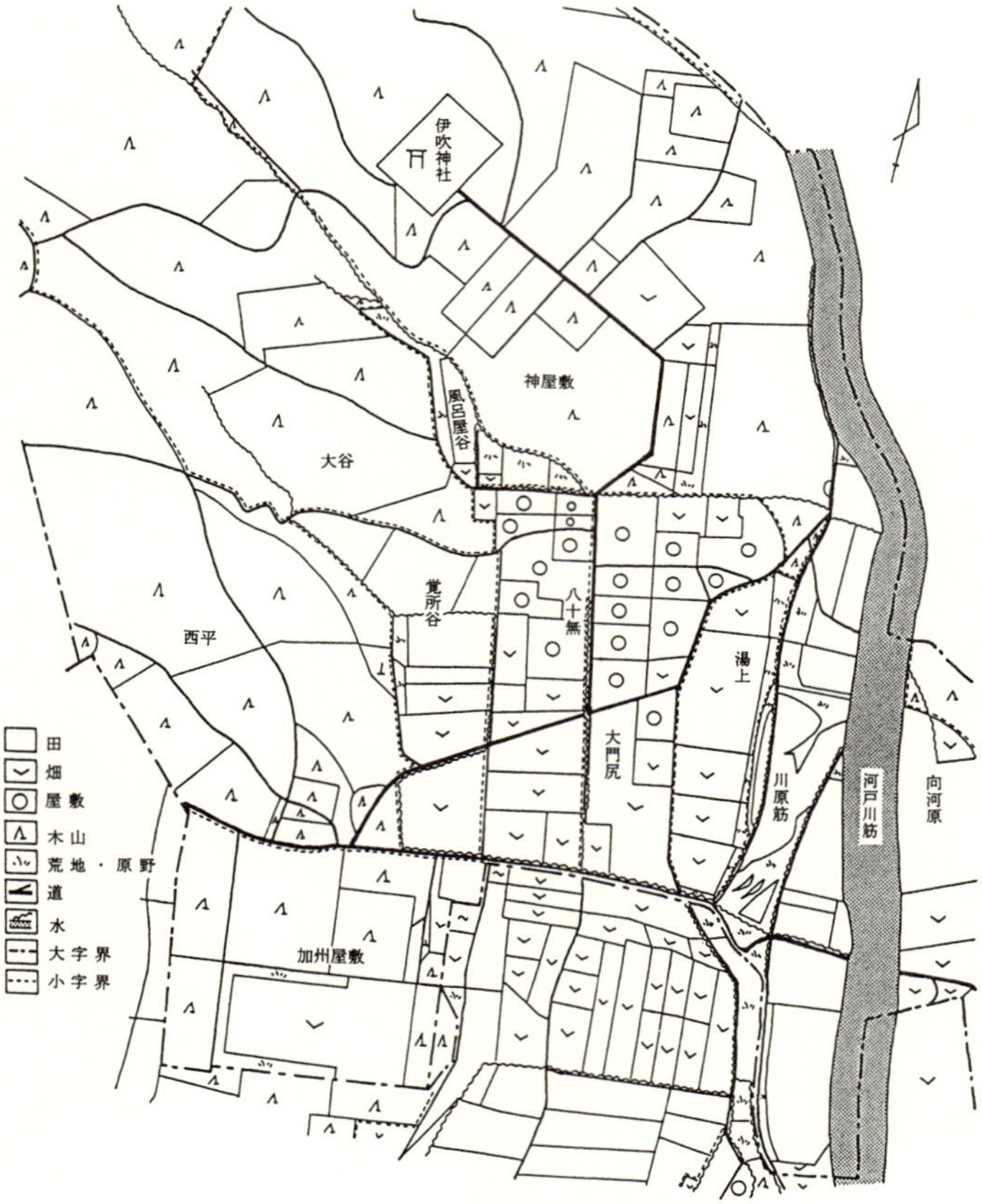

図 4　上平寺地籍図（明治 6 年．南端は藤川地籍図）

輪跡が認められ、更に南側にも平坦な畑地があり、地籍図では土塁跡かと思われる荒地が廻っている。これらが絵図の「若宮・加州・浅見・黒田・多賀・西野」と書かれた曲輪群に相当すると思われる。その東には「上臈衆」と書かれているが、小分け地名に「女郎屋敷」がある。なお道路の北側にも平坦地があり、絵図には「駒繋」と記されている。以上の曲輪群は、先の京極氏屋敷周辺とは別に、城下の入口付近に重臣の屋敷群があったことを示すと考えられ、一乗谷朝倉氏遺跡で下城戸の外に一族の朝倉金吾屋敷があることなどを想起すべきかもしれない。

以上述べてきたように、上平寺城下は、①「内堀」の奥、②「内堀」と「外堀」の間、③「外堀」の外、④西側の台地上、の四つの部分からなり、これらの全体が、東は深い谷を持つ藤戸川、西は尾根および続きの台地と、その外の、絵図に「要害谷」と書かれた谷で防御される形になっている。これまでは小字神屋敷の京極氏屋敷周辺の遺構が「上平館」、小字高殿（加州屋敷）の遺構が「上平寺南館」として扱われてきたが、これらの全体を上平寺城下遺構として認識するのが妥当ではないかと思われる（伝承等については谷口守太郎、福永円澄両氏より御教示を得た）。

2　城下の地名

聞取り調査は、まず一九八八年一一月一五日の滋賀県中世城郭分布調査の上平寺城下現地調査に際して、谷口守太郎氏・福永円澄氏より主に城下の遺構に関したものについて現地で御教示を受け、さらに一九八九年六月二七日に谷口氏より上平寺の全体について、『滋賀県小字取調書』（明治一五年〈一八八二〉、『角川日本地名大辞典二五滋賀県』所載、以下「小」とす）所載の地名を中心に御説明いただいた。本稿には城下ないし何らかの遺跡に関係すると思われる事項のみを抄録し、先述の上平寺城下町絵図との対照を図った。

凡例

〈〉　小字名

（）　小字名の読み。文中の（）は筆者の補足。

・　『滋賀県小字取調書』所載の小分け地名

＊　その他の地名など

〈高殿（たかどの）〉（地籍図〈以下「地」〉は「加州屋敷」）

・加瀬屋敷（カセノヤシキ）

（農面道路の南の林の）東側だけ（11、12番地）を言う。そこの地主は、豪族が住んでいた、カセはカシュウではないか、と言っていた。えらい人のいはった（いらした）ところらしい。（明治六年地籍図では小字「加州屋敷」。古図にも「加州」あり。京極支流の加賀氏の屋敷跡か。）

・女郎屋敷（じょうろうやしき）

加瀬屋敷の東、小字高殿東端の田をジョウロウヤシキと言う。（古図にも「上臈衆」とあり。）その東の山すその田（現在は休耕田）は、小字上平（うわだいら。大字藤川の内）になるが、ジョロウヤシキと言っている。

＊上平寺南館のある林の南は現在は竹になっているが、もとはやはり畑で、明治初年ころ開墾したもの。（明治六年地籍図では畑。また三方に土塁跡と思われる「原野」が見えるが）土手はなかった。（古図には「多賀」とあり、）「多賀屋敷」と言うが確かでないとも言われる。

＊その南は大字藤川の小字西野々。やはり山が段々のダイラ（平）になっている。（古図に「西野」と曲輪らしくあることと関係か。この他古図には「黒田」「浅見」「若宮」があるが、地名等は確認されない。）

〈大門尻（だいもんしり）〉

・堀ノ上（ほりのうえ）

（中央の道の東の）外堀の上二枚を「堀の上の田」と言っていた。

＊「外堀（そとぼり）」

藤川との境。手前に道があり、その外が堀だった。（古図の「大手」より東では）農面道路の下になっているが、藤古川の手前に肩が残っている。底にも四尺道があった。（古図にも「外ホリ」とあり。）

＊村へ入る本道は古図の「大手」ではなくその東の道で、「大手」の道は昭和四年にでき、その後拡張して現在の様になった。それ以前は農道だった。

＊（古図ではこの付近「町屋敷」とあり。外堀の外は「市店民屋」。）

〈大門東（だいもんひがし）〉

・（古図の「大手」の）東側を「大門東」、西側を「大門西」という。（古図では辻の部分に「一ノ御門」とあり、これより北を「諸士屋敷」とする。）

＊杉本坊（すぎもとぼう）

上平寺にはもと七ヶ寺があったと聞き、キュウラン坊など寺跡もある。現在はこの杉本坊だけが残っている。戦前は坊守がおり、真言宗で長浜市の神照寺の末寺だった。（本尊は南北朝期の聖観音。他にも各寺の本尊などだったかと思われる仏像あり。京極高清などの位牌もあり。）戦後に集会所とした。

〈大門西（だいもんにし）〉

＊（杉本坊西の石垣の下の道は）城への本道という。六尺道で、尾根を経て本丸へ上がる表道。

〈神屋敷（かみやしき）〉（「小」は「神ノ屋敷」）

上（かみ）屋敷の意と思われる。

・吉右ヱ門

キッチョモンハバということは聞いた。大きな土手だった。（ハバは路肩の斜面を言う。）神明講田の上あたりか。

・泉水

京極屋敷の泉水であろう。

・裏道割

聞かないが、（伊吹神社の鳥居の前から右へ行く）裏道があり、藤川の郷へ入って五〇メートルほどの所（とその奥にもうひとつ）オトシ（空堀か）がある。人が来るとものを落としたという。「裏道」はあるいは古図の「牧馬」へ行く道か、どちらかしかないだろう。古図の「牧馬」の所には実際にダイラ（平）がある。

・滝ノ下（たきのした）

風呂屋谷の上に小さな滝があった。その下をいった。

・京極屋敷

（特に「京極屋敷」とは言わないが、庭園のある所が）そうだとされている。

＊「内堀（うちぼり）」

風呂屋谷（ふろやだに）から流れて藤古川へ落ちる。ここより上の一帯を「カミヤシキ」といい、ここに住んでいた人はこの水を使っていたという。水の湧く所が五ヶ所あり、ここより下の家はその水を使っている。（古図にも「ホリ」の描写あり。また「清明水」「御手洗ニ用」の記載あり。）

＊「ヒトハカリ石」
内堀の上にある石。その上にある石は京極庭園から持って来て内堀の橋に使っていたもの。人が死んだため、実は悪疫だったのだが、たたりと思ってここに置いた。
＊薬師堂はもとお宮さんの下にあったのだが、神仏分離の時現在地に下ろした。
＊（突き当たりの）五輪塔のお堂は、付近にあったものを集めて山主が作ったもの。
＊「隠岐屋敷（おきやしき）」「ウマヤ跡」（古図の「厩」）がある。「オオツ屋敷」も聞く。（古図にはこの他に「蔵屋敷」「弾正屋敷」「御屋形」あり。）このあたり江戸時代は畑だった。
＊（伊吹神社の鳥居の）右へ上がる道は城への間道（古図に「小路」とあり）。左の道も城へ行く。（古図にあり。）杉本坊横からの本道に合流する。
＊神社はもと現在地の下（石段から向かって右）にあり、薬師堂が左にあった。（古図にも両者が並んで描かれている。）宮を上にあげたのは明治三〇年か三三年らしい。本殿の改築は明治三〇年。薬師さんを降ろしたのもその時。
＊京極氏の墓がある（永正三年〈一五〇六〉四月七日銘などの五輪塔群）。高清の墓だけは清滝（山東町）の菩提寺へ持っていった。
＊その上にあるのは金比羅さん。
＊庭園の小さい石は庭造りに持っていき、大きい石だけが残っている。斜めに立つ大石は「虎石」と

いう。

水は上から溜まったもの。ふだんは水があり、枯れるのは一一月。

＊庭園西の墓石群は、この付近にパラパラとあったものを地主が集めてお盆の時などに詣れるようにしたもの。五輪塔が散らばっている所はこの他に五ヶ所ほど。

〈風呂屋敷（ふろやしき）〉（「小」・「地」は「風呂屋谷」）

〈覚所谷（かくしょだに）〉

・三昧谷（さんまいたに）

墓地のこと。

・インケヤシキ

不明。

〈西平（にしべら）〉

＊（上平寺南館向かいの平坦地、古図に「駒繋」とある所を）相撲取場といった。

＊その更に上の尾根上、墓地の上あたりに、伊吹神社に合祀した神社があった。火葬の煙が畏れ多いというので合祀した。宮を現在地に上げる以前らしい。今でも一、二段階段がある。

〈神明講田（しんめいこうでん）〉「小」は（しんみょうこうた）

・大石垣（おおいしがき）

神明講田の上に井（ゆ＝用水路）が通っていて、抜けるので罰として土手に石を積ませた。大きなものではなかったが、それを「大石垣」と言った。

〈湯ノ上（ゆのうえ）〉

藤古川からの井があり、その上。

〈上平畑（じょうへいばた）〉

＊小字は上平畑だが、ボウジと呼んでいた。二十七、八年前に植林したが、それ以前は畑だった。桑畑が多かった。（明治六年地籍図では小字「向坊寺」となっているが、）ムカイボウジは上平畑の別称で、（集落からは）川の向かいにあるので言った。

＊（古図ではこの一帯は「長福寺」。）道の上にも段々の平坦地があり、そこも含めて長福寺跡とされる（福永円澄氏による）。

（谷口氏の父〈明治一五年生〉は）「八十八坊」と言っていた。六〜七畝くらいに区切っているが、これも坊の跡か。

＊手前（藤古川側）の段をカキノウチという。

＊（藤古川は古図には「河戸川」とあるが）この谷のことを川戸谷（カワトダニ）という。藤川郷になるが、もう一つ東の谷を鉋懸川（カンナカケガワ）・鉋懸谷（カンナカケダニ）という（下流で藤古川と合流する）。藤の網で製鉄の鉱石を取ったという。ドライブウエイまでの所に金糞（カナクソ）地蔵

があり、赤銅色をしている。

以上、城下遺跡の全貌を明らかにしたものではないが、そのための資料として記録するとともに、中世の雰囲気を色濃く残す上平寺の一側面をお伝えできたなら幸いです。最後になりましたが、調査に際し御教示を頂いた各位に紙面を借りてあらためてお礼申し上げます。

（補足―庭園のことなど）

上平寺城下の伝京極屋敷は、石組と池のある庭園を持つことでも知られているが、こうした館に伴う庭園は、守護ないし幕府に連なる有力武士の館に通有のものだったらしく、近年も、周防山口の大内氏館や、飛騨（岐阜県）神岡町の江馬氏館などで発掘調査が行なわれ、洛中洛外図に描かれた足利将軍邸（「柳の御所」・「花の御所」）や細川管領邸とよく似た、石組と池のある庭園が検出されている。おそらく、室町幕府の下で発達した、庭園を臨む会所での儀礼という共通の目的のための施設と考えられ、越前一乗谷の朝倉氏館や、信濃の高梨氏館（長野県中野市）などの庭園も、こうした系譜を引くものだろう。特に、伝京極屋敷の「虎石」と呼ばれる斜めに屹立した大石（写真2）は、江馬氏館の、現状ではやはり斜めに立つ大石とよく似ているように筆者には思われた。こうした点も、上平寺と各地での今後の調査による解明が楽しみである。

写真2　伝京極氏屋敷庭園跡の「虎石」

（江馬氏館については、筆者も調査に参加させていただいており、既に報告書『江馬氏館跡Ⅰ・Ⅱ』（一九九五・九六年、神岡町教育委員会・富山大学考古学研究室）が刊行されている。）

もう一つ、その後気のついた点だが、近年調査の進んでいる石川県七尾市所在の、能登国守護畠山氏の居城七尾城の城下について、担当の善端直・和田学氏より御教示を得たところ、上平寺城下と同じように、整然とした方形の区画と、館から町屋に至る同心円状の区分を持ち、またおそらく、元寺院であったものを城下に改造しているのではないかと思われた（『七尾市内遺跡発掘調査報告書―古府・国分遺跡、七尾城跡範囲確認調査―』一九九六年、七尾市教育委員会、など）。時期的にも一六世紀前半からで上平寺と一致し、また畠山氏は守護系大名という点で京極氏と性格的にも近く、両者に共通性を見ることはあながち無理ではないように思われる。双方の調査の進展と共に、更に様々な点が明らかになるものと期待される。

4　安土

近世城下町安土

安土という城下町には、二つの意味があると言える。

一つは、那古野《なごや》・清須・小牧・岐阜と移転を重ねてきた信長自身の城下町であるという側面であり、したがってそこには当然信長に従う家臣の屋敷がつくられる。

もう一つは、近江の湖東につくられた新たな町、という側面である。安土の町は、基本的には信長が岐阜から移転させたものではなく、安土が建設された近江において、そこに存在した都市的な要素を集中する形で成立した町である。安土の町人となった商工業者たちは、信長と主従関係にあったわけではないから、この、町の建設という課題には、家臣団の場合とは別の原理と政策が必要だったことは容易に理解することができよう。

およそ近世城下町とは、この家臣団の集住および町と町人の創出という二つの意味を持ち、また課題を背負って生み出された都市であると言えるが、それを全国に先駆けて実現し、現代に至るまでの日本の都市の主流である近世城下町の嚆矢となったのが安土である。以下、それがどのようにして達成されたのかを見てみたいと思う。

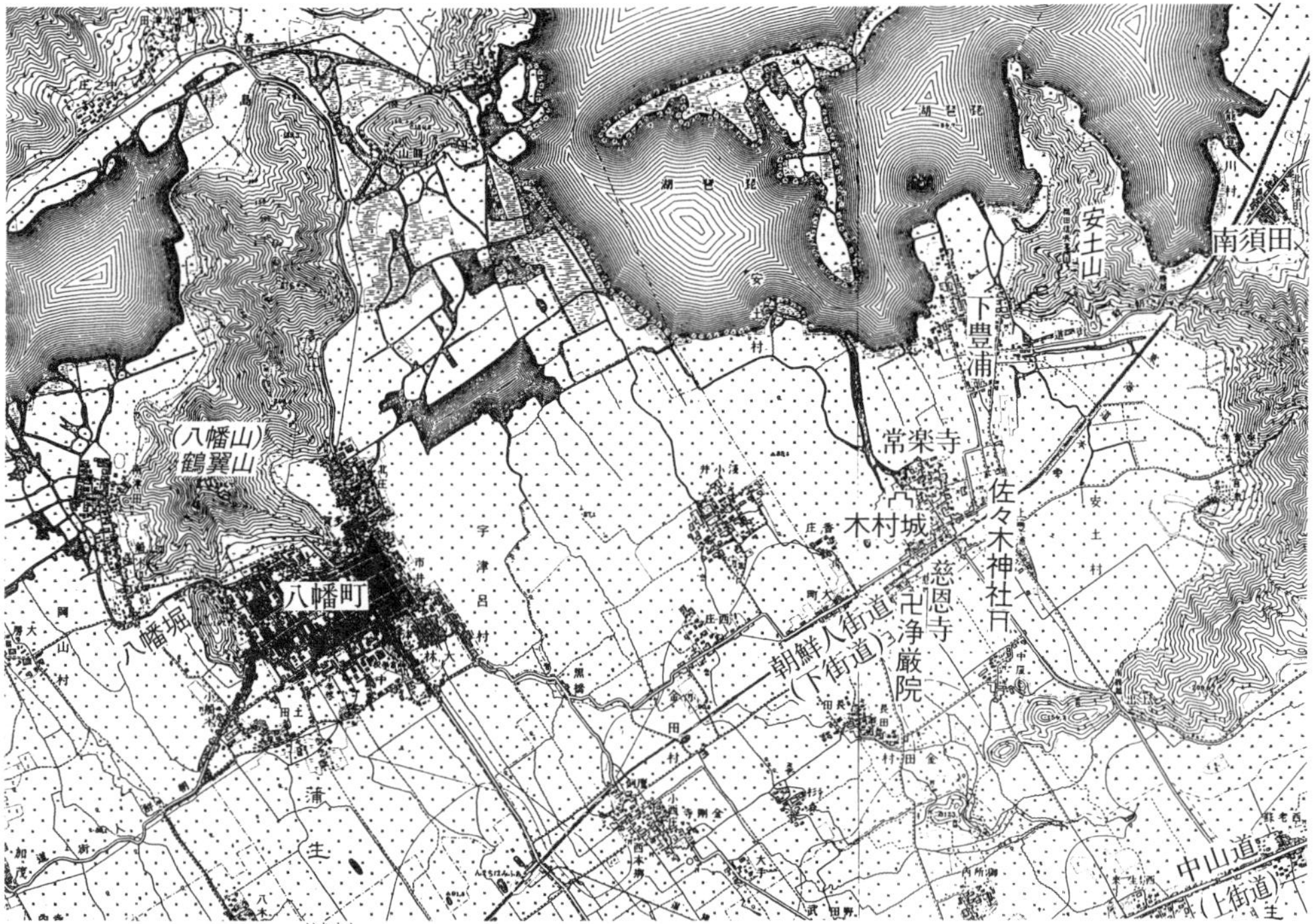

図1　安土・八幡《はちまん》（陸地測量部2万5千分の1地形図「八幡」「八日市」1920年測図）

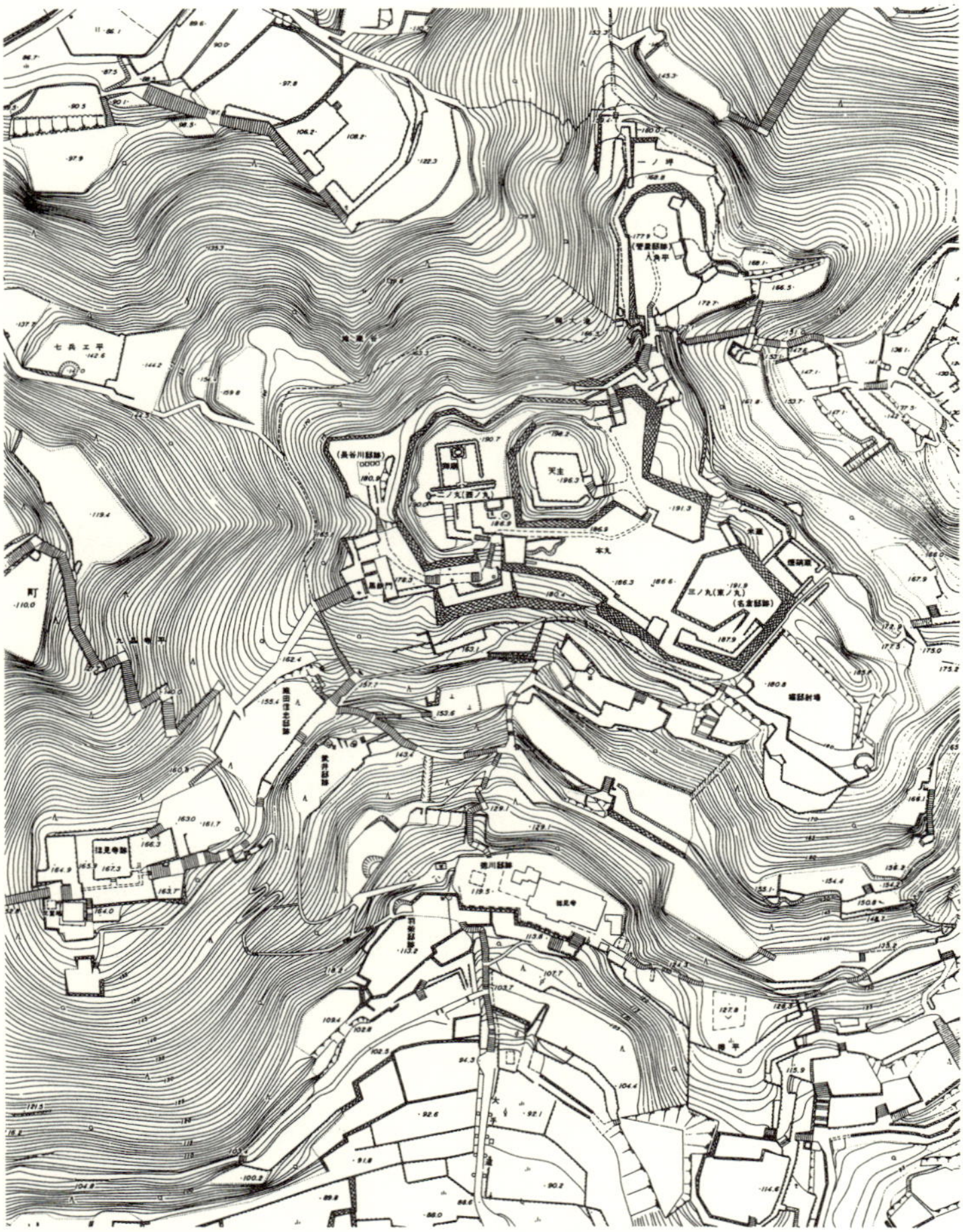

図２　安土城実測図（中心部．『滋賀県中世城郭分布調査４』より）

写真1　安土城本丸付近の虎口（黒鉄門）

家臣団の集住

まず安土における家臣団の居住地だが、安土山には、山頂部にある信長自身の居城としての安土城中心部とともに、石垣を持った多くの有力家臣の屋敷地が存在する。城郭の詳細についてはここでは触れないが、天主・本丸などの中心部が食違い虎口《こぐち》（防備された出入口）で厳重に守られたまとまりのある空間を形成しているのに対し、それ以外の家臣団屋敷の部分は、あまり緊密な構成を持たずに山腹に展開している。これがもう少し時代の下った江戸期頃の城下町であれば、家臣団の秩序に従って、本丸から整然とした構成をもって家臣団屋敷が配列され、また全体として防御が行なわれるのだが、安土ではまだそこまでの統制は行なわれておらず、中世的な散漫さをとどめてい

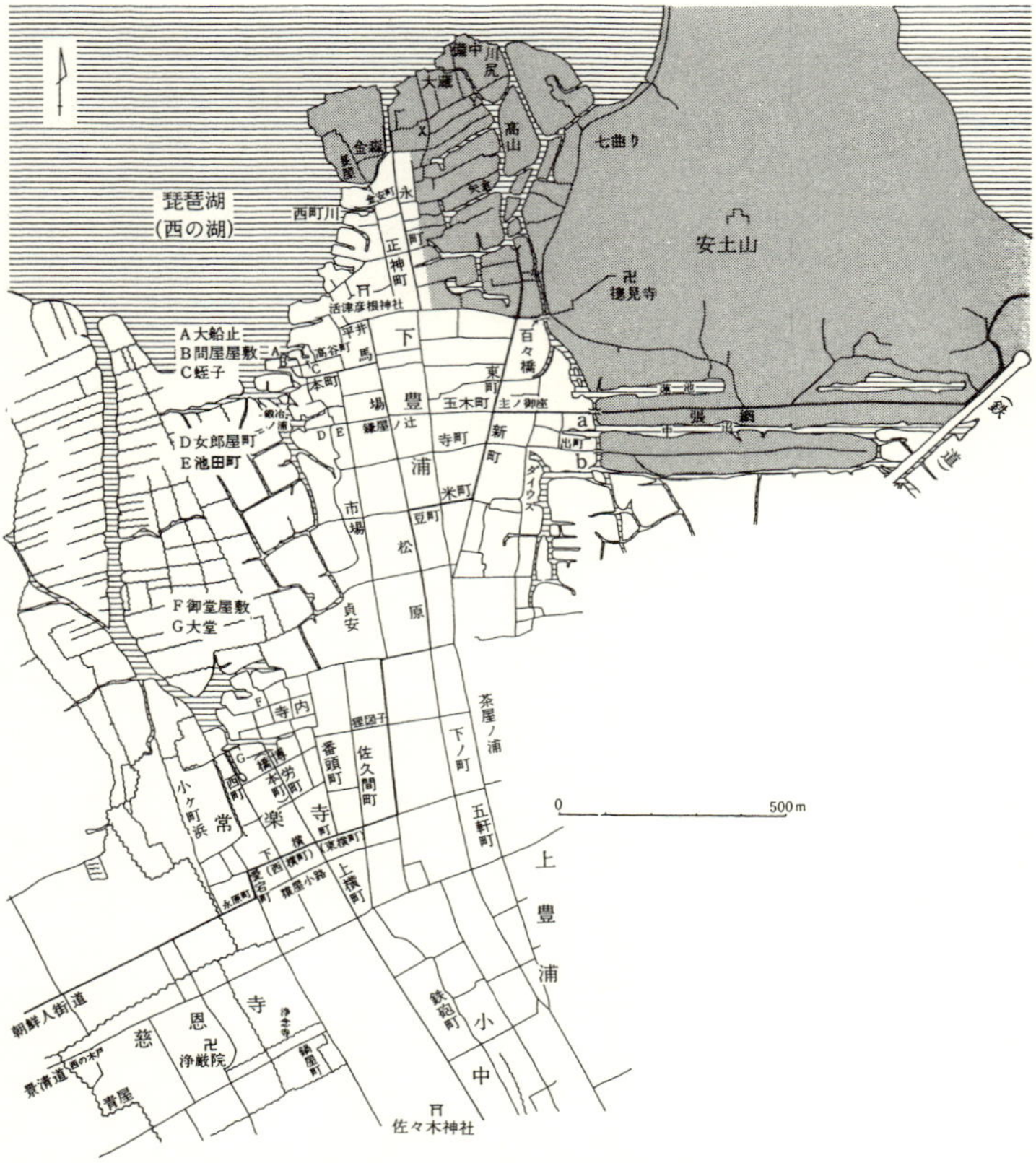

図 3　安土城下跡要図（湖岸線は明治期の地籍図による．**太字**は八幡の町名と共通する地名．アミの部分は推定家臣団居住区）

る。ともあれ、信長がその領国を広げ、新たな家臣を加えていくとともに、安土の家臣団屋敷もまた増殖していった。『信長公記』天正八年（一五八〇）閏三月一六日条には、「(安土城の）西北海の口に舟入所々にほらせ、請取の手前手前に木竹を植ゑさせ、其上に堀を塡めさせ、各屋敷下され候」として、高山右近、日根野一族、金森長近ら一四名が挙げられているが、これは現地に残る「高山」「備中」「金森」などの地名と一致し、城下町北辺に新たに造成されたこの辺りが、後から追加された大身の屋敷地であったことがわかる。

また、ここにも見えている「舟入」は、安土城の武家屋敷地の一つの特色であったらしい。この南に位置する部分にも、舟入りの跡と思われる水路がかつてはあり、また圃場整備以前の地籍図を見てみると、こうした水路とそれに平行する道路に間口を開く形で、屋敷地の跡と思われる短冊状の地割りが並んでいることがわかる。おそらく信長馬廻りなど大身以外の家臣の屋敷跡と思われ、これと同様の水路・道路と地割りのパターンは安土山の南側にも認められることから、ここもやはり同様の家臣団の集住地として設定されていたものと考えられる（図4）。安土の信長家臣団が、個々の屋敷に舟をつけることができる、きわめて水上交通を重視した構造になっていることは興味深い。

しかし、こうした信長の家臣団も、容易に安土へ移住したわけではなかった。安土移転後二年近くがすぎた天正六年（一五七八）、信長馬廻りらがまだ尾張に妻子を残していることが発覚し、尾張の屋敷を焼き払わせて移住させたことが伝えられている（『信長公記』天正六年正月二九日条）。安土に移

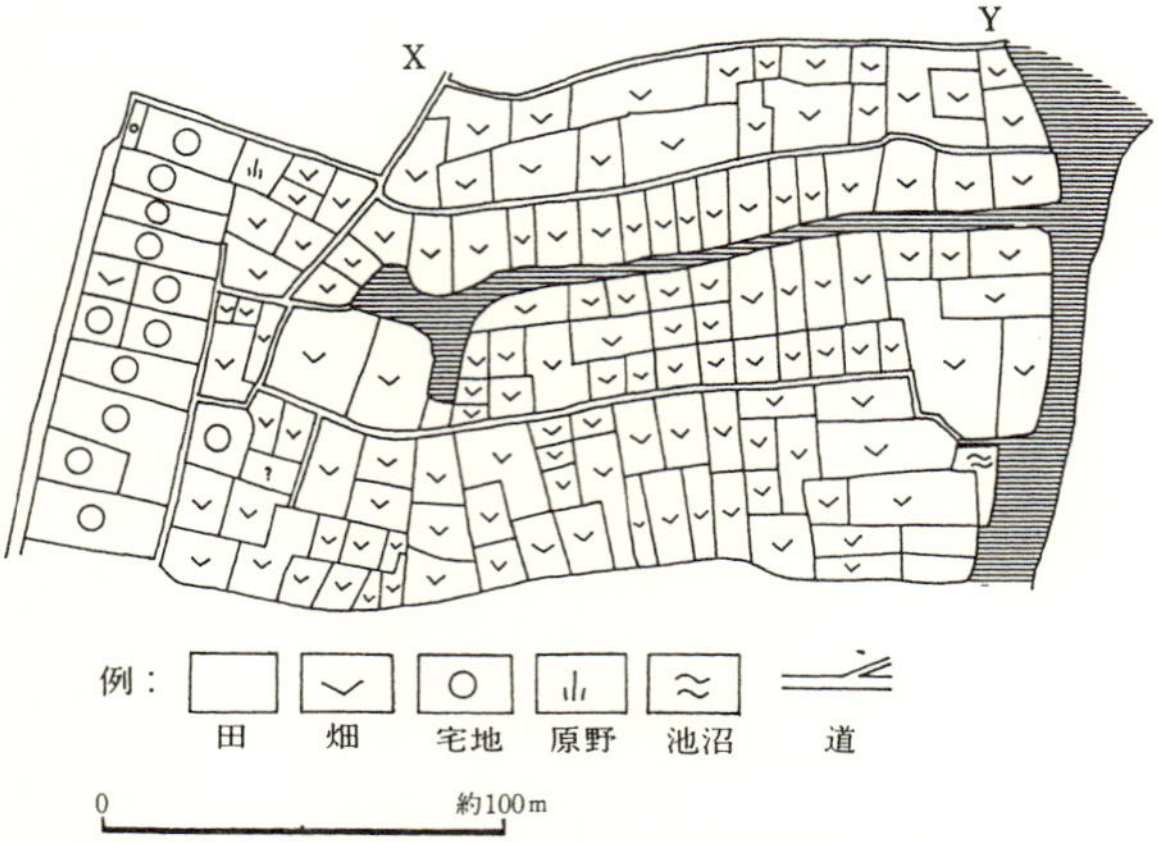

図４－１　下豊浦小字「大須田」地籍図（明治22年以降）

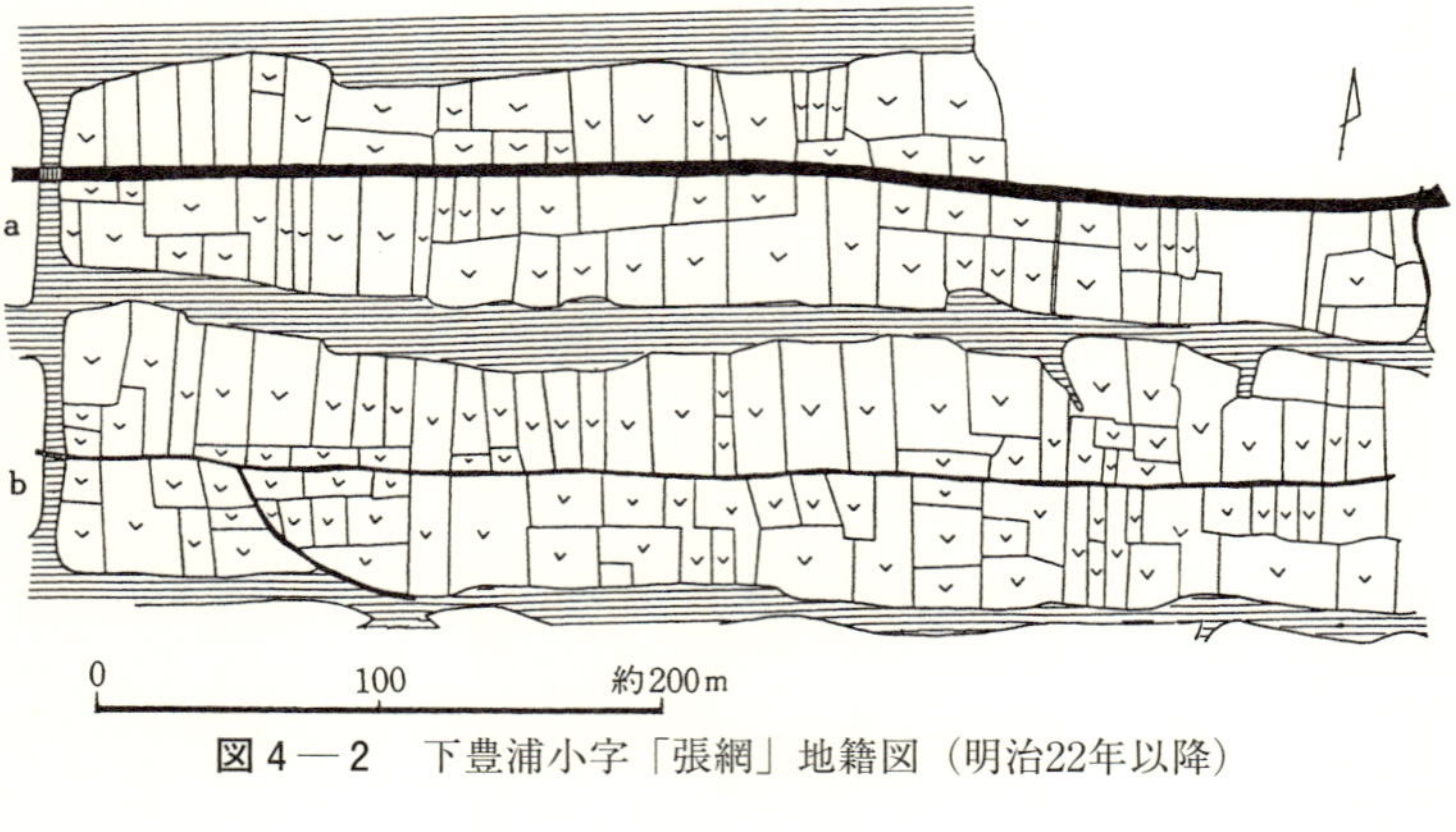

図４－２　下豊浦小字「張網」地籍図（明治22年以降）

転した段階でなお尾張に屋敷と妻子を残していた、ということは、つまり安土以前の岐阜城下町までの段階では、家臣団はそれぞれの本拠地を離れることなく、「単身赴任」ですませていたことを意味する。それが戦国時代までの「一所懸命」をならいとする武士の常識でもあったわけだが、しかし今度はそれは認められなかった。信長はこの時点で家臣団の在地からの切り離し、すなわち兵農分離を強行する態度に出たのであり、この尾張屋敷破却事件はそのことを明らかにするための象徴的な行為であったのだろう。これ以後武士は農村を離れ、城下町に集住して常備軍となり、同時に領主階級として農村と農民を支配していく体制—すなわち近世社会の枠組みがつくられていくのだが、この兵農分離を行うためには、「分離」した武士たちの受け皿としての集住地が用意されていなければならず、城下町の建設はその不可欠の前提条件であった。安土は、こうした意味を担った存在として、まず近世城下町の嚆矢だったのである。

信長が家臣団を城下町へ集住させるには、もう一つの問題があった。それは身分自体が未分化なこの時代、彼らが在地領主として農業経営を行う他、商工業にも従事している場合があったため、町人との区別がつけがたかったことである。武士であり家臣でありながら商人でもある、ないしは町人だが被官でもある、といった、当時何の不思議もなく存在していたこうした両義的な人間を、領主身分としての武士を集住させる場としての新しい城下町の中でどの様に扱えばよいのか。これも大きな問題であり、安土では先述のように安土山を中心に一応家臣団集住地あるいは武家屋敷地区が設定されてはいるが、それ以外の「町屋地区」との間には明瞭な区画はなかったようである。後述する城下に出された掟書（楽市令）からも、両者が実際に混住、というより区別し難かったことがうかがえ、その第一二条は次のように書かれている。

一町並に於いて居住の輩は、奉公人ならびに諸職人たりといえども家並役免除の事、付けたり、
　仰せ付けられ御扶持を以て居住の輩ならびに召仕わるる諸職人等格別の事、

「奉公人」とは武家奉公人すなわち家来として仕える人間の事であり、そうした人間や（従属性の強い）職人でも町屋地区に住んでいる者はすべて家並み役（家ごとに賦課される役）を免除される、という条項だが、信長に仕えている（「御扶持」を受けている）人間や召仕っている職人は当然城主たる信長に奉公する義務があるから、町屋地区に住んでいても諸役免許とするわけにはいかないのである。身分と職能自体が未分化である故に、主従制による人間把握と居住区による把握とを一致させることができない故に生じた矛盾である。

しかし、ここでもその分離の方向ははっきり示されていた。

安土が建設される以前、岐阜城下に塩屋伝内という人物がいた。信長を訪ねてやってきた公家山科言継がその家に泊っているのだが、その日記によれば、彼は「塩屋」と呼ばれ宿屋を営む人間でありながら、実は「大脇」という姓を持つ「織田馬廻」であった。この塩屋大脇伝内は、（おそらく町人かつ武士という身分のまま）安土へ転居したのだが、そこで日蓮宗と浄土宗の宗論をひきおこし、その

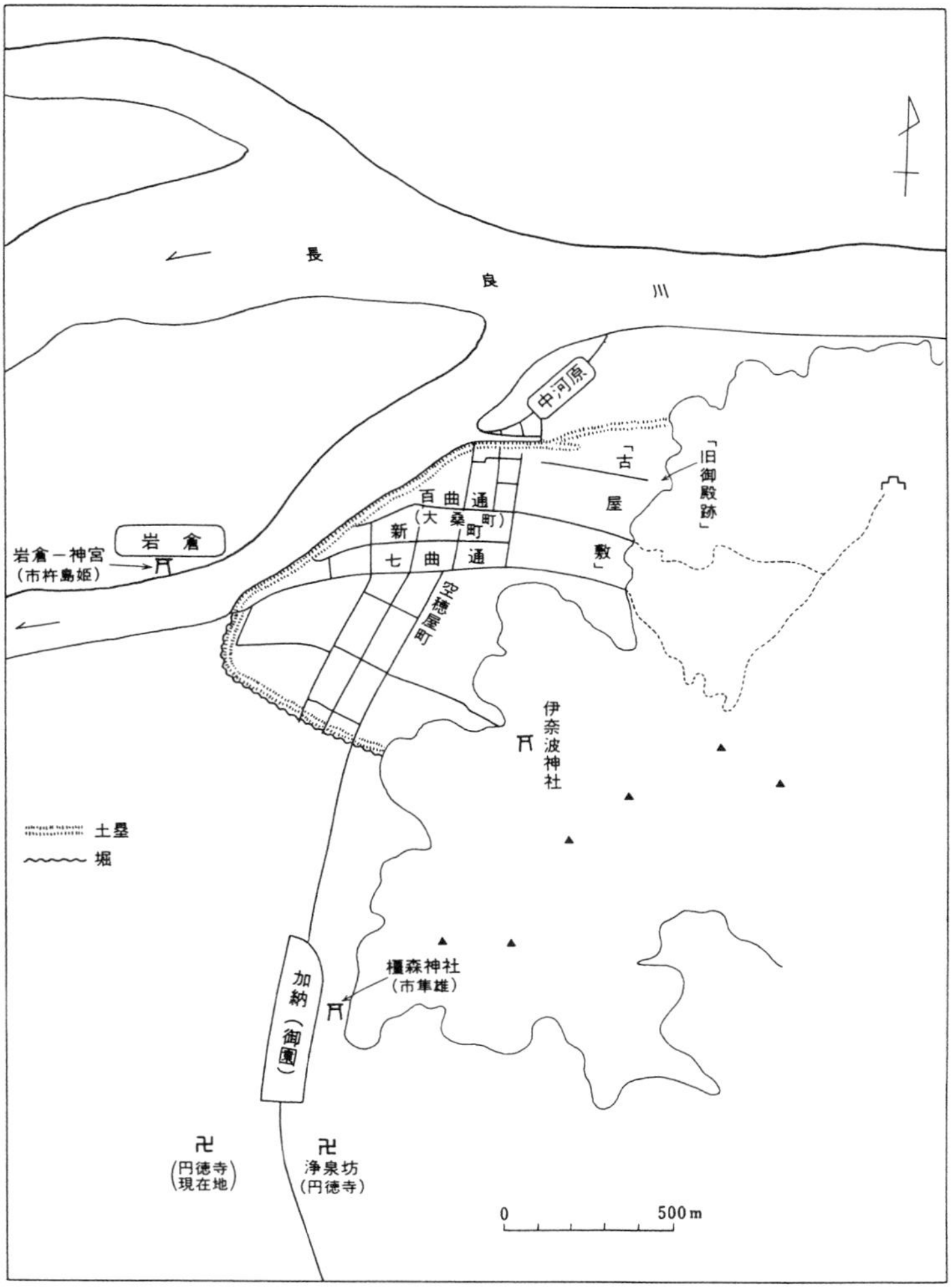

図5　岐阜（信長当時．模式図）

結果信長に「一国一郡を持つ身にても似あはざるに、おのれは大俗と云ひ町人と云ひ、塩売りの身として」不届き、と決めつけられて斬られてしまう（『信長公記』）。実はまだこの時代は「塩売り」の町人と一国一郡を持つこととは必ずしも矛盾する概念ではなかったはずなのだが、信長はあえてそれを否定しようとしていた。武士が同時に農民でも町人でもありえた時代は、安土を境に終わりを告げることとなったのである。

安土の町と町人

信長家臣団が集住する都市としての安土についてはひとまずおいて、次に近江湖東にできた町としての側面について考えてみたい。

武家屋敷地区の居住者は、岐阜から直接移住してきた、またその後領国となった各地から集まってきた信長の家臣だったわけだが、それ以外の「町屋地区」に居住したのは、あるいはすべきとされたのはどの様な存在だったのか。まず信長の側から「安土山下町中」すなわち安土城下の町屋地区に居住する人間に対して与えられた、別の言い方をすれば安土の町人と成る人間に対してその権利を保証したメッセージである「安土山下町中掟書」いわゆる楽市令一三条の内容を改めて見てみよう。

定　　安土山下町中

(1)一当所中楽市として仰せ付けらる上は、諸座・諸役・諸公事等ことごとく免許の事、

(2)一往還の商人、上街道相留め、上り下りとも当町に至り寄宿すべし、但し荷物以下の付け下ろしにおいては、荷主次第の事、
(3)一普請免除の事、但し、御陣・御在京等、御留守去り難き時は合力致すべき事、
(4)一伝馬免許の事、
(5)一火事の儀、付火に於いては、其の亭主に科を懸くべからず、自火に至りては、糺明を遂げ其の身を追放すべし、但し、事の体により軽重あるべき事、
(6)一咎人の儀、借家ならびに同家たりといえども、亭主その子細を知らず、口入に及ばざれば、亭主其の科有るべからず、犯科の輩に至りては、糺明を遂げ罪科に処すべき事、
(7)一諸色買物の儀、たとい盗物たりといえども、買主知らざれば罪科有るべからず、次いで彼の盗賊人引き付けに於いては、古法に任せ贓物《ぞうもつ》返し付くべき事、
(8)一分国中徳政を行なうといえども、当所中免除の事、
(9)一他国ならびに他所の族、当所に罷り越し有り付き候わば、先々より居住の者同前、誰々家来たりといえども異儀有るべからず、若し給人と号し臨時課役停止の事、
⑽一喧嘩・口論、ならびに国質・所質、押し買い・押し売り、宿の押し借り以下、一切停止の事、
⑾一町中に至る譴責使、同打ち入り等の儀、福富平左衛門尉・木村次郎左衛門尉両人に相届け、糺明の上をもって申し付くべき事、

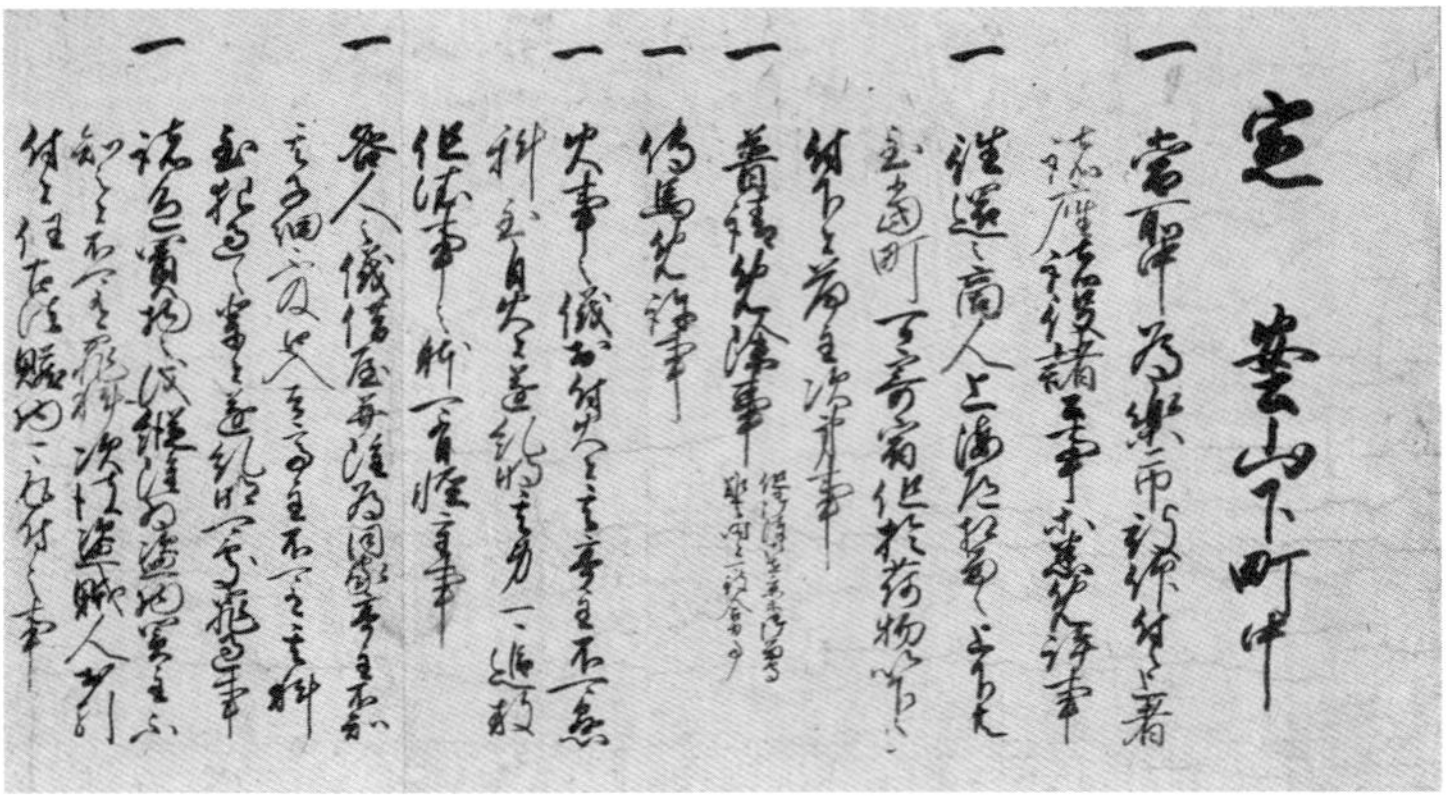

写真2　安土山下町中掟書（近江八幡市所蔵）

⑿一町並みに於いて居住の輩は、奉公人ならびに諸職人たりといえども、家並み役免除の事、付けたり、仰せ付けられ御扶持をもって居住の輩ならびに召し仕わるる諸職人等各別の事、

⒀一博労の儀、国中馬売買ことごとく当所に於いて仕るべきこと、

右条々、若し違背の族有らば、速やかに厳科に処せらるべき者なり、

天正五年六月　日

（朱印）

まず第一条は掟全体の総論とも云うべき規定で、「当所中」すなわち安土山下町全体を「楽市」とした上は、ここでは座特権は否定され、領主からの諸賦課は免除される、としている。

第二条はそれまでの「上街道」すなわち中山道に対し、城下を通る下街道への通行と寄宿を強制し、それにより城

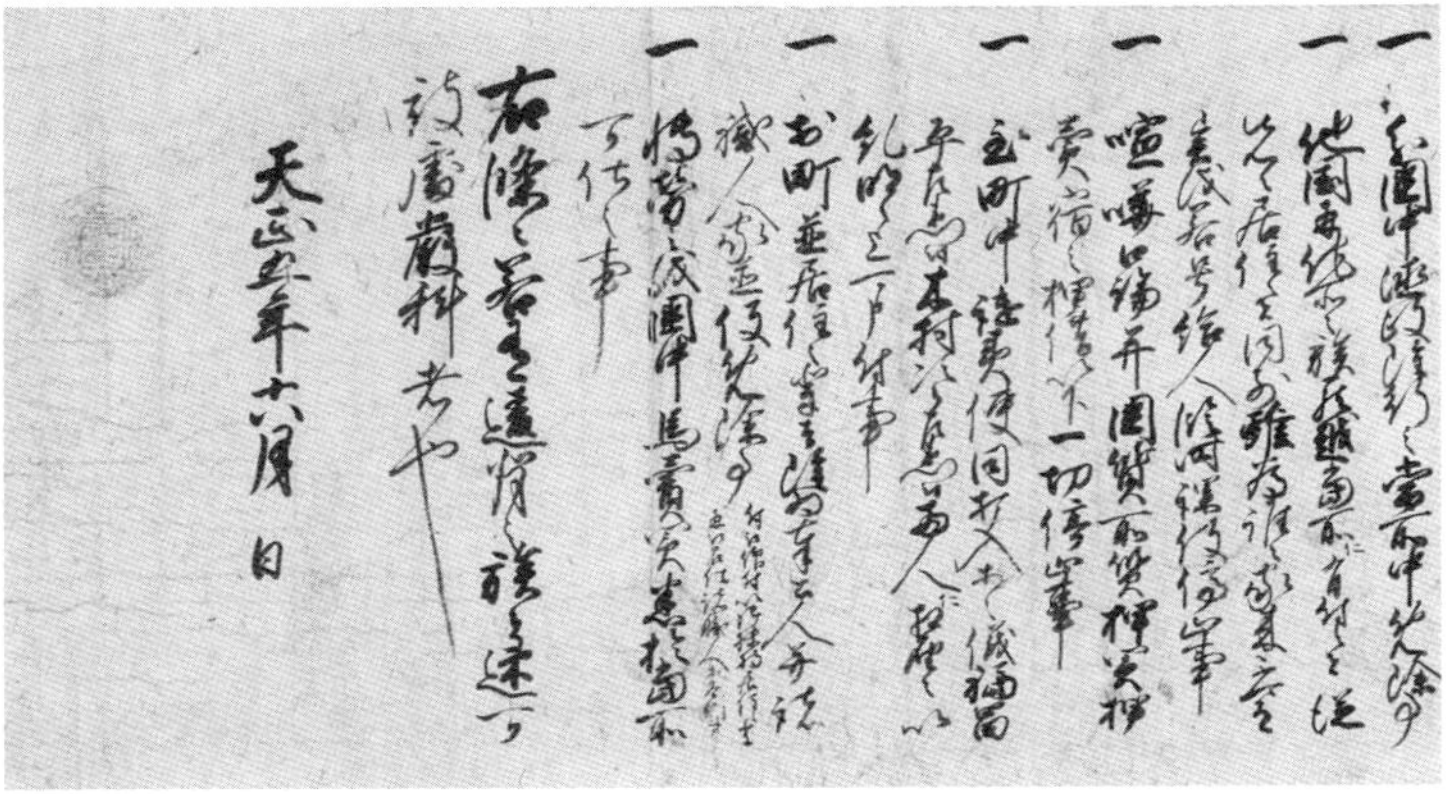

下の興隆を図る。

第三・四条は諸役免除の細則。

第五～七条は連座などの否定。

第八条は徳政免除による居住者の債権保護。

第九条は他所からの移住者の保護。第一一条もこれに関する町奉行的な役職の設定。

第一〇条は平和の維持。市場法に通有の条項だが、宿の押借り禁止は住民となった者にとって大きな意味を持とう。

第一二条は先述の家並み役免除規定。

第一三条は近江の馬売買の独占。逆に言えば、在地の商人の持つ商業権の否定・吸収である。

およそこのような内容を持つ安土山下町中掟だが、その意味するところをもう少し考えてみたい。

まず第一条にある「当所中楽市として仰せ付けらる上は」という宣言に見られる「楽市」だが、本来「楽市」とは文字通り市場のことである。市場は市の立つ日に人々が集まって商いが行なわれる場所であって、本質的に住民によって構成される町とは異質な存在であり、市神が祀られ、宗教性を帯びた特殊な場であった。そこでは債務の取り立て禁止や、特に新しく立てられた市などでは自由営業や諸役免許などの特権が認められることがあったらしく、こうしたものの一つが「楽市」と呼ばれる市場であったと考えられる。そして次第に大名権力の側が、こうした慣行をもとに自らの法令として城下などの市場に特権を付与し、その興隆を図るようになる。このようにして現われたのが「楽市令」という法令であり、従ってそれは市の日の市場での交易に対し、諸役免許、債務取り立て禁止、そして座の発達した畿内周辺ではその独占権の否定（自由営業）といった内容を保証するものであった。関東の戦国大名後北条氏が出した楽市令はまさに六歳市の市日を対象としており、南近江の戦国大名六角氏も自らの城下石寺に新設した「石寺新市」を「楽市」としていることが天文一八年（一五四九）には確認できる。

信長が岐阜で出した楽市令も、このような城下の一部としての市場に出されたものであった。しかし、この制札の若干それまでと異なる所は、それが単なる市場での交易の保護ではなく、「当市場越居の者」すなわちここへ来住して住人となったものに対して特権を与えていることであり、それまでの単なる交易の場としての市場ではなく、積極的に商人をそこへ集住させ、城下町の住人としようとしていることがうかがわれるのである。

安土の楽市令は、この集住政策をさらに発展させたもので、「楽市」をうたいながら、そこは既に市場では全くない。はじめから城下に格子状の街路を持つ居住区を設定しておき、そこへ商工業者を呼び寄せ、城下町の住人としてしまおうというのがその主旨である。掟書に盛り込まれた内容も、すべてそこに住む者にとっての有利な条件である。領国内に発達した商業や流通を自らの膝下に集めて掌握し、商工業者を御用商職人とすることは、大名権力の志向する所としては当然の方向であるが、しかしそれは容易なことではなく、そのためにそれまでの権力は、市場に奉行を派遣する、あるいは市立てを行なってそこで交易を行なわせる、といった方策をとるにとどまっていた。城下町という都市の構成原理自体が、本来武士の主従制を核とするものであり、人間的に主従関係にあるものを集住させることはできても（それ自体容易なことでなかったことは先に見たが）、そうした関係を持たず、領国内で自由に交易を営んでいる商人たちを強制的に城下へ集住させることは、いかな信長でもできることではなかった。岐阜・石寺など戦国期城下町の多くが、大名居館を中心とした主従制的な空間とは別に、やや離れた所に市場を持つ、という二元的な構造を持っているのも、おそらくそのためである。

そこで考え出されたのが、この「城下の楽市化」という、言葉の本来の意味からは矛盾そのものの政策であり、城下をそこに住む、すなわち町人となる人間にとって望ましい条件を整え、そこを「楽市」という、誰にも開かれた開放された空間に擬することで、その吸引力によって地域の商工業者を集中しようとしたのである。

これは、画期的ではあるが、よほど領主の権力が強くないと危険な政策でもある。たとえば、一四世紀の安芸の国人領主小早川氏は、被官たちが館の周辺を離れて市町に居住したがるのを止めるのにやっきとならなければならなかった。うかつに主従制とは正反対の市場の原理を持ち込めば、人間関係で成立っている主従制そのものが解体してしまいかねない。安土でも、町屋地区居住という場の原理に引きずられて、主従関係のたがにゆるみが生じかねない危険性をはらんでいたことは先に見たとおりであるが、信長はこの時点でそれを強行したのである。安土の楽市令、すなわち城下の楽市擬制による集住促進という政策は、先に見た兵農分離による家臣団の集住の強行と一見正反対であるが、実は大名権力がそれを可能にするまでに強固になったという共通の背景を持っている。この商工業者の城下町への集中が、その農村からの切離し、すなわち「商・工」と「農」を分離する政策であり、その意味でも兵農分離と対をなす、新しい近世社会の体制の創出に向けた政策であったことは明らかであろう。

安土以降、城下町は単に大名膝下の都市であるにとどまらず、領国と地域の社会体制を変革していく核としての役割を担っていく。安土はこうした、これ以後全国に続々と建設され、今日に至るまで日本の都市の主流の地位を占め続けている近世城下町の直接の原型となったのであった。

信長が、というより武家権力がこの段階でこのような城下町の建設を急いだ理由は、単にその自律的な発展の結果ではない。この時代、都市を発展させていたのは、少なくとも畿内周辺地帯では武士ではなく、城下町は都市の中では傍流にすぎなかった。堺や大湊のような港町では住民による高度な自治が行なわれていたし、「楽市」にしても、桑名が「十楽の津」となっていたように、既に座特権の制約を克服して流通の拡大を図るまでの動きが生じていた。また信長を最後まで苦しめた一向一揆の勢力も、寺内町という形で独自の都市形成を行なっていた。このような状況の中で、武家権力はこうした自生的な都市形成の動きに対抗し、在地に都市的な要素を城下町へ吸収し編成していく必要に迫られていたと言える。大名権力は、商工業者の要求するところを先取りして城下町に示さねばならなかったのである。

また在地の商人の側も、おそらくそれを望むべき理由があった。それまでの小売り営業圏の独占による座商業の縄張り争いでは流通は発展しない。むしろ領域権力となった大名と結びつき、その下で新たな独占権を獲得した方が有利なのである。このような事情からも、領国内の商工業者は、城下町への集住に応じていったものと思われる。

張付けと祭と

さて、このようにして形作られた安土という町は、いったいどんな所だったのだろうか。そこでの生活をしのばせる史料は多くはないが、一つは当然それが信長の威令が行き届いた町だったということであろう。フロイスによれば、安土の街路は「広く真直ぐ」で、はなはだよく手入れされ、毎日二回、午前と午後に清掃されていたという(『日本史』第五三章)。

また安土は処刑などの行なわれる場でもあった。天正一〇年(一五八二)二月八日には雑賀《さいが》の千職坊の頸が安土城への入口の一つである百々橋の橋詰に懸けられているし(『信長公記』巻一五)、天正七年(一五七九)六月四日には、丹波の波多野氏兄弟三人が安土の西のはずれである「慈恩寺町末」すなわち現在の浄厳院付近で張付けにされている(同巻一二)。この付近には「青屋」の地名があり、こうした処刑などに携わった被差別民の居住地であったとも考えられる。江戸期の城下町でも、町の入り口に処刑された人間が懸けられている光景や周辺の被差別民居住地は一般に見られた所で、安土はそうした面でも近世城下町の先駆であったと言えよう。

権力の所在地、「首都」として、安土はこのような厳しい側面を持つが、また一方で信長は住民を意識した「祭」を行なってもいた。たとえば、天正九年(一五八一)正月八日には安土で左義長を行ない、飾りたてた二〇騎ほどが爆竹を鳴らし、町へ乗り出している。「見物群集をなし、御結構の次第、貴賤耳目を驚かし申すなり」というものだったという(『信長公記』巻一四)。また、同年の盆には、「安土御殿(天)主、幷に惣見寺に挑灯《ちょうちん》余多つらせられ、御馬廻の人々、新道・江の中に舟をうかべ、手々に続松《たいまつ》とぼし申され、山下かがやき、水に移り、言語道断面白き有様、見物群集に候なり」(『信長公記』巻一四)という行事を行なった。武家だけのものではなく、明らかに町の住民を意識した「祭」が執り行なわれている。安土の町人は、信長が楽市令によって特権を与えることで集住してきた人々であり、彼らに対して、それを与え保護する城主が自らの存在を誇示することは自然でありまた必要なことでもあったであろう。何よりも、安土は「楽市」なのである。市場に不可欠だった市神の祭を、信長自らが安土の市神となって祝祭を執り行なったのではないであろうか。それは在々所々の市場を吸収した安土における、新しい祭だったのかもしれない。しかしこのような武士の側からの都市の祭は、城下町とそれを中心とする体制が確立し、武士と町人の身分が隔絶したものとして固定されてからの時代には、楽市令と同様、引き継がれることはなかった。

安土のオールドタウン

こう書いてくると、安土は信長によって全く新しくつくられ、信長の意志がすみずみまで貫徹した人工的な都市であったかのような印象になってしまうが、それは決して安土のすべてではない。安土には、実はここに城下町が建設される以前からの「オールドタウン」が存在し、安土城下町はそれをもとに、そこに隣接する形で建設されていったとも言いうるのである。

それは安土城下町の西南部を占める港町常楽寺であり、ここは確実に信長の安土築城以前から港として、また少なくともある程度の町場機能を持って存在していた。図1、3を見るとわかるように、この常楽寺の港は、湖岸からはやや内にはいった位置にあり、湖水とは水路でつながれている。この点は一見新しい技術による信長の開発した港と考えたくなるが、そうではなく、文献上でも天文四年

（一五三五）には既に「常楽寺船人」の存在していたことが確認できる（『長命寺結解帳』）。起源はおそらく更に古く、南北朝期に観音寺城が近江守護六角氏の本拠地となるとともに、その外港的な役割をもって開発されたのではないかと思われる。このころの守護六角氏頼が菩提寺として建てた慈恩寺（現在の浄厳院）も付近にあるが、この寺は鎌倉期に港湾開発に力のあった律宗の寺院であることから、六角氏の下で常楽寺港の開発に関与していたのではないかと考えられる。

ともあれ、おそらくそれ以来港として発展し、相当の町場となっていたと思われるこの常楽寺に、信長は早くから目を付けていた。岐阜からの上洛の途次にしばしば留まっていることがそれをよく示しており、『信長公記』による限りでは、元亀元年（一五七〇）から天正三年（一五七五）すなわち安土築城前年までの間に、五回の宿泊ないし滞留が確認できる。このうち天正三年四月二七日の記事は、琵琶湖西岸の坂本から佐和山（現彦根市）へ渡ろうとしたところ、風が出たため常楽寺から陸へ上がった、というもので、常楽寺が港として機能していることをここでも確認することができる。また元亀元年三月三日の記事は、常楽寺に近江国中の相撲取りを召し寄せ、信長がここで相撲を観覧した、というもので、相撲の参加者には青地・鯰江など六角旧臣の有力者一族の名前も見え、優勝者二名は「御家人」に加えられてもいるから、これは新たに近江の国主となった信長が、六角旧臣などの近江の勢力を掌握していくための儀礼であったとも思われるのだが、その場所に選ばれたのが常楽寺だったのであり、安土の構想は既にこのころから芽生えていたのかも知れない。

常楽寺の住人

常楽寺には、当然港だけではなく住人もいた。先にみた安土山下町掟書の第九条には、「他国ならびに他所の族、当所に罷り越し有り付き候わば、先々より居住の者同前、誰々家来たりといえども異儀有るべからず」とあり、安土へ移住したものは旧主などからの干渉を受けないことが「先々より居住の者」と同じように、という形で保証されている。すなわち、既に安土には「先々より居住の者」がおり、信長の保護を受けていたことになるが、その中心的な部分は常楽寺の住人だったのではないかと思われるのである。

また、常楽寺の一画、小字「木村」には、港に面した位置に城館趾があり、木村氏の城跡とされている。木村氏は古代以来のこの地方の豪族佐々貴（本佐々木）氏の末裔とされ、六角氏の家臣となり、また佐々木神社の神官を勤めていたが、掟書第一一条に町奉行的な人間として見えていた「木村次郎左衛門尉」は実はこの木村氏であり、実名を「高重」といい、佐々木神社の神官であったことも確認できる。信長の配下となってからは、普請や職人支配に関わり、安土城天主の普請奉行ともなっているが、おそらくそれ以前からこの常楽寺の城を居城とし、常楽寺の港にも強い権限を持っていたものと推測される。安土の町奉行格に取り立てられたのも、まずこのような安土に先行する町場としての常楽寺支配の実績があったからであろう。尾張の出身で信長の側近であった福富《ふくずみ》平左衛門尉とともに

「町奉行」としてコンビを組むのにふさわしい人材であった。本能寺の変に際しては、上臈衆らが蒲生賢秀と退去した後も安土城に留まり、明智勢を迎えて討死を遂げている。安土の一画をなす常楽寺がその本拠地であった故に、そこに殉じる以外の道がなかったものと思われる。木村次郎左衛門尉は、安土城下町と言うよりも、安土という土地自体を代表する人物であったと言うべきであろう。

安土に占めた「オールドタウン」常楽寺の大きさを示す話がもう一つある。『信長公記』巻一四、天正九年（一五八一）正月二日の条に見える、信長が鷹狩で得た鶴などを安土の町々に下賜したところ、町人たちは忝ないとして佐々木神社で祝言能を開き、ここで受取った、という記事がそれで、信長と町人との交流を示すエピソードの一つだが、しかしなぜ佐々木神社なのかを考えてみると、ここは安土の町並みからはやや離れており、都市安土の鎮守といったものではなく、古くからの地域の有力社であるにすぎない。この神社に従来から親しんでいたのは誰よりも旧来からの常楽寺の住人だったはずで、また「町奉行」木村次郎左衛門尉がここの神官であったことも当然影響していたと思われる。安土の町人たちは、建設後五年を経たこの時点でも新しい町としての自らの中核となる場を育てることはできず、安土以前からの住人や有力者に近しい場を用いざるをえなかったのである。

もう一度安土城下町跡の図（図3）を見ていただくと、安土城に隣接する部分では街路がほぼ正南北の方向であるのに対して、それより更に南の常楽寺や慈恩寺の部分では街路の方位が西へ三〇度ほど振っていることがわかる。この方位はこの付近での条里地割の方位であり、正南北方向の街路の部分でも、発掘調査によって、下層の地割りはこの向きだったこと、つまり信長が安土城下の建設に際して一旦それまでの地割りを否定して街路をつくり直したことが明らかにされているが、常楽寺の部分は、おそらくは既に相当の町場が存在したために、この新たな町割が施されず、旧来の地割りの方向がそのまま残ったのである。秀吉が京都の改造に際して、下京の町の部分だけは手を付けられなかったこととも比べられよう。

そして常楽寺は、その後安土が城下町であることをやめ、豊臣秀次の八幡《はちまん》（近江八幡）へ移転した後も、なお港としての賑わいを保ち、近世から近代へと生き続けた。明治二二年（一八八九）に鉄道が開通した後はさすがに港としての機能を失うが、安土駅が常楽寺の集落に接する位置につくられ、今なお安土町の中心市街としての地位を保っていることを考えれば、結局のところ、安土のオールドタウン常楽寺は、安土城下町とは関わりなく、中心地としての自らの歴史を生き続けたと言っても過言ではないのかもしれない。

終焉と再生

安土は本能寺の変後まもなく城下町としての生命を終え、秀吉の肝煎りで建設され豊臣秀次が城主となった八幡へ移転される。八幡は、図6に見られるような、整然とした町割を持ち、鶴翼山の麓にあった武家居住区は、運河と港を兼ねた八幡堀によって町屋地区と隔てられている。城下町の移転と

写真3　近江八幡の町並みと八幡山城

再建設によって、身分と居住区の別は明快な形で貫徹され、完全に大名権力の意志の下に配置されることになった。そしてそこに出された掟書の最後の条は「在々所々の市町《いちまち》、当町へ相引くべきこと」となっており、地域の中心地としても、城下町が圧倒的な地位を占めるに至ったことを示している。

また、掟書第二条には、「船の上り下りの儀、近遍の商舟相留め当浦へ出入りすべし」とあり、琵琶湖を通う商船の八幡への寄港を義務づけようとしている。中世来の港常楽寺を利用した安土に比べ、当初から港湾機能が積極的に組込まれた都市となっていることがうかがえる。

城下町を中心とする新しい近世的な封建社会の、一つの模範的な姿がそこに現出されたはずであったが、やがて京極高次を経て文禄四年

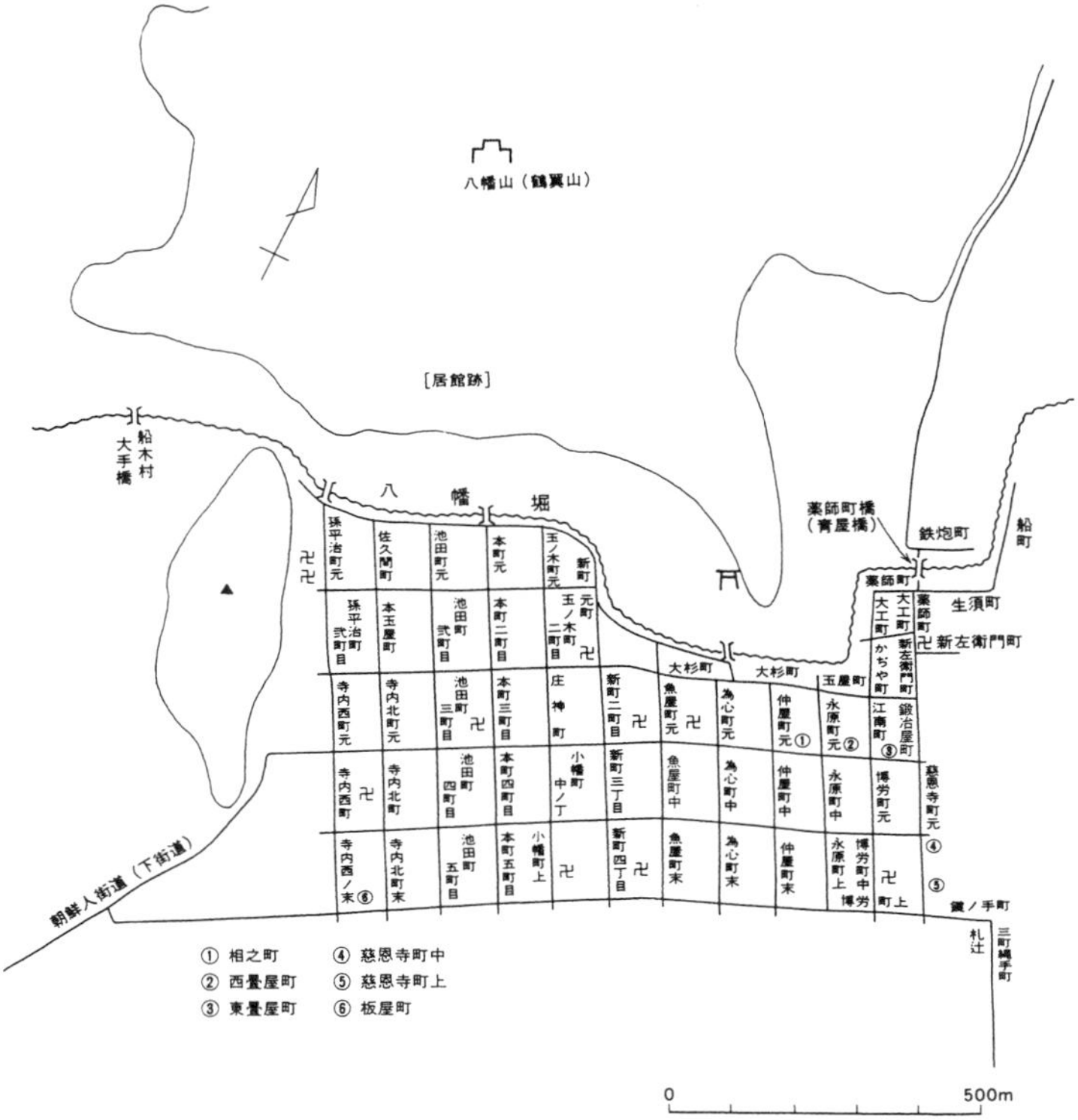

図６　八幡（道路・堀は江戸期の古図を地形図に投影）

（一五九五）に八幡城は早くも廃城となり、八幡は城下町としての生命を失う。しかし、今度はここにつくられた町は衰退の道をたどるのではなく、町人の町として存続したのであり、現在に至るまで、八幡は近江商人の居住地としての美しい町並みを保っている。この地域に生み出され、地域の中の都市的な要素を集中してできた町であった故に、権力の所在とは無関係に、その都市形成の自律的な結果として生き続けていったのである。そうした大きな流れから見るとき、信長、秀吉といった専制権力が膨大なエネルギーをそそぎこんで建設した城下町も、単に地域の都市形成の動きを促進し定着させる触媒としての役割を果たしたにすぎないようにも思えてくる。

信長と安土は滅んだが、その目指したものは後継者たちによって確実に継承されていったのであり、安土はそこへ道を開いた記念碑的な存在として評価されるべきものと思う。しかしその背後には、何かもっとしたたかなものが生き続けていたのではないだろうか。

〔参考文献〕
『信長公記』奥野高廣・岩沢愿彦校注（一九六九年、角川古典文庫）
『イエズス会日本年報』村上直次郎訳（一九六九年、雄松堂）
『フロイス日本史』五畿内篇Ⅲ　松田毅一・川崎桃太訳（一九七八年、中央公論社）
『近江蒲生郡志』巻三（一九二二年、蒲生郡役所）

『滋賀県史蹟調査報告　第一一冊　安土城阯』（一九四二年、滋賀県）
『滋賀県中世城郭分布調査　四　旧蒲生郡の城』（一九八六年、滋賀県教育委員会）
秋田裕毅『織田信長と安土城』（一九九〇年、創元社）
『安土城』（『歴史群像』名城シリーズ三、一九九四年、学研）
　なお、『信長公記』の引用には、奥野高廣・岩沢愿彦校注『信長公記』（角川古典文庫）、フロイス『日本史』の引用には、松田毅一・川崎桃太訳『フロイス日本史』中央公論社、をそれぞれ用いた。

＊　＊　＊

　安土城下の復原については、筆者もお世話になった、元安土風土記の丘資料館学芸員の秋田裕毅氏も発表されており（『織田信長と安土城』『安土城』）、大筋では異なるところはないため、個別的な地誌的データ等については、ここでは省略している。ただ、秋田氏が、安土の「松原町御馬場」（『信長公記』天正九年〈一五八一〉正月朔日条に築造記事が見える）が安土城東側の現能登川町域にあることを指摘されたのは重要な発見で、観音寺山とつながる「北腰越」の鞍部を越えて城下域が広がることは間違いないと思われるが、同氏のように、これをもって安土城下に二元的な構造があったとすることには従いがたい。むしろ、これはどちらかと言えば二次的な拡張によるものではないかと思われ、本来の城下域としては、安土町下豊浦・常楽寺などの、安土城の西・南側を中心に考えても大過ないものと思う。また、安土山の南にある小字「張網」を同朋衆の「針阿弥」と結びつけるのは、後者の読みは「しんあみ」であろうから、無理と思われる。

〔第二章の補足〕

かつて筆者は、戦国期城下町の特徴を、城主の館を中心とした主従制原理ないしイエ支配原理によって構成される一画と、それとはやや離れた地域的な経済的中心地としての市場によって構成される二元的構造に求め、それが一元化される過程を中世から近世への城下町の変化と見た(1)。本書に収めた事例も、基本的にはこの論理で解釈でき、地域差の問題を除くとすれば、それ自体に大きな誤りはないと思う。（もっとも、城下町の構造については、主従制ないしイエ支配による部分に対置する場を市場とのみしたのはやや狭い見方で、観音寺城における外港常楽寺や、小谷の街道沿いの町なども、大名との主従制による関係に必ずしも拘束されない場としてとらえた方が理解しやすい。）

しかしその後、観音寺城・石寺や小谷などに先立つ、守護所などの一五世紀後半〜一六世紀初めころの城下町の調査研究が進み、戦国期城下町にも時期区分が必要になってきている。おおむね、応仁乱後の一五世紀末ころから、守護が在国化し、自らの守護所を大規模に造営し始めるが、その多くは、平地の二町四方程度の守護館を中心とし、周囲に家臣団の館や、寺院、市場などが伴うようである。館の内部は京都の幕府すなわち将軍邸を規範としており、池を持つ庭園があり、また付近に犬追物などを行なう馬場がある、といったものである。

佐々木氏の小脇館も、鎌倉期から場所は同じであるのかもしれないが、現在遺構が推定される方二町は、観音寺城に居城を移す前の、応仁乱後のものと考えるべきだろうか。また、京極氏の上平寺城も、既に半ば山城化しているが、やはり応仁乱後の守護在国に伴う守護大名城下町の例と見る方がよいのかもしれない。(2)

また、「犬ノ馬場」については「石寺」の項でも述べたが、例えば越後の守護所で細川政元の下向の際に「犬馬場」で盛んに儀礼が行なわれていることが紹介されているように、(3)基本的に室町幕府の儀礼装置であり、戦国後期の山城化した居城でこれが見られるのはその延長で、守護系ないし幕府との関係が強い大名・国人であると考えてよいのであろう。

注

（1）拙稿「戦国期城下町の構造」（『日本史研究』第二五七号、一九八四年）、「戦国・織豊期の城下町―城下町における『町』の成立―」（高橋康夫・吉田伸之編『日本都市史入門　Ⅱ　町』一九九〇年、東京大学出版会）など。

（2）守護所についての最近の研究は、金子拓男・前川要編『守護所から戦国城下へ』（一九九四年、名著出版）を参照されたい。

（3）矢田俊文「戦国期越後における守護・守護代と都市」前掲『守護所から戦国城下へ』。

第三章　土豪たちの生涯

——野洲郡北村　木村氏の歴史——

1　「安土町奉行」木村次郎左衛門尉

天正五年（一五七七）六月、織田信長が安土に出した掟、いわゆる楽市令の第一一条は次の様に書かれている。

A　一至二町中一譴責使、同打入等之儀、福富平左衛門尉・木村次郎左衛門尉両人仁相届之、以二糺明之上一可二申付一事、(1)

新しい安土の町へ移り住んだ住人たちに対して、おそらくは前の居住地での債務や年貢・役などの強制取立てであろう、外部から譴責や打入を行なう場合は、直接の執行を認めず、まず福富・木村の両名に届けさせ、この二人が糺明した上で申し付ける、とした内容である。この、町人の保護と、そして当然それと裏腹の安土の住人に対する強い権限を持っていたはずの二人を、ここでは「安土町奉行」と呼んでおきたい。「町奉行」という職名が史料に現れているわけではないのだが、掟には安土に権限を持つ人間はこの二名しか出てこない。この町を担当する権力側の人間の意味で、二人をそう呼んでも差し支えはないと思われる。

さて、それではこの両名はどのような人物だったのだろうか。

まず福富だが、「福富」はフクヅミと読むのが正しい。『寛政重修諸家譜』の読みが「ふくづみ」であるし、年未詳七月六日の長岡藤孝宛織田信長黒印状[2]には「福住」として見えている。実名は秀勝。[3]尾張出身の武士[4]で、比較的早くから合戦や文書の使者・奉者としてその名が見える信長側近の一人であり、ここで「町奉行」に起用されたのもそれ故と見てよいであろう。

問題は木村次郎左衛門尉である。彼は一体何者であり、また他ならぬ彼がこの職に任じられたのはなぜなのだろうか。

木村次郎左衛門尉についての史料はそれほど少ないわけではない。『信長公記』[5]によれば、まず第一に彼は安土城の普請奉行である。

B　安土御天守之次第

（中略）

御大工棟梁　岡部又右衛門

漆師頭　刑部

白金屋御大工　宮西遊左衛門

瓦、唐人之一観ニ被二仰付一、奈良衆ニ焼せらるゝ

御普請奉行　木村次郎左衛門尉

以上、

（巻九、天正四年七月一五日条の後）

また安土城が完成した際には、職人頭の面々と共に信長から労をねぎらわれている。

C　御小袖被レ下面々
狩野永徳父子　木村次郎左衛門　木村源五
岡部又右衛門父子　遊左衛門父子　竹屋源七
松村　後藤平四郎　刑部
新七　奈良大工　廿人
諸職人御小袖餘多拝領、何れも〳〵忝次第也、
（巻一四、天正九年九月八日条）

そして木村次郎左衛門尉が普請に関わっているのは、安土城の時だけではない。

D　去程に、今度大将御拝賀之政為レ可レ被レ成二御執行一、十月初より　木村次郎左衛門尉為二御奉行一
被二仰付一、
禁中ニ陣座御建立、即座に出来訖、
（巻八、天正三年）

E　勢多之橋　山岡美作守　木村次郎左衛門尉　両人ニ被二仰付一、若州神宮寺・朽木山中にて朽木
信濃守材木を取出され候、
（巻八、天正三年七月一五日条）

Eで共に勢多橋の普請を申し付けられている山岡氏は瀬田を本拠とする武士であるが、木村次郎左衛門尉の方は普請自体のために派遣されたと考えられる。

この様に、木村次郎左衛門尉は織田政権の中で普請・作事の関係を特に担当する人間として扱われている。そしてそのことは、おそらく次の史料とも関わってくる。

F　　条々

一杣大鋸引之儀、当年於二所役相勤輩一者、可レ為二杣大鋸引一事、
一鍛冶事、
一鍛冶炭国中諸畑江可二相懸一事、
一桶結事、
一屋葺事、付畳指事、
右輩、近江国中諸郡甲賀上下棟別、臨時段銭、人夫、礼銭礼米、地下並以下、一切令二免許一訖、然者為二国役一作事可二申付一也、
天正四年十一月十一日御朱印
　木村次郎左衛門尉とのへ
（『河路佐満太氏所蔵文書』[6]）

G　　条々

一甲賀竹木相留之儀、弥堅可二申付一候、当城材木之他、一切川下に可二停止一、若不レ寄二夜中一而抜下者有レ之者、為二湖涯在々一可二注進一之、於二見隠聞隠候輩一者、其一在所可レ加二成敗一事、付、甲賀郡中由断之者可二言上一事、

一最前以二朱印一如二申付一、鍛冶炭之儀、国中為二畑役一、家別四季壱荷宛、中目四斗、重可二申付一、家別聊除不レ可レ有レ之事、

一諸職人最前成遣候任二朱印之旨一、弥堅可二申付一事、

三月五日御朱印

木村次郎左衛門尉とのへ

（『河路佐満太氏所蔵文書』[7]）

この二つの文書、特にFから木村次郎左衛門尉が近江の諸職人を統轄する権限を信長から与えられていたことがわかり、そのことから、彼が家康の下で全国の大工を統轄した大工頭中井大和守の様な機能を持っていたとも推測されている[8]。しかしそれならば、一体なぜ彼はそのような地位に就くことができたのだろうか。

ここで従来注意されていなかった、木村次郎左衛門尉の現在知られる唯一の発給文書を紹介したい。

H　当町之事、野洲川橋懸并大水之時川渡依レ令二馳走一、国役郡役従二先規一免除之由、心得候、然者弥如二先々一何茂可二裁許一者也、謹言、

木村次郎左衛門尉
九月廿六日　　高重（花押）
野洲市場
地下人中
（『野洲共有文書』[9]）

近江国野洲郡の野洲市場住人に対し、橋懸けと出水時の川渡しに対する代償として、国役・郡役の免除を安堵した内容の折紙である。この件については『野洲共有文書』中に中世末～近世初の安堵状が一二通残されており、本文書はその中の一通である。年号を欠くため確定はできないが、六角氏からは奉行人の連署奉書で安堵されていることなどから信長の入部以降であることは間違いなく、天正四～一〇年（一五七六～八二）の、安土城下町が存在し、彼が「安土町奉行」であった時期のものと考えたい。

文書群の全体についてはここでは一覧（表1）を掲げるに留めるが、この木村次郎左衛門尉の文書は、その中で明らかに特異な位置を占めている。すなわち、最初の六角氏奉行人奉書は別として、佐久間信盛以下の安堵状は、その土地の領主となった人間が（秀次を根拠とする田中吉政を除き）いずれも前の領主の安堵を引き継ぐ形で特権を与えているのに対し[10]、木村次郎左衛門尉のみは、自分以前の文書の安堵ではなく、その特権を自分が心得て以後の裁許を保証するという内容になっている。また

表1　野洲市場諸役免許安堵状　（形状はすべて折紙）

	日付	発給者	宛所	特権安堵の根拠
(イ)	天文一四・一二・二六（一五四五）	（進藤）貞治 （後藤）高雄	当町屋地下人中	（去年重而被レ成二奉書一）
(ロ)	元亀三・七・一三（一五七三）	佐久間信盛	野洲市場地下人中	――
(ハ)	天正二・正・二二（一五七四）	（佐久間）甚九郎信栄	〃	――
(ニ)	〃九・八・二五（一五八一）	宮野新介政勝 山田作兵衛正和	〃	佐久間殿任二折紙之旨一
(ホ)	〃一一・三・三（一五八三）	稲葉彦六典通	野洲市庭地下人中	佐久間任二折紙之旨一
(ヘ)	〃一一・八・二〇	岡本太郎右衛門尉良勝	〃	せんき折紙共之むねにまかせ
(ト)	〃一三・六・一一（一五八五）	大野木甚兵衛吉次	野洲市庭地下中	前々数通任二折紙一
(チ)	〃一三・一一・二〇	田中久兵衛尉吉政	野洲市場地下人中	従二秀次一
(リ)	〃一八・一二・二（一五九〇）	新庄駿河守直朝	野洲市庭地下人中	前々折紙之旨
(ヌ)	〃一九・五・二九（一五九一）	青山藤右衛門尉忠成 内藤弥三郎清成	〃	如二前々一
(ル)	〃二〇・一〇・四（一五九二）	石川日向守家成 及び袖に黒印	野洲市場地下人	前々之任二判形一
(ヲ)	――　九・二六	木村次郎左衛門尉高重	野洲市場地下人中	――

様式も、この文書のみが書状の形をとっており、領主としての安堵ではなく、何か野洲市場に対して特別の権限を持った人間として発給した者であることが窺える。ここではそれを、都市的な場、商工業者の居住する場としての野洲市場に対する権限であったのではないかと考えてみたい。つまり木村次郎左衛門尉は単に安土のみの町奉行だったのではなく、より広く近江において都市的な場に対する権限を持ち、安土と同じようにそこに住む商工業者を統轄し保護する役目を持っていたのではないかと思うのである。

木村次郎左衛門尉の持っていた権限が更に明らかになったが、その彼が一体何者なのかという問いにも、この文書は大きな手掛りを与えてくれる。言うまでもなくその実名が「高重」と明らかになったことであり、結論を先に言えば、彼木村次郎左衛門尉は近江の国人木村氏の一族である。

Ｉ　高重　木村次郎左衛門　佐々木家没落後仕㆓信長公㆒、明智光秀逆心之時留守安土城於㆓百々橋㆒討死[11]、

野洲郡野洲町大字北に中世城館の遺構を残す木村家の系図には、このように書かれている。高重自身に関する史料はこれだけだが、同家には木村筑後守・木村源次（系図によれば共に高重の兄重存）に宛てられた六角氏の書状数通も伝来しており、その信頼性は比較的高いと思われる。

そして高重の子は「源五（高次）」とされている。先の史料Ｃで木村次郎左衛門尉と木村源五が職人頭の父子と並んでいたが、この二人はやはり親子であったことがわかる[12]。

木村次郎左衛門尉、実名高重が近江の木村氏の一族であるとすると、彼が子の源五高次と共に信長の下に入るにはどのような経緯があったのだろうか。

「就二信長上洛一可レ有二在京一衆中事、
北畠大納言殿同北伊勢諸侍中・徳川三河守殿同三河／遠江諸侍衆
姉小路中納言殿同飛騨国衆・山名殿父子同分国衆
畠山殿同在国衆・遊佐河内守
三好左京大夫殿　松永山城守同和州諸侍衆
同右衛門佐　松浦孫五郎同和泉国衆
別所□三郎同播磨国衆・同孫左衛門尉同名衆
丹波国悉　一色左京大夫殿同丹後国衆
武田孫犬丸同若狭国衆・京極殿同浅井備前
同尼子・同七佐々木・同木林（村）源五父子
同江州南諸侍衆　紀伊国衆
越中神保名代　能州名代
甲州名代　淡州名代
因州武田名代　備前衆名代

池田・伊丹・塩河・有右馬、此他其寄々之衆として可㆓申触㆒事、

同触状案文

禁中御修理、武家御用、其外為㆓天下弥静謐㆒、来中旬可㆓参洛㆒之条、各有㆓上洛㆒、御礼被㆓申上㆒、馳走肝要候、不㆑可㆑有㆓御延引㆒候、恐々謹言、

□月廿二日　信長

依㆓仁躰㆒文躰可㆑有㆓上下㆒、

（『二条宴乗記』永禄一三年二月一五日条[13]）

永禄一三年（一五七〇）一月、信長が諸大名らに上洛を命じた文書の写だが、そこに「木村源五父子」の名があることに注意したい。「源五父子」となっているが、当然次郎左衛門・源五の父子であろう。ここに書き上げられた人名から考えれば、近江では京極氏を戴く浅井の他、尼子、高島郡の佐々木七頭、そして木村父子が、あるいは北郡、中郡、湖西、南郡という地域割りであろうか、国を代表すべき人物と見なされていたことがわかる。「江州南諸侍衆」は、この書上げの記載の仕方が基本的に「大名＋分国衆」という形になっていることから考えれば、南近江の諸侍を木村父子が統轄すべきものと読むこともできるかもしれない。おそらく木村次郎左衛門と源五は信長の近江入部に伴っていち早くその傘下にはいり、信用を得たものであろう[14]。

新たな占領地の再統合を期待される以上、それ以前からかなりの実力を持っていたであろうことが

写真1　常楽寺（木村）城跡．背後の山は観音寺城

想像されるのだが、六角氏の下では彼らはどのような存在だったのだろうか。次にそれについて考えてみたい。

木村氏は蒲生郡の木村（現蒲生町）が名字の地と思われるが、[15]現在のところ居館趾等の痕跡は明らかでない。木村家の系図で実在が確認できるのは高重の祖父伊予守重春からで、年未詳五月二二日木村筑後守宛六角承禎書状に[16]「伊予守以来忠節儀候間」とあるのがこの重春に相当すると思われる。系図では重春は「蒲生郡豊浦城主」とされ、次の高重には父に当たる筑後守重興に至って[17]「始居住野洲郡北村」とされている。現在北村に残る遺構や伝承などから、一六世紀初ころに北村に移住したのは事実ではないかと考えられる。[18]重春の「豊浦城」というのは実態が不明だが、もし事実とすれば現安土町の上豊浦・下豊浦付近に居住し

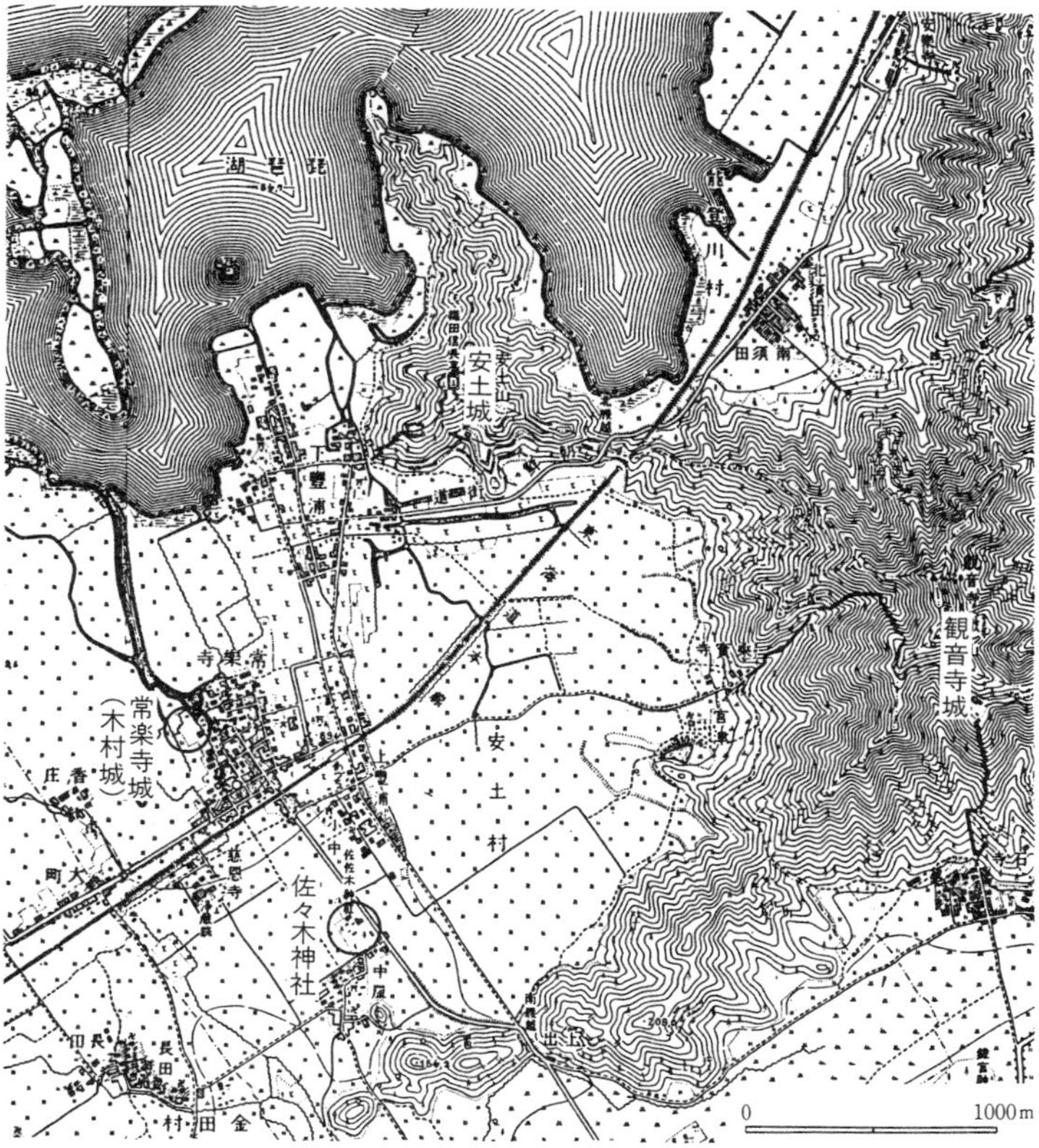

図1　安土と常楽寺（木村）城
（1/25000地形図「近江八幡」「八日市」1920年測図）

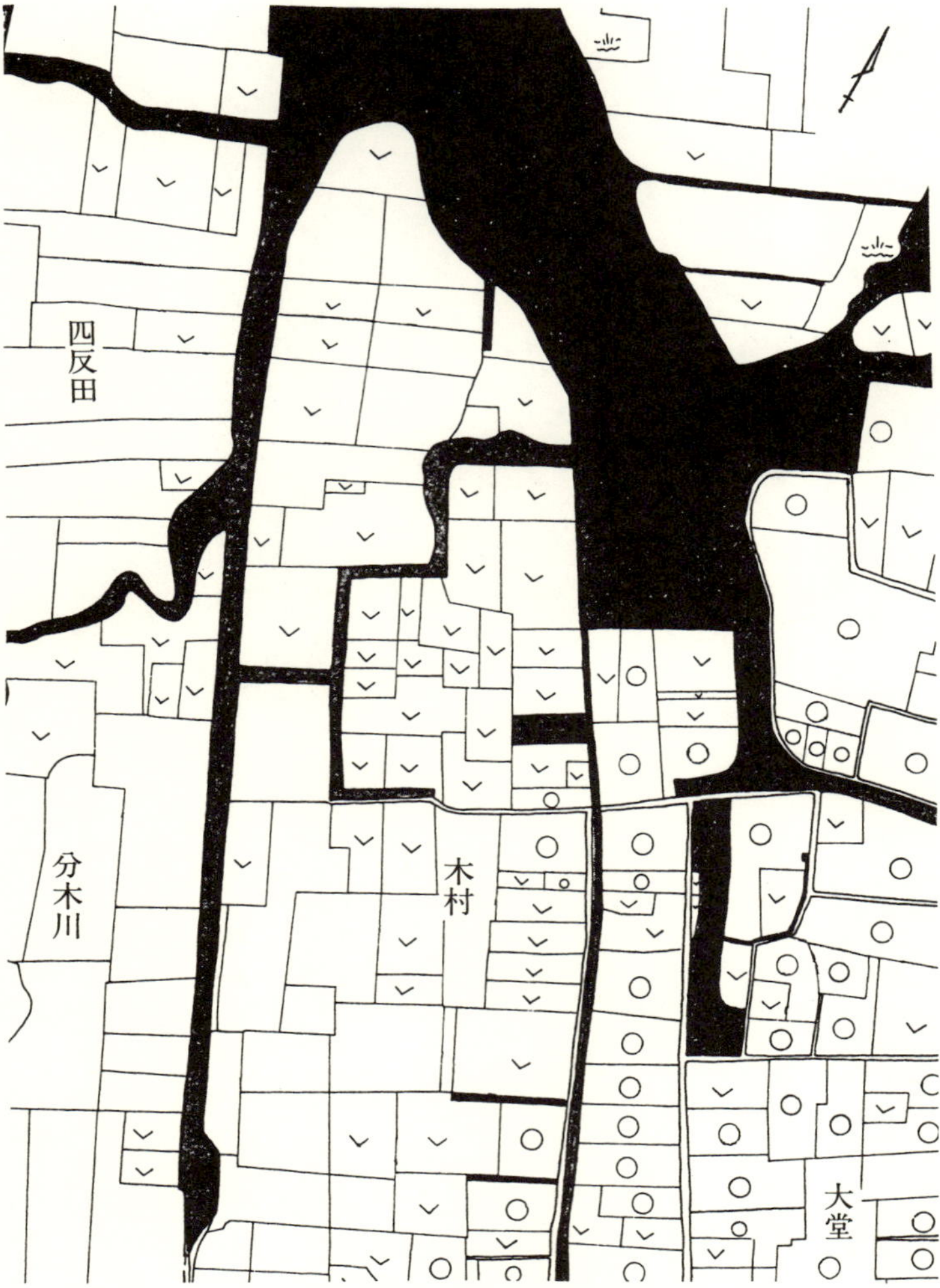

図2　常楽時（木村）城（明治6年地籍図）
（『滋賀県中世城郭分布調査4』より）

ていたことになろう。

ここで注意されるのは、木村氏が佐々木神社（沙々貴神社、現安土町常楽寺所在）の神官を勤めた家であったことである。木村氏は古代豪族佐々貴山君の系譜を引く本佐々木氏の出とされ、「佐々木系図」[19]では佐々木経方から分かれた木村氏の祖にあたる行定―定道が「佐々木宮神主」となっている。[20]こうした関係から木村氏が安土付近に勢力を持っていたことは間違いなく、実際に現安土町常楽寺の小字木村には城館趾が存在し、木村氏の城跡とされている。[21]そして沙々貴神社には次の様な棟札が存在した。

K　天文廿三年（一五五四）甲寅十一月三日

左京太夫義賢

御修理　奉行　平井三郎左衛門尉宣能

狛忠左衛門尉□高

惣官　木村左近太夫高重

□重吉

大工　藤原五郎左衛門吉家

同棟梁同　治郎右衛門吉貞

（沙々貴神社棟札銘文[22]）

六角義賢（承禎）による修理の際の棟札であり、「惣官」として木村高重の名が見えている。安土町掟の二三年前、年代的にも矛盾はなく、この左近大夫高重が即ち木村次郎左衛門尉であると考えてよいだろう。

また沙々貴神社にはこれに先立つ永正一一年（一五一四）の六角高頼による造営の棟札があり、次の様になっている。

L　永正一一年甲戌四月廿八日

前大膳太夫高頼

造立奉行

三井弾正左衛門尉頼安

狛　式部丞頼□

粟田左京進実勝

惣官　木村左近太夫吉綱

大神主　　国重

大工　藤原五郎左衛門宗光

同棟梁藤原七郎右衛門宗重(23)

木村高重と同じ「惣官」には「木村左近太夫吉綱」の名が挙げられており、Kで高重と並んでいた重吉の地位が「大神主」であったこともわかる。[24]「惣官」がいかなるものであったかは今一つはっきりしないが、棟札上の配列から見てもおそらく「大神主」より上位の神社内の地位であったと推測できる。[25]

しかし木村家の系図等には佐々木神社との関係を示す記載は全くなく、また「惣官」の木村左近太夫吉綱、「大神主」の（木村）国重、重吉の名も見えない。この辺の事情については推測を加える他ないが、一応次の様に考えてみたい。即ち、重春―重興―重存・高重と続く次郎左衛門尉の家は佐々木社神主の家とは別系あるいは庶流で北村に居を構えたが、後に何らかの事情で惣官職に就いていた吉綱の系統に次郎左衛門尉がはいって惣官となり、安土の常楽寺へ移ったのではないか。以上の様に考えれば、信長の入部に際して次郎左衛門尉父子が六角側に付いた兄の重存らと別行動を取ったことも理解しやすくなると思われる。信長入部後の南近江を統括していく上でも、佐々木神社の惣官職に就いていたことは有利に働いたかもしれない。また安土の町人が信長から鶴などを拝領するにあたって佐々木神社で祝言能を行なったことなども、[26]「町奉行」木村次郎左衛門尉がその神官だったとすれば違った意味も帯びてこよう。

木村次郎左衛門尉がなぜ信長の下で普請・作事や職人と都市的な場の管理に携わっていたかに答えることは難しい。しかし、やはり中世からそのことに何らかの関わりを持っていたためと考えるのが自然であろう。常楽寺の木村の城は常楽寺港に接した位置にあり、この港が中世には六角氏の居城観音寺城の外港的存在だったと考えられることから、木村氏の居城がここであるとすれば、当然港の管理や商工業者支配には中世段階から関わっていたことが考えられる。普請・作事については、神社の造営などからの関係を一応考えることもできよう。わずかながら次の様な史料を挙げることができる。

M　弘治二年（一五五六）五月八幡宮宝殿造替
　　奉行　木村五郎左衛門
　　　大工　別所兵衛
（日牟礼八幡神社棟札銘文）(27)

N　八幡御さうくの覚
一上八幡　佐々木殿○ヨリ御さうく被成候御ほうてん日かくし、弘治二年正月一八日より一二月まて、御奉行は木
　村五郎左衛門殿にて兵衛仕候事、
一下八幡　佐々木殿○同御さうくなされ候御はいてん御さうく、同年御奉行も木村五郎左衛門殿
　　兵衛仕候事、
（後略）
（日牟礼八幡神社文書）(28)

先の佐々木神社の修理の二年後に行なわれた、日牟礼八幡神社の修理棟札とそれに携わった大工高木氏の由緒書である。ここでは「木村五郎左衛門」が奉行となっており、次郎左衛門尉とは一応別人

としても、木村氏が六角氏の下で普請・作事の管轄に関わっていたことの一つの証左とはなるであろう。

さて、ふたたび安土に戻り、「安土町奉行」木村次郎左衛門尉の最期を追うことにしよう。

（天正一〇年〈一五八二〉）

〇　五月廿九日、信長公御上洛、

安土　本城御留守衆

津田源二郎殿、賀藤兵庫頭、野々村又右衛門、

遠山新九郎、世木弥左衛門、市橋源八、

櫛田忠兵衛

二丸　御番衆

蒲生右兵衛太輔、木村次郎左衛門、雲林院出羽守、

鳴海助右衛門、祖父江五郎右衛門、佐久間与六郎、

蓑浦次郎右衛門、福田三河守、千福遠江守、

松本為足、丸尾兵庫頭、鵜飼、

前波弥五郎、山岡対馬守

（『信長公記』巻一五）

P
（天正一〇年）六月二日巳刻、安土にハ風之吹様に、明智致二謀反一、信長公・三位中将殿御父子其外歴々御腹めさせ候由御沙汰在レ之、（中略）家々を打捨、妻子計を引列〳〵、美濃・尾張之人々ハ本国を心さし、思〳〵ニ被二罷退一、其日二日之夜ニ入、山崎源太左衛門自焼して安土を山崎之居城へ被二罷退一候、弥騒立事無二正体一、蒲生右兵衛太輔、此上者上臈衆御子様達先日野之谷まて引退可申ニ談合を究、（中略）安土御構、木村次郎左衛門ニ渡置、それ〳〵ニ御上臈衆へ警固を申付退被レ申候、

（『信長公記』巻一五）

信長にとって最後となった上洛の時の安土城の留守衆の書き上げ、そして『信長公記』の末尾、本能寺の報が伝えられてからの安土城内の様子を描いた部分である。

信長の横死を知ると、美濃・尾張出身の家臣たちは直ちに妻子を連れて安土を脱出してしまう。信長が妻子を尾張に残していた弓衆と馬廻りに、その私宅を焼き払ってまで安土への移住を迫ったのは四年前のこと。(29) この時にはさすがに妻子は安土に連れてきているが、なお本国には係累が残っていたのだろう、早々と退散を決めこんだのである。兵農分離はまだ彼らを安土に留まらせる程には貫徹していなかった。

美濃・尾張出身の家臣達が抜けた後、安土に残ったのは主に逃れるべき国を持たない近江衆であったと思われる。暫らくはなお結束を保って様子を窺っていたが、やがて動揺がおこり、その日の夜に

は山崎氏が安土の自邸を焼いて本拠地（現彦根市稲里町山崎）へ出奔する。留守を守っていた蒲生賢秀はついに上臈衆と子供を日野の自城へ退避させることを決し、安土城は木村次郎左衛門に託されたのであった。

安土にいた信長家臣団が同心円状に崩壊していく中で、彼が最後まで安土城に踏みとどまったのは何故だろうか。

まず彼が近江の武士であったこと。逆に言えば、すぐに美濃や尾張へ逃げなかったのは彼が他国の出身ではないことを示している。そして先に推測したように、彼は信長入部以前から佐々木神社の神官であり、その居城はおそらく安土の常楽寺にあった。野洲郡北村の木村氏の館には兄の重存が逼塞していたはずだが、信長を迎えた段階で既に袂を分かっている。信長の下で安土城下町の経営に専心してきた木村次郎左衛門尉に逃れるべき場所はなく、安土に殉じることは必然だったのである。

これ以後彼の名は史料に見えない。おそらく家譜(30)の伝える通り、明智勢を迎えて、文字通り安土城を枕にして討死を遂げたのであろう。

最後に、木村次郎左衛門が「安土町奉行」であったことの意味を整理しておきたい。

まず、木村氏が近江の、それも安土に本拠を持っていたと考えられる国人であったこと。新たな領地での都市建設には、都市への集住にともなうトラブルに対処するため、在地の状況に通じた地元出身の有力者を奉行に加える必要があったと思われる。都市への移住者に諸役免除等の特権を与えて集住をはかることは、その前住地、すなわち住民を持って行かれる側との間に緊張関係を生じさせる。町掟に見られる譴責使の問題にはそのような状況が背景にあったものと思われ、それを処理するには在地の諸関係に通じた人間が必要だったことは想像に難くない。木村次郎左衛門は、まずこの意味で安土城下町の建設に欠くことのできない人間だったはずである。

そしてまた彼は六角氏の下で既に普請・作事と商職人の支配に何らかの関わりを持っていた可能性が強い。単なる検断や裁許だけではなく、地域の商職人支配をも視野に入れた城下町政策のためには、そうしたノウハウも必要とされたであろう。政権の中枢として安土を築いたのは確かに信長だが、それは近江という商工業の高い段階にあった地域を土壌として、その中から地域の中心地として生じた都市でもあることも見逃してはならない。その建設が領主の主導によって地域の諸要素を集中する形で行なわれた故に都市の住人に特権を与える楽市令のような都市法が必要なのであり、また領主の手で住人を保護する職も必要になってくるのである。安土はそのような存在としての近世城下町の先駆であり、木村次郎左衛門尉は史上初めての「町奉行」だったと言っても過言ではないだろう。

しかし、織田権力の中で木村次郎左衛門尉が持った権限は、当然中世段階で彼が持っていたであろうものと同質ではない。(31) 信長の持つ高次の領主権に連なることで初めて一国にわたる強力な権限を達成することができたのであり、そこに中世来の要素を受け継ぎながら、しかも中世とは異なった社会を切り開いた織田権力の特質を見ることもできるのではないだろうか。

注

（1）『近江八幡市有文書』。

（2）奥野高廣『織田信長文書の研究』一〇九六号。

（3）次の文書から知られている（『織田信長文書の研究』一一一一号解説）。安土にも関係すると思われるので引用しておきたい。

豊浦庄より南都西京江上候餅百廿牧（枚）之事、御理ニ候間、如二先規一可二申付一候、猶生市左可レ被レ仰候、

恐々謹言、

十二月一日

福平左（福富平左衛門尉）　秀勝（花押）

堀　久太（久太郎）　秀政（花押）

万仙（万見）千代　重元（花押）

南都

西京惣中

（「薬師寺文書」、京都大学文学部博物館所蔵影写本）

「豊浦庄」から南都薬師寺への餅の上納を保証した内容であり、『織田信長文書の研究』は豊浦庄を奈良県明日香村の豊浦に比定しているが、管見の限りそこは薬師寺領ではなく、これは戦国期まで薬師寺領であったことが確実（『近江蒲生郡志』巻二）な近江国蒲生郡の豊浦庄、即ち安土城下町の所在地のことであると思われる。この文書の年代ははっきりしないが、連署者の万見重元は天正六年（一五七八）一二月に討死しており、また文書に初めて現れるのが天正三年一〇月であるから、まずこの間のものと言える。安土城の建設は天正四年の正月に始まっているので、福富はこの時既に安土に関係していた可能性が強く、この一件に彼が関わったのも、あるいはそこに安土城下町があることと何らかの関係があるのかもしれない。

なお、薬師寺文書中の「薬師寺金堂修二月会預差定」によれば、豊浦荘が役を勤めたのは文禄四年（一五九五）が最後であり、このころまで薬師寺領荘園としての何らかの実態があったと思われる。

（4）『武家事紀』（「諸家家臣」項）。奥野高広・岩沢愿彦校注『信長公記』は尾張国岩塚村（現名古屋市中村区岩塚町）の住とするが、『尾張志』の「助光城」の項には次の様にある。「すけみつむら（現名古屋市中川区富田町助光）にあり、其跡四至二十余間も有へし、福住右近将監住しよし里人いひ伝へたり、福住ふくどみとも云ひしにや、当村土宮神明社の古棟札に、奉建立御社一宇大檀那助光卿橘家福富宮内左衛門尉光親文明十一己卯潤九月八日と見えたり、当所居住の人也」。寛政譜でも福富は橘氏とされており、ここの出身と見てよいであろう。なお地名としての福住村は知多郡現阿久比町内に存在する。

（5）『信長公記』の引用は、岡山大学池田文庫蔵『信長記』（複製本、福武書店）によった。

（6）東京大学史料編纂所所蔵影写本。

（7）同右。

（8）高木昭作「幕藩初期の身分と国役」（『歴史学研究』一九七六年度大会報告号）。

（9）『野洲郡史』にも文書の存在自体は紹介されている（下巻、四七一頁）。写真は滋賀県立図書館に架蔵（「市町村沿革史採集文書」）。なお、この文書の所在については藤田恒春氏の御教示を得た。

（10）一例を挙げれば次の様である。

当町諸役免許之事、せんき折紙共之むねにまかせ、如二前々一瀬ふみ橋等之義無二不沙汰一様ニ可レ為二馳走一者也、

天正拾壱年（一五八三）　岡本太郎右衛門尉

八月八日　良勝（花押）

野洲市庭

地下人中

（11）寛政六年（一七九四）に書かれた「木村家譜」。木村盛美氏所蔵文書。この他にもほぼ同内容の系図、家伝（「家秘録」）が存在する。

（12）蛇足ながら更に付け加えると、安土浄厳院過去帳（『近江蒲生郡志』巻七）の天正一〇年（一五八二）の項には、「在西童子　五月一一日　木村源吾殿子」とあり、この源五高次の子、次郎左衛門尉高重の孫は、父と祖父が討死を遂げる直前に安土に葬られていたことが知られる。

（13）天理大学図書館所蔵。

(14) この時兄の重存の方は信長を迎え討つために観音寺城近くの和田山城に籠もり（『近江輿地志略』和田山項）、その後は浪人した（「家秘録」）とされている。

(15) 『近江輿地志略』蒲生郡木村項。

(16) 木村盛美氏所蔵文書。『蒲生郡志』巻九（六四三頁）に『古簡雑纂』によって紹介され、また大谷安彦「戦国末の一断章—野洲町大字北『木村盛美家文書』その一」（『野洲町史編纂だより』一六、一九八五年）も紹介しているが、誤りがあるため次に全文を掲げる。

今度右衛門督（六角義弼）向顔儀、各不定由尤候、然処、対レ北人質を渡、誓紙遣儀、義弼及二迷惑一、既捨二一命一、走入候へ者、不レ及二了簡一候、其様子難レ尽二紙面一候、兎ニ角頼入外無レ他候、今更浅井ニ可レ繋レ馬事、当方恥辱候、伊予守以来忠切儀候間、此度当家可二取立一覚悟可レ為二神妙一候、池田一家存分次第ニ遂本意儀候、領知方之儀申含、新村差越候、猶、三雲新左衛門尉、栖雲軒可レ申候、謹言、

五月廿二日　承禎（花押）

木村筑後守殿

これらの書状などから、木村氏は末期の六角氏にとって重要な存在であったことが窺われるが、木村氏は中世を通じて六角氏の奉行人等にはなっていない様であり、六角氏権力のどのような部分を占める存在だったのかは一つの課題である。

(17) 系図によれば天文一三年（一五四四）没。木村家文書にその時の香典等を書き上げた「弔帳」が存在する。『野洲町史』第一巻（一九八七年）参照。

(18) 『滋賀県中世城郭分布調査』三（滋賀県教育委員会・滋賀総合研究所、一九八五年）および拙稿「木

村氏と矢島氏―野洲郡の二つの城館趾をめぐって」（『近江の城』二九号、一九八八年）参照。
(19)『続群書類従』系図部。なおこれについては『八日市市史』第二巻（一九八三年、八日市市役所）が詳しい。
(20)寺院としての常楽寺は佐々木神社の神宮寺であったと伝えられる（『近江輿地志略』常楽寺村項、『近江蒲生郡志』巻七）。
(21)『近江輿地志略』常楽寺村項。『滋賀県中世城郭分布調査』四（滋賀県教育委員会・滋賀総合研究所、一九八六年）参照。
(22)『近江蒲生郡志』巻六（二二六頁）、巻二（六七一頁）。
(23)『近江蒲生郡志』巻六（二二五頁）。
(24)このことは天文二四年（一五五五）四月二日「大神主重吉佐々木大社御神事銭請取状」（『近江蒲生郡志』巻六、『影印朽木家古文書』下巻四四四頁）によっても確認できる。
(25)「惣官」を持つ神社の例は、日吉神社、住吉神社などいくつか存在する。（三浦圭一「中世における畿内の位置」『ヒストリア』三九・四〇合併号、一九六五年、同『中世民衆生活史の研究』一九八四年、思文閣）。
なお、沙々貴神社には一二の座があり、いずれも近隣の土豪の姓と思われるものを名乗っているが、その中に「木村左近太夫源行安」にちなむとされる「行安座」がある（『安土町史』史料編二、八五頁参照）。このことからも「左近太夫」は神社に関係する官途名として受け継がれていたことが窺われる。
(26)『滋賀県八幡町史』中巻（四九六頁）、『近江蒲生郡志』巻六（七〇頁）。

(27)　『滋賀県八幡町史』中巻（四五二〜三頁）に写真がある。
(28)　『信長公記』巻一一、天正六年（一五七八）正月二九日条。
(29)　前掲「木村系譜」、「家秘録」。
(30)　この点では、琵琶湖の船奉行となった芦浦観音寺などと同列に論じることができるかもしれない。

（付記）

文書の閲覧等に際し、木村盛美氏からは多大の御教示と御協力をいただいた。また史料の所在等についてては、朝尾直弘氏、藤田恒春氏、寺井秀七郎氏、古川与志継氏、野洲町史編纂室の各位より御教示を得た。末尾ながら記して謝意を表します。

＊　＊　＊

なお、発表後、朝尾直弘氏、横田冬彦氏より、Hの文書はむしろ国役に関わるものではないか、との御指摘を受けた。本文の主旨と必ずしも背反するものではないと考えるが、これ自体としては、その方が妥当かと思われる。

2　「六角義尭」と木村筑後守

「(六角) 義尭」という人物がいる。近江の戦国史に関心をお持ちの方でもあまり見かけぬ名前だと思うが、管見にはいった限りでは以下の四通の発給文書が存在する。

A　本善寺宛　(天正三年) 四月二一日　(「大和本善寺文書」(1))

B　上杉謙信宛　(天正四年) 八月五日　(「上杉家文書」(2))

C　木村筑後守宛　三月一三日　(「木村家文書」(3))

D　黒川修理進宛　二月二〇日　(「黒川文書」(4))

Aの文書を紹介した『増訂織田信長文書の研究』では、「六角承禎の同族」とされているが、実はこれ、大名六角氏の最後の当主六角義治(義弼)その人に他ならない。

六角義治の名乗りは、はじめ義弼、ついで、おそらく永禄六年(一五六三)の観音寺騒動の後のころから義治、晩年は剃髪して鷗庵玄雄を称したことが知られている(『近江蒲生郡志』巻二など)。花押は、玄雄時代のものを除けば、図1に掲げた二種が知られているが、「義尭」の花押はいずれも図のbに一致するのである。これを試みに編年順に並べてみると、次のように変化している。

義弼＋花押a　↓　義治＋花押a　↓　義治＋花押b　(↓　義尭＋花押b)

義治ａ（表１（p. 213）の３より）　義治ｂ（表１の５より）　義堯（＝義治ｂ）（表１の４より）

図１　義治・義堯の花押

つまり、義堯の花押は義治の後期のものと同じなのであり、「義治」の後で用いた名乗りであることがわかる。義治は、名前と花押を交互に変えているとも言えよう。「義堯」の名をいつから用いたかは明確にしえていないが、年代のほぼ明らかな文書Ａ・Ｂが天正三・四年（一五七五・七六）のものであること、および六角氏らと織田氏が戦った元亀元年（一五七〇）の野洲川原での合戦ではまだ「義治」の名で感状を出しており、[5] 管見の範囲では元亀二年五月まで「義治」の署名が確認できる。[6] 義治は観音寺城退城後一時伊賀へ脱出し、その後は元亀元年の戦いを始め、天正元年（一五七三）四月の鯰江城での抵抗まで近江での軍事行動を続けているが、その後はどこで何をしていたのか定かでなかった。「義堯」を名乗るようになるのは、おそらく近江での権力基盤をほぼ完全に喪失したこれ以降のことと考えられる。以下その発給文書の内容を見てみたい。

まずＡは、大和国吉野郡飯貝に所在する一向宗寺院本善寺に宛てたもので、大坂方面での織田軍の動静を尋ね、また三河への軍勢の発向を知らせたものである。

A 大坂表へ織田行《てだて》に及ぶの由その聞こえ候、御手前彼此承るべき為、本次を差し越し候、様体具に示し給い候わば本望に候、仍って東国の人数三州に至り相働く旨、追々注進候、此方より使僧差し下し候条、慥《たしか》の儀候わば申すべく候、委曲口上に申し含む間、詳に能わず候、恐々謹言、

卯月廿一日　義堯（花押）

本善寺

進覧之候

織田軍は天正三年（一五七五）四月一二日から一向一揆の拠点大坂本願寺の攻撃を開始しており（『信長公記』）、これを聞いて、その詳しい様子を知ろうとしたものと考えられる。また「東国之人数」の三河への発向とは、同年五月二一日の長篠合戦にいたる武田軍の行動を指している（『増訂織田信長文書の研究』）。すなわち、この時点では義堯（義治）は武田勝頼の陣営に参与しており、共に「反信長連合」を形成する本願寺と連絡をとったものである。なぜ大和の本善寺に宛てたのかはよくわからないが、近江と近国のよしみで何らかのルートを持っていたのであろう。そうした情報網を活かして、西国とのつながりが薄く、その方面の情報を手に入れにくい武田氏への情報提供を行なっていたのではないだろうか。義堯本人がこの時どこにいたかは定かでないが、後に武田氏が滅亡する際、恵林寺の快川和尚らが焚殺されたのが、ふつう義治とされる「佐々木次郎」らをかくまったためとされる

自然ではない。

（『信長公記』巻一五）ことを思えば、このころから武田氏と密接なつながりを持っていたとしても不

しかし、義堯は武田氏のみを頼っていたのでもなかった。Ｂの文書は上杉謙信に宛てられているのである。

Ｂ　今度条々上意を加えられ候処、朱印を以て早速御請けに及ばるる段、御感斜めならず候、御本意眼前に候、いよいよ火急に御入洛之儀、御馳走頼み思し召さるの由、御内書を以て仰せ出され候、当表の様体、今村猪介に申し含め候、来信を期し候、恐々謹言、

八月五日　義堯（花押）

不識庵

玉床下

「上意」「御感」「御内書」といった言葉は将軍に対して使われるものであり、ここでは室町幕府最後の将軍足利義昭を指している。既に元亀四年（一五七三）に京都を逐われ、幕府の実態はないのだが、義昭はその復興をめざして天正四年（一五七六）には毛利氏を頼って備後の鞆へ移り、反信長勢力の結集を図っていた。この文書はその時に比定され、義堯がどういう立場にあったのかはよくわからないが、謙信に対して、義昭が上洛に際して謙信の助力を期待していることを伝えている。先の武

田氏―一向一揆ラインについで、今度は上杉氏と義昭の中をとりもつことを図っているのであり、なりふりかまわず反信長の策動に奔走している様が窺えるが、それは無論、義昭の幕府再興と同様、自らの大名としての復帰を目論んだものに他ならない。この時の反信長連合は、天正六年（一五七八）の謙信の死などで結局不成功に終わるが、この時点では六角氏が再び近江の大名となる可能性も、まだ決してなくなったわけではなかったのである。

様子を知らせるとしている「当表」がどこのことかははっきりしないが、義昭のいる毛利氏領国のことをわざわざ六角氏が伝えるとも考えにくく、やはりこの時は近江付近にいたのだろうか。使者の「今村猪介」も、あるいは神崎郡今村あたりの土豪かとも思われる。

文書Cは、近江の土豪で六角氏の家臣であった木村氏に宛てられている。

C　火急の用所候間、早々来たるべく候、何様の隙入り候共、必ず必ず越さるべく候、由断有るべからず候、謹言、

三月十三日　義尭（花押）

木筑

宛所の「木筑」は木村筑後守重存のことで、野洲郡北村（現野洲町）には現在もその居館趾がよく残っている。(7)木村家には承禎・義治の七通の書状が一括して伝存しており、全体は表1のようである。

年代不詳の2を除いてはいずれも観音寺騒動以後、特に永禄一一年（一五六八）の観音寺城退城以後のものが多く、この時期の六角氏が木村氏を頼りにしている様子が窺える。

表1　「六角氏書状巻物」（木村家文書）（いずれも折紙。番号は現装の順）

	〈日付〉	〈差出〉	〈宛所〉	
①	5月22日	承禎	木村筑後守（重存）	
②	10月7日	承禎	—	*
③	8月23日	義治（花押はａ）	木村源次（重存）	
④	3月13日	義堯（同ｂ）	木筑	
⑤	11月18日	義治（同ｂ）	木村筑後守	
⑥	9月27日	右	キチ	**
⑦	5月1日	治	キチ	

*　裁断されており宛所不明。　**差出・宛所は表書のみ。

Cの文書自体は、「火急の用」があるのですぐ来るように、というだけのものだが、これに先立つと思われる文書から、木村氏の役割が知られる。

⑥　濃ならびに国中の様子申し越され候、毎度精を入れらるる段、祝着の至りに候、なお吉安入申すべく候、かしく、

九月廿七日
（表書）「キチ　右」

⑦注進の趣その意を得候、油断無きこと尤も祝着に候、なお立ち聞きを以て申し越すべき事肝要に候也、謹言、
五月一日　治（花押）[8]
キチ

文書⑥は木村氏が「濃ならびに国」、すなわち美濃と近江の様子を六角氏に伝えた事を、「毎度精を入れられ」と賞したもの。⑦は同様に報告を賞し、さらに「立ち聞きを以て申し越す」ことを指示したものである。木村重存は永禄一一年（一五六八）に織田信長によって六角氏が追われてからは、北村に逼塞していたと思われるが、国外へ脱出した義治（義堯）とは常に連絡をとりあって、近江や近国の動静を伝えるという、いわば地下活動を行なっていたのである。差出しの「治（義治）」「右（右衛門督）」や宛所の「キチ（キムラ・チクゴ）」などという極端な省略も、何やら密書めいた雰囲気を漂わせている。

Cの文書がいつどこで発せられたかは明かでないが、やはり義堯が近江を離れて反信長の工作に奔走していたころ、近江かその近くに来ていた時のものではないかと思われる。

Dの宛所である黒川氏もまた、近江は甲賀郡黒川（現土山町）の土豪である。

D　狛修迄の内、存じ聞き届け候、尤も神妙に候、東北此の通に候間、馳走肝要に候、なお賢申すべく候、謹言、

二月廿日　義堯（花押）

黒川修理進殿

「治」

具体的な内容はほとんど不明で、使者のやりとりがあったことがわかる程度だが、この黒川修理進もまた、おそらくは木村筑後守のように、近江に留まったまま義治（義堯）と連絡をとりながら「地下活動」を行なっていたのではないかと思われる。黒川文書には、承禎の命で辻和泉守を甲斐へ使者として派遣した際の文書もあり(9)、文中にある「東北」を、東国・北国つまり武田氏や上杉氏の動静を指すものと考えれば、文書A・Bと関係するものと見ることもできよう。

以上、「六角義堯」の発給文書を概観してみたが、そこから知られることは、信長に敗れて近江を脱出した後も、六角氏は反信長陣営の中で、特に東国勢と西国勢を結ぶ形で策動を続けており、それに当たっては近江に残った旧臣と連絡を取り合っていたことである。

そして、近江でのその相手は、木村氏・黒川氏などであり、「六角氏式目」や六角氏の奉行人に名を連ねているような有力国人ではない。最後まで六角氏と行動を共にした木村氏らが六角氏権力の中

でどの様な存在だったのかは重要な問題と思うが、こうした権力崩壊後の行動の中に六角氏という戦国大名の本質がかえってよく表れているようにも思える。

注

(1) 奥野高廣『増訂織田信長文書の研究』下巻二二頁、東京大学史料編纂所所蔵影写本。

(2)『大日本古文書　上杉家文書之二』六四九号、京都大学文学部博物館所蔵影写本。

(3) 木村盛美氏所蔵。

(4) 東京大学史料編纂所所蔵影写本。

(5)「三宅家文書」(『野洲町史』第一巻、七四六頁写真)。「義治」の署名は、管見の範囲では、元亀二年(一五七一)五月二八日付(「興教寺文書」、永田栄俊宛)が最も新しい。

(6) 元亀二年五月二八日付永田栄俊宛書下(「興敬寺文書」)。

(7) 木村氏とその城館については、第一章六節および本章第一節で紹介している。

(8) 文書⑦の「治」という差出は内容や他との関連から義治と判断したが、花押は写真(右上)のような物で、後年の「玄雄」を名乗った時の物に似るが、他とは異なる。文書⑥と共に密書的な性格を持つ故に、花押も変形させたものと一応考えておきたい。

(9)『甲賀郡志』下巻一二四七頁、承禎書状。なお、この文書では、信長の長島攻撃(天正二年五月)の様子を、やはり「立聞」して伝えることが命じられており、黒川氏が木村氏と同様の役割を果たしていたことが知られる。

3　秀吉の朝鮮出兵と木村久綱

はじめに

中世社会において、村々に城館を構え、大名の家臣として、またある意味で地域社会の主人公としてふるまっていた在地領主たちは、中世から近世への時代の移り変りの中で、兵農分離と城下町集住という、彼らの存在を根底から覆す体制の大きな変化に直面した時、いったいどのように身を処していったのか。近世社会の成立は、領主制の再編という一面においては、この事態に対する一人一人の、一つ一つの家の対応が集積されたものに他ならないとも言えよう。個々の武士のこの時期における足跡を知ることは容易ではないが、本稿では史料に恵まれたのを幸いに、そうした事例の一つを取り上げながら、特に秀吉の朝鮮出兵という事件が、それに参加した彼らにとって何だったのかを見てみたいと思う。

一　在地領主木村氏

本稿で取り上げる木村氏は、野洲郡北村（現野洲郡野洲町大字北）に居を構えた土豪であり、現在も堀と土塁の痕跡を持ち城館趾のたたずまいを残す屋敷地に御子孫がお住まいである。

木村氏は、宇多源氏の佐々木氏が近江に入る以前からの豪族佐々貴（本佐々木）氏の出と言われ、木村家の系図では佐々木氏の庶流盛綱の子孫とされているが、いずれにしても近江出身の武士であることは間違いなく、『太平記』巻二にも佐々木氏の家臣として名が見えており、早くから佐々木氏に従属していたことが知られる(1)。

その後戦国末期に至るまで、木村氏の事績については多く知る所がない。近江の有力国人たちは六角氏発給文書の奉行人として、また「六角氏式目」の署判者として名を連ねて六角氏の権力を規制していたことが知られているが(2)、木村氏はこうしたところには全く名前が見えない。在地領主としての規模の問題であるかもしれないが、それは六角氏を掣肘するよりも、むしろ六角氏と立場を同じくする近臣であった故ではないかと思われる。六角氏と関係の深い佐々木神社の神官となっていることも(3)それを示すものかもしれない。

木村家の系図で他の史料から実在が確認されるのは、永正七年（一五一〇）卒とされる伊予守重春からで、六角氏と家臣団の間に確執が生じた永禄六年（一五六三）の「観音寺騒動」のころのものと思われる六角承禎書状に(4)「伊予守以来忠切之儀候間……」と見えている。木村家系図ではこの伊予守重春は「蒲生郡豊浦城主」とされ、次の筑後守重興が「始居住野洲郡北村」とされているが、おそらく伊予守重春がこの系統の木村氏の初代なのであろう。

木村氏は蒲生郡木村が本貫と思われるが、ここには城館趾等の遺構も見当らず、早い時期に蒲生郡

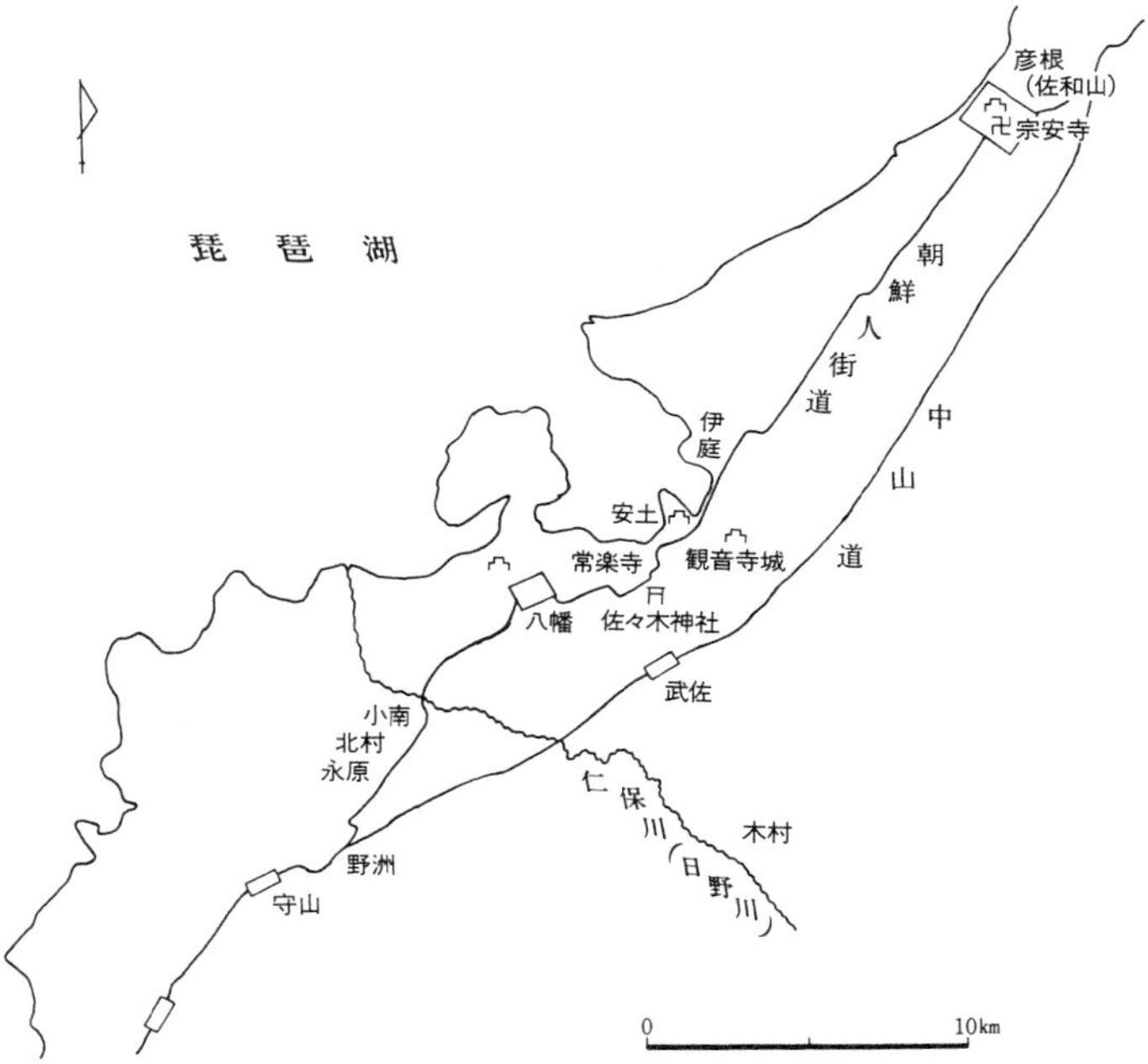

図1　近江湖東地方

の佐々木神社（現安土町大字常楽寺）付近へ移っていたと思われ、常楽寺の小字木村には、木村氏の居城とされる城館趾も存在する[5]。本稿で対象としている野洲郡北村の木村氏は、ここから別れて新たに居城を築いたのではないかと思われる（図1参照）。北村に始めて居住したという筑後守重興は天文一三年（一五四四）四月一日卒とされているので[6]、その時期はおそらく一六世紀前半と思われるが、この点は、城館趾の構造あるいは村落との関係からも窺うことができる。即ち、北村の集落は、四八頁図3のように、木村氏の居館を核として、周囲に「外堀」がめぐらされており、また集落への入口A～Eも横矢がかかる防御的な形態になっていることなどから、集落全体が在地領主の居館を中心に編成されたものと考えられるのである。(7) 近江では、愛知郡秦荘町目加田など、一六世紀頃に在地領主の居館を中心に再編成されたと思われる集落の事例が、他にも散見される。惣村化の一つの対極とも評価できると考えられるが、この北村も、そうした一六世紀的な状況を反映したものと思われるのである。

二　織田信長の近江入部と木村氏

六角氏の家臣として、また在地領主として順調に発展してきた木村氏だが、織田信長の近江入部によって、その運命は大きく転換する。

永禄一一年（一五六八）九月、信長が近江に進攻してきたとき、木村氏はその対応をめぐって二つに分かれる。一方は北村木村氏の当主である筑後守重存であり、彼は六角氏の近臣の立場を守って信長を迎え撃ち、(8) 六角氏が近江から没落した後も、これと連絡を取り合って地下活動的な抵抗を続けていたことが知られる。(9) もう一方は筑後守重存の弟である次郎左衛門尉高重である。彼は佐々木神社の神官として名が見えていることから、常楽寺城の木村氏を継いでいたのではないかと思われるが、信長入部に際しては、兄重存とは逆に信長の家臣となる。安土城などの普請奉行として、また楽市令として知られる安土山下町中掟書に町奉行的な存在として見えているが、本能寺の変の後、安土に押し

寄せた明智勢と戦って討死を遂げる。(10)

そして、兄重存の家系は、その後転変を経ながら存続していく。まず筑後守重存自身の消息について、享保一六年（一七三一）没の木村重寛によって編纂された木村家の伝承集『家語集』は次のように伝える。

……然所佐々木くつれの後、筑後守殿老年に及ひ給ひ、浪人と成、北村ニ引籠、弟は信長公ニ幼年より奉公しられたりけるなれハ、其まゝ替ることもなく、筑後守殿北村の城をひらき、残りし忠老の士共にあたへ、本丸のあと壱丁にたらぬ屋敷ニ九間に拾三間かやふき白かべにたて、土蔵五間ニ七間、是ニて諸事相済し、且医学已而ニくらし居られしと也、(後略)

六角氏に最後まで忠節を尽くした筑後守重存であったが、結局六角氏は近江の大名として復活することはなく、筑後守重存もそのまま浪人して帰農し、医学を家業として暮らした、というのである。「本丸の跡壱丁にたらぬ屋敷」というのが、現在に残る堀と土塁で囲まれた木村家の屋敷であり、木村氏の被官であったという由緒を持つ家（「十家《じゅっけ》」）も外堀の内に存在している。

三　新たな仕官

中世から近世への変動の中で、帰農の道を選んだ、というより余儀なくされた在地領主の一つの典型的な事例と言えそうだが、しかし武士としての木村氏の経歴は、この筑後守重存の代で終わったわけではなかった。系図によれば、重存には成人したものとしては四人の男子があり、次のように記されている。

表1　木村氏略系図（木村盛美氏所蔵「木村系譜」より作成）

重春　木村伊予守　従五位下　蒲生郡豊浦城主
永正七年庚午七月十七日卒

重興　木村源太郎　従五位下筑後守　始居住野洲郡北村
天文十三年甲辰四月朔日卒

∴重存　木村源次　従五位下筑後守　住北村
天正十七年己丑八月二六日卒

高重　次郎左衛門　当国没落以後仕信長公、明智反逆之時安土百々橋討死

高次　源五　父同時討死

∴

成重　源内　当国没落以後仕毛利壱岐守多戦功、小田原合戦之時討死

成久　源五　小田原合戦之時討死

久綱　木村源左衛門　幼名源之助（一本作源助）　仕信忠公、没落以後遊、事黒田如水、従朝鮮之役、多戦功、其比称小平次
　元和九年癸亥八月廿八日卒、年六十二

重通　源右衛門　住筑前

成重・成久の二人の兄は、六角氏没落の後、新たに毛利壱岐守の家臣となったが、「小田原合戦」すなわち天正一八年（一五九〇）の後北条氏攻めの際の合戦で討ち死にし、三男の久綱は織田信忠、後に黒田如水に仕え、秀吉の朝鮮出兵に従軍した、とされている。父筑後守重存が武士を捨てて帰農の道を選んだ後も、その息子たちは武士階級に留まることを望み、いかなるつてをたどったものか、仕官の道を捜しだした。そして、そうした事情ゆえに功を焦ったためか、兄二人は討ち死にしてしまう。

「毛利壱岐守」は尾張出身とも言われる毛利（旧姓森）吉成のことで、豊前小倉城主。播磨出身で豊前中津城主であった黒田如水孝高と共に、天正一五年（一五八七）の秀吉の九州制圧の後に取り立てられた大名であり、新たに家臣を求めていたはずである（もっとも、木村兄弟が仕官のきっかけを得

たのは、あるいはそれ以前の、まだ秀吉が近江の長浜にいた時代〈本能寺の変まで〉のことだったかもしれない）。新たな家臣団を編成しつつある織豊取り立て大名と、支配層への生き残りをかけてそれに応じた旧土豪の一族、という構図であり、そして朝鮮出兵自体も、こうしたエネルギーを結集した戦争という側面があったにちがいない。

以上、系図に従って話を進めてきたが、木村家にはこれに関する原文書が一通残されており、この間の事情を更にはっきりと示している（写真1）。

（包紙表書）「黒田如水公折紙」
雖二少分候一、於二（豊前国）田河
郡一、五百石令二
扶助一候、全可レ有二
知行一者也、
慶長三
二月十日　□政（花押）
木村小平次とのへ

包紙に「黒田如水公」とあり、系図で久綱（小平次）が黒田氏に仕えたとされていることの裏付けとして伝えられてきたものと思われる。差出しも、（「如水」は父の孝高だが）「長政」と読めそうであ

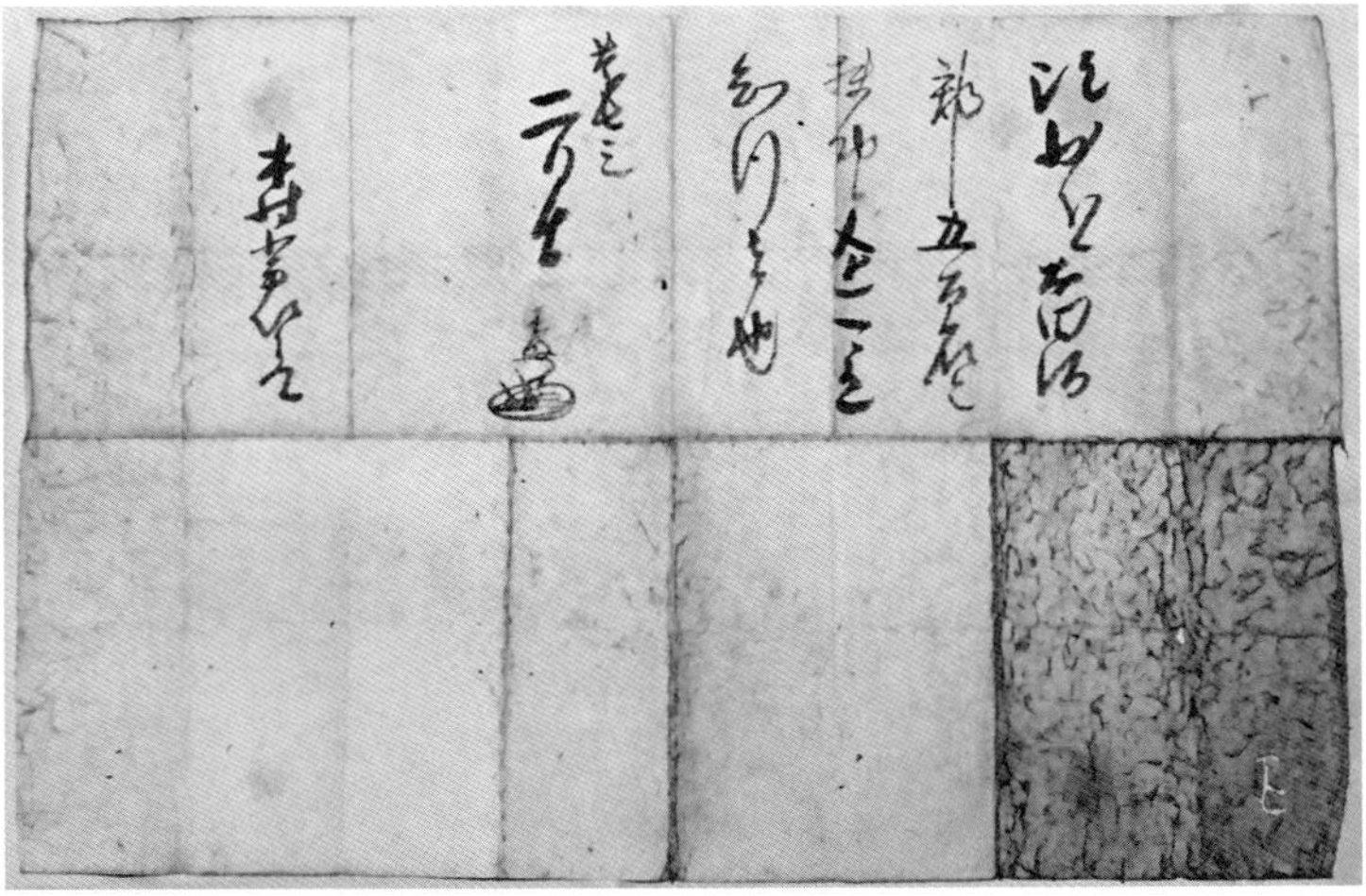

写真1　毛利吉政知行充行状

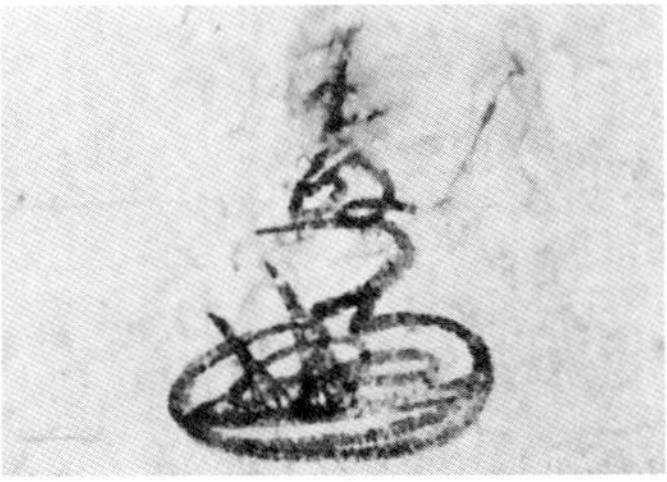

写真2　同署判部分

り、そう読んでいる写しもあるが、よく見ると「長」に当たる部分は磨り消して文字の形を代えた形跡があり、花押も知られている長政のものとは異なっている（写真2）。また、ここで知行として与えられた豊前国田川郡は、黒田長政の所領には含まれていない(11)。

つまり、この文書は黒田氏から発給されたものではなく、この時木村小平次久綱は、別の大名—当時田川郡を治めていた毛利吉成・吉政父子に仕えていたことになる。花押を同定することのできる文書を捜していたが、幸い北九州市立博物館有川宜博氏の御教示で、実際に毛利吉政の花押であることを確認することができた(12)。

木村久綱が仕官したのは、黒田如水や長政ではなく、二人の兄と同じ毛利壱岐守吉成とその子豊前守吉政だったわけである。この毛利吉成・吉政は、尾張出身とも言われ、名前の「吉」も秀吉の偏諱を受けたものという秀吉子飼いの大名であり、関ケ原合戦の際も西軍に属して領地を失い、吉政はさらに大坂夏の陣でも大坂城へ入城して奮戦の末自殺したという(13)。木村家は、帰農後の江戸期にも武家との交流があり、過去において武士であった経歴は重要なものであったはずだが、おそらく、この毛利氏のあまりの反徳川色の強さゆえに、江戸時代になってからはその家臣となっていたことをはばかって文書と系図に作為が加えられ、名前も所領も近い黒田氏に仕えていたとされて、以後それが事実として信じ続けられたのであろう。それが旧土豪の家の、一つの処世の方法であった。

四　朝鮮出兵

毛利壱岐守吉成とその子吉政に仕え、天正一八年（一五九〇）の小田原攻めにも生き延びた木村久綱だが、この仕官した主君が九州大名だったことから、間もなく始められた秀吉の朝鮮出兵に従軍することになる。毛利吉成は、天正二〇年（一五九二＝文禄元年）に始まる第一次出兵で、島津義弘らの部隊と共に第四軍に編成され、二〇〇〇人を率いて出発する。[14]その中に、木村久綱とその一党も含まれていたはずである。[15]

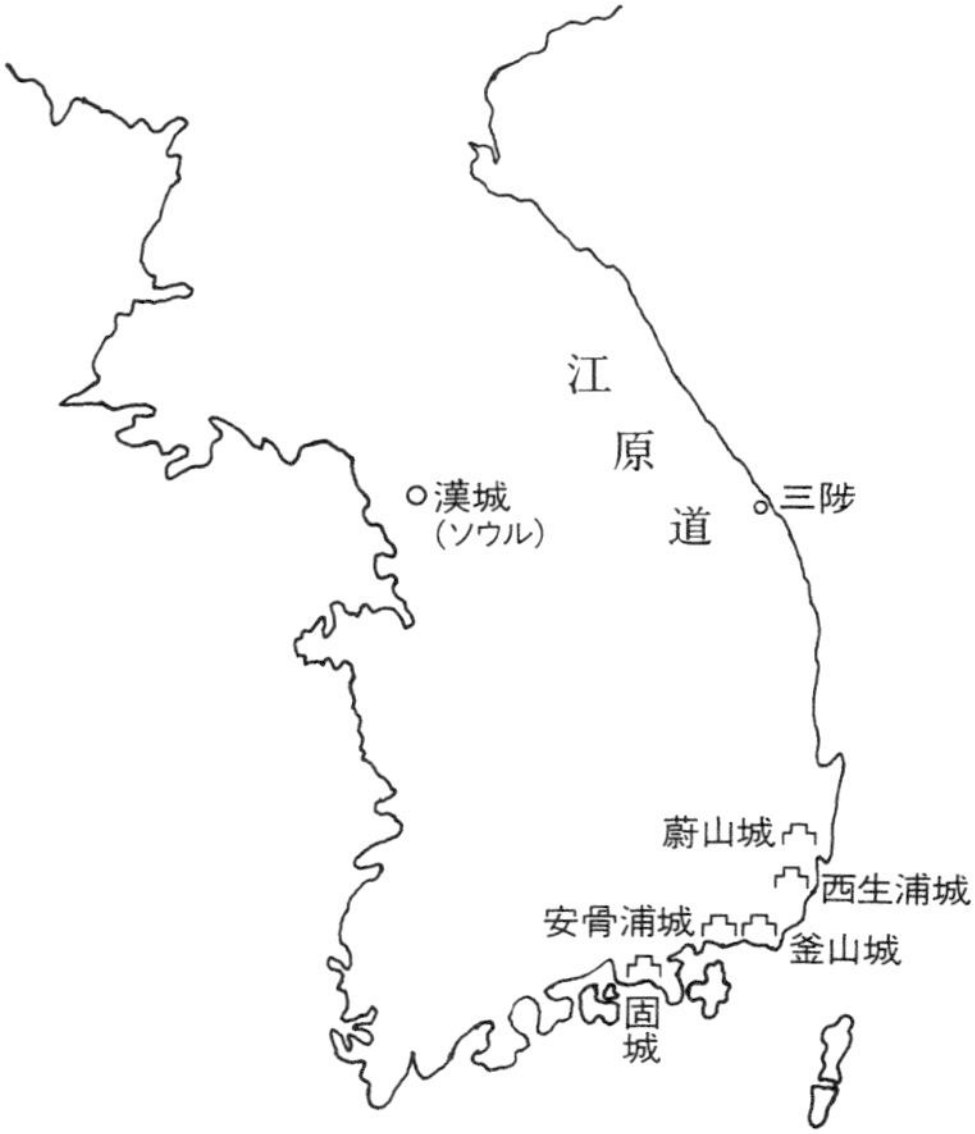

図２　朝鮮半島要図

この第一次出兵では、毛利吉成は漢城まで他の軍と共に北上した後、朝鮮半島東部の江原道へ侵出した。江原道南部に拠点をつくり、また江原道に派遣された朝鮮の王子順和君とも遭遇していることなどが知られるが、その詳細については史料を欠き、不明な点が多い。[16]

より史料が豊富で、木村久綱の関わりもはっきりしているのは、慶長二年

（一五九七）に始まる第二次出兵である。第二次出兵では、毛利吉成は嫡子吉政と共に第三軍に編成され、再び二〇〇〇〇人を率いて出陣する。(17) そして黒田長政らと共に朝鮮半島南部を転戦し、安骨浦城《アンゴルポ》、固城、西生浦城《ソセンポ》、釜山城などに在番したことが知られている。慶長二年一二月の末から翌年正月はじめにかけては蔚山城《ウルサン》での籠城戦が行なわれ、諸隊がこれを救援するために向うが、毛利吉成・吉政の軍もこれに加わる。(18) この戦いの後、日本軍の配置替えが行なわれ、毛利吉成は西生浦城、ついで釜山城に置かれることとなり、慶長三年八月一八日の秀吉の死を経て、同年一一月末に朝鮮を離れ、ようやく帰国の途に着いた。(19)

以上が、木村久綱の従った毛利吉成・吉政の朝鮮出兵に際しての軍事行動の大略だが、木村久綱自身の行動については、二つの史料が残されている。一つは先述した、「(黒田) 長政」に改竄された毛利吉政の知行充行状であり、もう一つは、これも先述した木村家の伝承集『家語集』である。

まず毛利吉政の知行充行状だが、この文書が出されたのは慶長三年の二月一〇日、すなわち第二次出兵が行なわれている最中である。朝鮮での戦争に参加しているはずの大名が本国で知行充行を行なっているのは不思議だが、先述の蔚山城での戦闘の後、毛利吉政の名は朝鮮出兵関係の史料から見えなくなり、また毛利吉成の名は単独で現われるようになるので、おそらくこの時の配置替えに際して、父の吉成のみが残り、吉政は一部の家臣と共に帰国したものと思われる。具体的な事情はわからないが、あるいは負傷などの理由であったのかもしれない。そして、おそらく本拠の小倉城に戻って間もなくのこの日に、朝鮮での戦功に対する恩賞として知行充行を行なったものと思われる。朝鮮での領土獲得が目的だったとされる第二次出兵だが、その戦争の恩賞を本国の領地を割き与えるという形で出すことになったのは、皮肉と言う他ない。朝鮮での領地の獲得は、戦争に参加している大名自身にも既に絶望的なものとなっていたのであろう。「少分に候と雖も」という充行状の文面に、そうした苦さがにじみ出ているようにも思われる。そして、武士階級への生き残りをかけて死線に身を投じてきた木村久綱とその郎党たちが、ようやく得たものがこれだったのである。(20)

五　「高麗陣」以後

木村久綱がこの後再び朝鮮に渡ったかは定かでないが、ともかく彼はまたしても命ながらえて帰還した。豊前田川郡に領地を持つ家臣としてようやく安定した身分を得たのも束の間、二年後の慶長五年（一六〇〇）には関ケ原合戦が行なわれ、先述のように毛利吉成・吉政父子は西軍につく。木村久綱自身が関ケ原に参陣したかは明らかでないが、結果として西軍は敗れ、毛利吉成・吉政は領地を没収されて土佐へ配流される。(21)木村久綱はまたしても主君を失って牢浪の身となり、ここに至ってついに武士身分にとどまることを諦めたのであろう。いつ故郷に戻ったかを語る史料はないが、元和九年（一六二三）八月二八日に六二歳で卒したという彼の後、木村氏は武士として仕官することなく、北村で代を重ねることになる。(22)

写真3　木村家長屋門（手前の道を馬場《ばんば》という）

その武士であった時代、筑後守重存と小平次久綱の代についての伝承などをまとめたのが先述の木村重寛による『家語集』だが、久綱の朝鮮出兵への参加については、次のような記事が載せられている。

（前略）

一小平次かうらい陳（陣）の家老ハ林助左衛門、其時の陣幕・舟幕等、善光時代ニ娘共衣服ニ成、

（中略）

一小平次かうらい陳の取物、第一官女壱人、其外白カウライノ焼物品々、食籠、文箱《フンコ》、色々の道具《グ》等取かへる、彼官女ハ時人かうらいちよぼ《チヨボ》と名付しと也、耳ニ金のくわん（環）有、チョウセン人来へいの節、二度は見物ニ行き、三度目ニハ、此先の時

から私等知たる者共ハ皆子供が世と成、親共ハ果し、と物がなしう申、不レ行、ウルサンノ太子ニ仕へし官女也、ウルサンノ太子ハ、生とりニし、かう参させしと也、其時の弓ハ白木七分元勘十郎打の弓也、遠矢ニてふせきし也、カウライ軍兵半弓を以てふせきしを、大木《ケヤキトモ》のゑ（榎）の木有、この陰《カゲ》へかくれ待かけ、遠矢ニてふせき、いけとりニせしと也、
取物之内ひそう（秘蔵）せしハ、
皮文籠《ぶんこ》一　から草　食籠《ジキロウ》三重組
白かうらい徳利盃共
立浪の具足　四つ目結矢筈の志コ《シコ》
白木元勘十郎打弓　秋広《ヒロ》刀
右何もカウライ陳へ渡し也、
其外渡海之
武具色々有、
ぢん弁当抔《ナド》も同断、

参加した合戦に関する記述は「ウルサン（蔚山）ノ太子」を生け捕りにした、というもののみだが、これがどのような史実に対応するのかは未だ明らかにしえていない。蔚山については、先述した蔚山

城籠城戦の救援に木村久綱も参加した可能性が高いが、朝鮮の王子とは遭遇したのみで、これを捕らえたのは咸鏡道での加藤清正軍だったはずであり、あるいはこうした伝承が混同されたものだろうか。いずれにしても、木村久綱は朝鮮から様々な物を持ち帰り、その遺品が、家の歴史を物語るものとして伝えられていたことがわかる。

その中でも、久綱が朝鮮から連れ帰った「官女壱人」のことは特に印象に残るものであったらしい。朝鮮出兵に参陣した武士が彼の地の女性を連れ帰り妻としていたという例は少なくないが[(23)]、ここでは朝鮮通信使の通行した際の様子が記録されている。図1でわかるように、ここ近江国野洲郡北村は、朝鮮通信使の通る「朝鮮人街道」と呼ばれる街道に接する位置にあるが、そこを通信使の一行が通過する際に二度目までは「見物」に行ったが、三度目には、前回の時から既に知人は子供の代になってしまい「親共」は故人となっていたから、と言って行かなかった、というのである。

この三回の通信使がいつのものだったかは容易に知ることができる。すなわち、一度目は慶長一二年（一六〇七）の徳川幕府への第一回通信使、二度目は、第二回通信使は伏見までしか来ていないので、寛永元年（一六二四）の第三回通信使、そして「三度目」は、寛永一三年（一六三六）の第四回通信使である。いずれに関しても通信使側の記録が残されており、守山と八幡を通過していることが確認できるので、北村の付近を通っていることは間違いない。（表2）

表2　朝鮮通信使の北村通過

①	第1回	慶長一二年(一六〇七)五月七日	森山《守山》—〈北村〉—八幡山—阿奏文《安土》—射場村《伊庭》—彦根城安国寺
	〃	六月二八日	彦根—八幡村—〈北村〉—森山村
	第2回	元和三年　(一六一七)	(↑↓伏見)
②	第3回	寛永元年　(一六二四)一一月二八日	森山—長原《永原》—〈北村〉—小南—三府川《仁保川》—八幡山—安土嶺—佐和山《彦根》宗安寺
		寛永二年　(一六二五)正月九日	佐和山宗安寺—安土嶺—八幡村—〈北村〉—守山
③	第4回	寛永一三年(一六三六)一一月二二日	森山—〈北村〉—八幡村—佐保山《佐和山》
		寛永一四年(一六三七)正月一五日	佐和山—八幡山—〈北村〉—森山

出典：①慶七松『海槎録』　②姜弘重『東槎録』　③任参判『丙子日本日記』

(万暦三五＝慶長一二年五月)
初七日己巳晴。食後発守山。……観光之人処処塡塞。……行三十里。有八幡山。……
(『海槎録』[24])

「かうらいちよぼ」と呼ばれた官女も見に行ったはずの第一回通信使の記録であり、一行を見ようとする人々が道につめかけていたことが知られる。しかし彼女は、実は単に「見物」に出かけたのではなかった。通信使が次にこの地を通った際の記録には、次のような記述がある。

（天啓甲子＝寛永元年一一月）

二十八日……過二長原（永原）・小南等村一。到二三保川（仁保川）一。巳時抵二八幡山一。……日没後抵二佐和山宗安寺一。

……有二被虜二女人一自二称両班之女一。来二見軍官輩一。欲レ問二郷国消息一。而被虜已久。盡忘二我国語音一。不レ能二通話一。只問二父母存没一。泣二涕漣漣一。問二其欲レ帰与否一。則指二小児一而已云。蓋以レ有レ子故一難之也。（『東槎録』[25]）

守山を発った通信使の一行が、一日の行程を終えて宿舎であった佐和山（彦根）の宗安寺に到着したところ、両班《やんばん》の娘という二人の女性が訪ねてきた。既に母国語を忘れており、ただ父母の存否を問い泣くばかりだった。帰国の意志を尋ねたところ、傍らの小児を指して、子がいるので無理だと言った、というものである。ここに記された女性が「かうらいちよぼ」その人であったかを確認することはできない。しかし、これが彼女の置かれた状況と同じものであったことは間違いないであろう。彦根まで訪ねていったかはわからないが、彼女が「見物」に行った目的は、通信使一行から郷里の様子を尋ね、父母の消息を聞くことだった。『家語集』に、「親共」は果てたので三度目には行かなかったと書かれているとおりである。彼女に子供がいたかも定かではないが、初期の通信使が被虜人の刷還を大きな目的としていたことから考えれば、彼女も希望すれば帰国はかなえられたはずで、いずれにしても日本に留まる道が既に選択されていたことは間違いない。

彼女の墓などは特に残っていないが、言い伝えとして、朝鮮の高貴な女官の方が屋敷地の一画にかくまわれていたという話は現在まで残っているという。そして、木村家の庭には、朝鮮から持ち帰ったという「高麗柿」の木が、既に二代目とのことだが、今も実をつけている。こうした記憶をとどめながら、木村久綱の朝鮮出兵への参加、そして木村氏の武士としての経歴は、過去の物となっていったのである。

注

（1）『草津市史』第一巻第五章第二節、一九八一年。

（2）宮島敬一「戦国期における六角氏権力の性格―発給文書の性格を中心として―」（『史潮』新五号、一九七九年）など。

（3）「佐々木系図」「沙々貴神社棟札」。後者については本章第一節で触れた。また、末期の六角氏と木村氏の関わりについては、本章第二節でも触れた。

（4）木村盛美氏所蔵文書。全文は本章第一節に掲載。

（5）伊予守重春が城主であったとされている「蒲生郡豊浦」は常楽寺の隣村であり、あるいはこれを指すのかもしれない。

（6）木村家文書にはこの時の香典帳というべき「弔帳」が残されており、当時の在地の状況を知る貴重な史料となっている。『野洲町史』第一巻（一九八七年）参照。

（7）木村盛美氏によれば、小高い土盛の上に立つ北村の八幡神社は、外堀を掘った時の土を盛って櫓状にしたものという。木村氏館と村落については、第一章六節でも触れた。

（8）典拠は不明だが、『近江輿地志略』によれば、馬淵氏、宮木氏らの他の家臣と共に、六角氏の居城観音寺城近くの和田山に詰め、観音寺城の落城後は六角氏が退いた甲賀へ参陣したとされている。

（9）木村家文書「六角氏書状巻物」。本章第二節。

（10）本章第一節。

（11）天正一五年（一五八七）の秀吉の九州国分けにおいて、豊前国は三分の二が黒田長政、三分の一が毛利吉成に与えられたとされ、この内黒田氏の領地は、京都、築城、中津、上毛、下毛、宇佐の六郡であるため、毛利氏の領地は、企救、田川の二郡ということになる（森山恒雄「九州の豊臣蔵入地の構造と機能―豊前・豊後地域の基礎作業―」『熊本大学教育学部紀要』二六号第二分冊、一九七七年。藤野保編『九州と豊臣政権』国書刊行会、一九八四年に再録）。

（12）熊本県下益城郡白木満義氏所蔵文書「慶長三年二月一〇日毛利吉政知行充行状（白木左多右衛門宛）」。福岡県地域史研究所の調査による。全く同じ日付、同じ田川郡での知行充行状である。今のところ、管見の限りでは他の毛利吉政発給文書はこの一通のみである。なお、毛利吉成については史料が全くなく、先述の領地も検証は不能とされているが（森山前掲（11））、これらの文書によって田川郡が毛利氏領であったことが確認できたことになる。

（13）『駿府記』など。

（14）『毛利家文書』八八五号「（天正二〇年）三月一三日　豊臣秀吉朱印状」など。

(15) 木村家文書には、高麗陣での「家老」などについての記述も見られ（「家語集」など）、久綱は「単身赴任」ではなく、その被官たちも小倉へ移住していたものと思われる。

(16) 池内宏『文禄慶長の役』別編第一（一九三六年、東洋文庫）第六章、中村栄孝『日鮮関係史の研究』中巻（一九六九年、吉川弘文館）など。

(17) 『毛利家文書』九三二号「豊臣秀吉高麗陣陣立書写」など。

(18) 『浅野家文書』二五五号「浅野幸長蔚山籠城以下万事覚書」など。

(19) 以上、参謀本部『日本戦史』朝鮮役本編・付記（一九二四年、偕行社）、中村栄孝前掲書（16）など。

(20) この時、毛利氏から帰国を許されて知行を与えられた家臣がどれだけいたのかは不明だが、同日付けで発給されている充行状があること（注12）から、ある程度はまとまって出されたものであろう。これも、負傷等で戦闘に耐えなくなったゆえか、吉政との特殊な関係などが理由なのか、定かではない。また、父吉成と吉政の関係も、吉政が知行充行を行なっている以上、この時点までに家督が譲られているのであろうか。父子間でどのような権力の分担が行なわれていたのかも興味深い問題である。

(21) 『廃絶録』、『毛利系伝』。

(22) 帰郷後の木村久綱については、幕府代官であった芦浦観音寺から御茶屋（永原御殿）付近の「山林奉行」を命じられていることが知られ（木村家文書『家秘録』所収文書。年未詳）、なお付近の村々に影響力を持ち得る有力者であったと思われる。

(23) 内藤雋輔『文禄慶長の役における被虜人の研究』（東京大学出版会、一九七六年）など。また近江の他の事例として、『淡海木《こ》間《ま》攫《ざらえ》』の次のような記述がある。

新井村（浅井郡）

昔大橋安芸守末孫此所ニアリ、……彼家ニ朝鮮陣ノ砌妻《みぎり》ヲ取来リシヲ、石崎源五郎ニ給ハリ、角左衛門息女トイタシ遣ス、此女ヲ当所ニテ高麗バリと申候由、末孫当村ニ今猶残レリト云、

（『滋賀県城郭分布調査』六、一九八九年による）

(24)『海行摠載』二（朝鮮群書大系続々第四輯。朝鮮古書刊行会、一九一四年）所収。

(25) 前掲『海行摠載』二所収。なお、この部分は既に内藤雋輔前掲書（23）が紹介している。

（付記）本稿作成にあたり、木村家御当主の木村盛美氏からは、史料の閲覧と引用に際して温かい御協力と御教示をいただいた。末尾ながら記して謝意を表します。

なお、木村家は、国学者北村季吟や曲直瀬道三・里村紹巴の弟子で永原天神連歌宗匠の北村宗龍などを出した北村家と密接な姻戚関係にあり、その関係の史料も豊富だが、触れることができなかった。これについては大谷雅彦『埋もれていた近江の医聖　北村宗龍』（一九八一年）を参照されたい。

初出と成稿の経緯

〈第一章〉

1　「中世城館の残り方」

初出＝『歴博』第三五号、一九八九年六月。

職場の広報誌の「調査ノート」欄に、近江での中世城館調査の過程で気付いた点をまとめたもので、城館趾研究、特に地域の中での城館趾の意義について触れているため、冒頭に掲げた。

2　「城館関係地名の地域性」

初出＝『日本歴史』第四九九号、一九八九年一二月。

これも、滋賀県での中世城館分布調査の過程で得られた知見。近江の地名は実に面白いものだったが、現地調査の不十分さで恵まれた条件を十分生かせなかったのは悔いが残る。今後各地での調査で何らかの参考になれば幸いである。

3　「城館趾と伝承」

初出＝『近江の城』第一〇号、一九八四年一一月。

滋賀県での中世城館分布調査事業に際して、調査の機関誌に寄稿したもので、現地にも行かずに書いた未熟なものだったが、地域の中での城館趾の意味について、多少は雰囲気を伝え得たように思われ、当時反応もよかったため、現地調査の結果を補足して掲載することとした。

4 「城館趾の調査（一）―土山町頓宮―」

初出＝『近江の城』第六号、一九八四年三月。原題「頓宮城趾の調査」

滋賀県中世城郭分布調査の最中に、調査員として行なった調査の一例を報告したもので、地元の方々にずいぶんお世話になってしまったが、その分有効な調査とすることができた。地名についてはもっと本格的な調査を行なうつもりでいたのだが、果さずじまいになってしまったことは申訳ない次第である。

5 「城館趾の調査（二）―能登川町種村・垣見他―」

初出＝『近江の城』第一七号、一九八六年一月。原題「平地城館趾の調査から―神埼郡能登川町―」

やはり分布調査の過程で書いた報告で、踏査当時の雰囲気がうかがわれる。滋賀県での分布調査は、近江南方の甲賀郡から、旧野洲・栗太郡、旧蒲生・神崎郡と湖東を北上する形で進めていったので、この時は現地調査三年目に当り、個人的にもこの仕事に集中していた時期で、近江での平地城館趾の問題点が、そろそろ見えてきたように思われた。なお、城館の跡地利用を論じていた後半部は、第一節と重複するため割愛した。

6 「城館趾の調査(三)―野洲町北村・守山市矢島―」

初出＝『近江の城』第二九号、一九八八年五月。原題「木村氏と矢島氏―旧野洲郡の二つの城館趾をめぐって―」

この二つの城館趾については、分布調査の際というよりも、むしろその後に行なった文献史料の調査の際に詳しく教えていただいた。木村家文書は、まさに木村氏という中世の土豪の家に伝わった文書として稀有のものであり、これについては、本書第三章で扱っている。矢島の「御所」に建つ、旧陣屋跡地を踏襲した自治会館が収蔵する文書は、近江の近世地方《じかた》文書の一つの典型であり、特に水利関係のものや絵図類が筆者には興味深かった。これについての詳しい報告は、『京都橘女子大学研究紀要』第一六号(一九八九年)にあるので御参照いただければ幸いである。

7 「平地城館趾と寺院・村落」

初出＝村田修三編『中世城郭研究論集』(一九九〇年五月、新人物往来社)。原題「平地城館趾と寺院・村落―近江の事例から―」

筆者も所属している在野の城館研究グループ「関西城郭談話会」が企画した論集に参加したもの。主に分布調査の際の知見をもとにした内容だが、金森寺内町の関係についてはそれ以前から調査を行なっており、地元の「金森歴史保存研究会」の皆様や善立寺御住職の川那辺恵空師にはたびたびお世話になり、御教示をいただいた。本書には収録していないが、別に「金森寺内町について―関係史料の再検討―」（『史林』第六七巻四号、一九八四年七月、のちに『戦国大名論集　一七　織田政権の研究』一九八五年、吉川弘文館に所収）も発表させていただいている。

本稿は、蓮如と一向一揆という歴史学で取り上げられていたテーマに地域の遺構の問題から取り組もうとしたものだが、補足にも記したように、考察に不十分な点があった。山徒や一向一揆と集落の問題については、その後「近江金森一揆の背景」（『講座蓮如』第一巻、一九九六年、平凡社）でやや詳しく扱ったので御参照いただければ幸いである。

〈第二章〉

1　「観音寺城・石寺」

初出＝（1）は新稿。（2）観音寺城を守る会編『観音寺城と佐々木六角氏』第四号、一九八一年五月。原題「六角氏の城下町石寺について」

本稿の後半（2）は、筆者の卒業論文をもとにしたもので、当時問題となっていた観音寺城の保存運動の機関誌に寄稿したものである。観音寺城の構造の復原を中心としたものであったため、今回文献史料を中心とした石寺の略史を（1）として補った。この間に、石寺は『八日市市史』第二巻中世（一九八三年）でも取り上げられ、城下域の一部で発掘調査も行なわれて、一六世紀前半から中頃過ぎを中心とする遺構も検出されており（田路正幸『観音寺城下町遺跡―蒲生郡安土町石寺所在―』一九九三年三月、滋賀県教育委員会・滋賀県文化財保護協会)、また観音寺城については『五個荘町史』第一巻古代・中世(一九九二年)に村田修三氏による詳細な解説も載せられているが、他の戦国期の城下町についての調査・研究がこの間に著しく進展したことと比較すると、むしろ立ち送れている感も否めない。もう少し本格的な調査が検討されるべき時期に来ているように思われる。

2 「小谷」

初出＝『史跡小谷城跡―浅井氏三代の城郭と城下町―』(一九八八年一〇月、湖北町教育委員会・小谷城址保勝会)。原題「小谷城の城下について」

同書は、一九七〇年から七五年にかけて実施された、小谷城の山城部分での整備事業に伴う発掘調査で出土した遺物の検討を中心とする報告書だが、筆者が以前から小谷城下についての調査を行なっていたため、執筆の機会を与えられたもの。地名分布図は、執筆の際に湖北町教育委員会の御協力を得て、城下域である郡上・伊部の古老から聞取りをさせていただき、作成した。この聞取りは、本稿で述べた城下に関すること以外にも地域の様々なことがうかがえ、実に有益だったため、私家版の形で記録をまとめておいた(『滋賀県東浅井郡湖北町　郡上・伊部の地名と伝承』一九八三年)。本書には収録しなかったが、町教委と滋賀県立図書館には納めたので、御参照いただけるはずである。

3 「上平寺」

初出＝(1)『滋賀県中世城郭分布調査　六　旧坂田郡の城』(一九八九年三月、滋賀県教育委員会)。

（2）『近江の城』第三四号、一九八九年八月。原題（2）「上平寺城下について—地名と絵図—」

上平寺城と城下については、早く『改訂近江国坂田郡志』第三巻（一九四一年、坂田郡役所、復刻一九七一年、名著出版）で取上げられ、また西川幸治『日本都市史研究』（一九七二年、日本放送出版協会）では、本稿でも扱った絵図に基づいた検討が行なわれていた。その後、城郭分布調査の中で、当時筆者が編集を担当していた機関誌『近江の城』第一六号（一九八五年）で上平寺城の特集を組み、また調査成果は分布調査報告書（第六巻「旧坂田郡の城」）で報告された。本稿もこうした調査の過程で作成したもので、地名による城下町遺跡調査の一例として意味を持つものと思う。

上平寺城と城下については、その後、中井均・高橋順之「上平寺城とその城下町—遺構と絵図からの検討—」（『近江地方史研究』第二九・三〇合併号、一九九四年）が発表されており、上平寺城に信長権力の手が入っていることなどの新たな見解が出され、絵図についても異本が紹介されている。調査は今後も伊吹町教育委員会を主体として継続されるとのことであり、その成果が期待される。

4 「安土」

初出＝『週刊朝日百科別冊歴史を読みなおす六　平安京と水辺の都市、そして安土』（一九九三年一二月、朝日新聞社）。原題「安土—近世城下町の成立—」

安土も筆者の卒業論文以来のフィールドで、城下町については、機会を得るたびに何度か書かせて頂いたが、ここにはその当面の総括のつもりで書いた初出誌掲載のものを収録（写真は差替え）した。

執筆の機会を与えて下さった編者の網野善彦先生、編集担当の広田一氏には改めて御礼申上げたい。

なお、地名・伝承等の調査については、秋田氏の『織田信長と安土城』にも地名分布図が掲載されており、当面これに譲りたい。安土町より刊行予定の明治の地籍図集に収載するために、筆者も参加して、通称地名・伝承などの聞取りを各大字で行なったことがあるのだが、残念ながら未だ刊行に至っていない。

〈第三章〉

1　「『安土町奉行』木村次郎左衛門尉」

初出＝『近江地方史研究』第二五号、一九八九年六月。原題「『安土町奉行』木村次郎左衛門について」

2　「『六角義堯』と木村筑後守」

初出＝『近江の城』第三七号、一九九一年二月。原題「『六角義堯』について―流浪の六角氏―」

3　「秀吉の朝鮮出兵と木村久綱」

初出＝福田豊彦編『中世の社会と武力』(一九九四年八月、吉川弘文館)。原題「秀吉の朝鮮出兵に参加した一土豪」

第三章に収めた三つの文章は、いずれも、第一章でも扱った現野洲郡野洲町の北村に居を構えた土豪木村氏に取材したものである。安土城下町の「町奉行」となり、信長に仕えて安土に殉じた次郎左衛門尉高重、その兄で没落した六角氏に最後まで忠節を尽した筑後守重存、そして重存の子で武士階級への生残りをかけて波瀾万丈の生涯を送った末に故郷へ戻った小平次久綱という三人の人物を中心に、それぞれをまとめさせていただいた。

筆者が木村氏と関わりを持つようになったのは、やはり安土に足跡を残した木村次郎左衛門尉からであった。安土山下町中掟に町奉行格で名前が見え、この他にも近江の職人関係の史料などにその名が散見される木村次郎左衛門尉については、朝尾直弘氏、横田冬彦氏らも注目しておられたが、ある日、藤田恒春氏の御教示で拝見した一群の「野洲共有文書」の写真の中に「木村次郎左衛門尉高重」の署名があることに気付き、その後、野洲町立歴史民俗資料館の古川与志継氏の御教示で、野洲町大字北の木村氏に伝わる系図にもその名が見えていることを知った。そこで、城郭分布調査でかねてよりお世話になっていた郷土史の大先輩寺井秀七郎氏に御紹介いただいて、御当主の木村盛美氏を訪ねることができた。御好意でお宅に伝来した史料を拝見し、また中世城館の跡をとどめるお宅と北村についての様々なお話をうかがうことができたのは、近江の調査の中でも、筆者にとって最も実りあるものとなった。お世話になった多くの方々、何よりも筆者の面倒な来訪を暖かく迎えて下さった木村盛美氏と御家族の御好意には、改めて厚く御礼申上げたい。

あとがき

近江を歩きはじめたのは、筆者がまだ学部の学生だった一九七八年ころからだと思う。京都から関東への帰省のたびに、新幹線の車窓にうつる景色がとても趣深く感じられていたのだが、実際に地元を訪ね歩いてみると、一木一草に歴史がこもっているような歴史的景観の厚みに圧倒される思いがした。

以来、卒論・修論も近江を中心にまとめたが、ちょうどそのころ始まっていた滋賀県の中世城館分布調査事業にも参加させていただき、十年をかけて城館趾を訪ねながら近江を一巡することができたのは、本当に幸運な体験であった。

一時は瀬田の湖畔に居を定めて、地域史に専念するつもりでいたが、勤務の都合の関東に移ったこともあり、すべて不十分なままになってしまった。内心忸怩たるものがある。対象の豊かさと与えられた時間の長さ、そして教えられたことの多さに比べて、あまりに貧しい内容であるため、まとめることにはずいぶん躊躇した。もっと面白いものを見、もっと面白いことを聞いてきたという気がしてならない。しかし、調査を一応は終えた現在、乏しいながらも時機を失しない内に報告をまとめておくことが、せめてもの恩返しになろうかと考えることにした。本書が近江の地域史や城館・城下町についての関心をお持ちの方々に、多少でもお役に立つ所があれば幸いである。

とても書きつくすことができないが、何よりも調査の際にお世話になった方々に、そして優れた地誌や郷土史、調査報告を残してくれた先達たちに、あらためて感謝の気持ちを申し上げたい。

なお、刊行に当たっては、かつてマイナー視されていた中世城館研究という分野で意欲的な図書の出版を続けてこられた新人物往来社の酒井直行氏に御尽力いただいた。最もふさわしい出版社・編集者によって本書を刊行できたことにも感謝したい。

補　論

再刊にあたって

本書は、著者が近江をフィールドに、中世城館や城下町の遺跡を調査した際の知見をまとめたものである。「あとがき」にも書いているが、現地を歩いた時期は、はじめは一九七〇年代の終わりころ、卒論で観音寺城・安土・近江八幡を扱ってからで、その後、文化庁の補助事業として始まった滋賀県の中世城館分布調査にもアルバイトや嘱託職員として従事した。現在の職を得て近江を離れてからも調査にしばらく関わったので、終わりは九〇年代の始めころまで、前後十余年間である。

調査の成果については、分布調査の報告書以外にも、現地で学んだことをさまざまな機会に書いていたので、いわば個人的な報告書としてまとめたのが本書である。以来約二〇年を経過して再刊のお話をいただいたのは正直意外なのだが、しかし、現地の変化や世代の交代などによって、同じ調査が困難になっていることも多いかもしれない。思えば、自分が学生だったころ、安土城下町の現地調査を始めた時に一番参考になったのは、大正時代に編纂された『近江蒲生郡志』（滋賀県蒲生郡役所、一九二二年）だった。このような地誌的な書物は、だから今後現地を知ろうとする方々にとって、おそらく何かの役に立つ。もとより本書に残すことができたのは、現地に豊かに存在する情報の、ごくわずかな断片にすぎない。それは当時からもどかしさを感じていたところなのだが、しかし、現地にあるすべての情報を誌《しる》して残すことは、実際にはできないのである。いかに小さく、また筆者のおぼつかない目と耳を通したものであっても、やはりそれは残すに値するのだろうと思う。

再刊にあたって、掲載していた古文書の御所蔵者に再度ご許可をお願いしたが、第三章で扱っている木村家からは、現在の御当主である木村盛昭氏に快くお許しをいただくことができた。本文では先代の盛美氏のお名前のままだが、これも当時の記録としてそのままにしている。本書は、あくまでも二〇世紀末、一九八〇年代前後の近江についての、同時代の目から見た記録と所見なのである。

その後、各自治体などの努力で、遺跡の整備も進みつつある。本書と見比べていただくと、ギャップもまた面白いかもしれない。読者が現地を歩く時のご参考になれば、まさに望外の幸いである。

再刊にあたっては、その後の研究を踏まえて補足すべきなのだが、筆者自身はすでに現地の調査研究から遠ざかっているため、今から付け加えられることはあまりない。以下、関連する書籍からいくつかを挙げることで、責をふさがせていただきたい。

1　中世城館分布調査報告書

本書で扱った地域とテーマについての研究としては、当然ながら、まず滋賀県中世城郭分布調査の報告書を挙げねばならない。一九八三年から一九九二年まで、毎年度末に一冊ずつ、計一〇冊が刊行されている。基本的に、旧郡を単位とした地域別だが、最初の第1冊は当初の情報をまとめた「城郭一覧」、最後の第10冊は、調査の成果をまとめた「全県地名表　分布図　索引」となっている。

『滋賀県中世城郭分布調査』1〜10（滋賀県教育委員会他、一九八三年三月〜一九九二年三月）

なお、この報告書は、左記の形で再刊もされている。

村田修三・服部英雄監修『都道府県別日本の中世城館調査報告書集成　第12巻〜14巻（「近畿地方の中世城館」滋賀1〜3）』（東洋書林、二〇〇二年）

2　地籍図

筆者が担当した調査は主に平地の城館址で、地名や地籍図によって城館を検出する作業を、特に近江の東部について進めた。滋賀県には、明治六年（一八七三）に作られた、六〇〇〇分の一という巨大で美しく彩色された地籍図があり、本文でも扱っているように、地割り・地目・小字名などが歴史地理的な調査に大いに役立った。調査当時この地籍図は行政文書として役場の税務課にあることが多く、訪ねては写真を撮影していたが、文化財、歴史資料としての認識も高まって、市町村単位で書籍として刊行されたものも多い。参考に、気のついたものを挙げておきたい（大塚活美氏から御教示を得た。この他にも自治体史などであるかもしれない）。

野洲町　『明治の村絵図』（野洲町史資料集　古絵図集成　1、一九八六年）
八日市市『八日市市の地名と景観』（八日市市史　資料集Ⅱ、一九八六年）
新旭町　『明治の村絵図　新旭町』（一九八八年）
五個荘町『五個荘町史』第4巻　史料Ⅱ（2）地名と景観（一九九三年）
米原町　『明治の村絵図』（米原町史資料集　第1冊、一九九六年）
彦根市　『彦根　明治の古地図』一〜三（二〇〇一〜三年）
愛東町　『明治の古地図』（二〇〇三年）
高月町　『高月町史』景観・文化財編　分冊1・2（二〇〇六年）
能登川町『明治の古地図』（「能登川の歴史」別冊資料、二〇〇八年）
日野町　『近江日野町の歴史』第9巻　絵図・要覧編（二〇一五年）
愛荘町　『明治の古地図—愛荘町1・2—』（愛荘町歴史文化資料集　第6集、二〇一〇年、第21集、二〇一六年）

こうして書き上げてみると、市町村合併が進んで現在は別の名前になった自治体が多いことに気づき、大正時代の「郡誌」が郡制と郡役所の廃止を契機に作られたことも思い起こされる。本書はそれ以前の、あえて言えば、世の中が中世に少しだけ近かった時代の記録、ということになるかもしれない。

3　城館・城下町研究

城館や城下町についての研究では、自著としては、『戦国・織豊期の都市と地域』（青史出版、二〇〇五年）を刊行しており、近江関連では、安土、近江八幡、金森についての、都市の場と楽市令などの問題、金森周辺や姉川水系での水利と城館の問題などを扱っている。

また当時は、中世城館の調査研究が盛んになった時期であったため、調査方法などの問題について、千田嘉博・前川要両氏と共に、『城館調査ハンドブック』（新人物往来社、一九九三年）を出したが、情報にはすでに古い部分もある。

その後の城館関係の研究については、現在の筆者には十分な紹介ができないが、比較的近年に刊行された、左記のような図書を手がかりとしていただけるかと思う。

仁木宏・三宅唯美・内堀信雄・鈴木正貴編『守護所と戦国城下町』（高志書院、二〇〇六年）
千田嘉博『戦国の城を歩く』（ちくま学芸文庫、二〇〇九年）※筆者が巻末解説
甲賀市史編纂委員会編『甲賀市史　第7巻　甲賀の城』（甲賀市、二〇一〇年）
城郭談話会編『図解　近畿の城郭　Ⅰ～Ⅳ』（戎光祥出版、二〇一四～一七年）

松岡進『中世城郭の縄張りと空間―土の城が語るもの―』(吉川弘文館、二〇一五年)
仁木宏・福島克彦編『近畿の名城を歩く　滋賀・京都・奈良編』(吉川弘文館、二〇一五年)
中井均『城館調査の手引き』(山川出版、二〇一六年)
中井均・齋藤慎一『歴史家の城歩き』(高志書院、二〇一六年)
齋藤慎一・向井一雄『日本城郭史』(吉川弘文館、二〇一六年)

最後に、本書の書名についてひとこと。著者として当初考えていた書名は『近江戦国誌』だったのだが、それだと地方図書の扱いになる(売れない)、という出版社の判断で、『城と城下』がメインタイトルになった次第。いささか大げさで内容に誤解も招きやすいため、再刊にあたっては、「近江戦国誌」の文字を大きく、また背表紙にも目立つように入れてほしいとお願いしたのだが、どうだろうか。

(二〇一八年四月一日)

本書の原本は、一九九七年に新人物往来社より刊行されました。

著者略歴
一九五六年　神奈川県生まれ
一九八五年　京都大学大学院博士課程単位取得
滋賀総合研究所嘱託、京都大学助手、国立歴史民俗博物館助手等を経て、
現在　国立歴史民俗博物館／総合研究大学院大学教授

〔主要著書〕
『戦国・織豊期の都市と地域』（青史出版、二〇〇五年）、『信長とは何か』（講談社選書、二〇〇六年）、『洛中洛外図屏風—つくられた〈京都〉を読み解く—』（吉川弘文館、二〇一六年）、『中世の古文書入門—読めなくても大丈夫！—』（河出書房新社、二〇一六年）

読みなおす日本史

城と城下　近江戦国誌

二〇一八年（平成三十）十一月一日　第一刷発行

著　者　小島道裕《こじまみちひろ》
発行者　吉川道郎
発行所　株式会社　吉川弘文館
郵便番号一一三—〇〇三三
東京都文京区本郷七丁目二番八号
電話〇三—三八一三—九一五一〈代表〉
振替口座〇〇一〇〇—五—二四四
http://www.yoshikawa-k.co.jp/
組版＝株式会社キャップス
印刷＝藤原印刷株式会社
製本＝ナショナル製本協同組合
装幀＝渡邉雄哉

ISBN978-4-642-06768-3

刊行のことば

　現代社会では、膨大な数の新刊図書が日々書店に並んでいます。昨今の電子書籍を含めますと、一人の読者が書名すら目にすることができないほどとなっています。ましてや、数年以前に刊行された本は書店の店頭に並ぶことも少なく、良書でありながらめぐり会うことのできない例は、日常的なことになっています。

　人文書、とりわけ小社が専門とする歴史書におきましても、広く学界共通の財産として参照されるべきものとなっているにもかかわらず、その多くが現在では市場に出回らず入手、講読に時間と手間がかかるようになってしまっています。歴史の面白さを伝える図書を、読者の手元に届けることができないことは、歴史書出版の一翼を担う小社としても遺憾とするところです。

　そこで、良書の発掘を通して、読者と図書をめぐる豊かな関係に寄与すべく、シリーズ「読みなおす日本史」を刊行いたします。本シリーズは、既刊の日本史関係書のなかから、研究の進展に今も寄与し続けているとともに、現在も広く読者に訴える力を有している良書を精選し順次定期的に刊行するものです。これらの知の文化遺産が、ゆるぎない視点からことの本質を説き続ける、確かな水先案内として迎えられることを切に願ってやみません。

二〇一二年四月

吉川弘文館

読みなおす
日本史

地理から見た信長・秀吉・家康の戦略　足利健亮著　二二〇〇円
神々の系譜 日本神話の謎　松前　健著　二四〇〇円
古代日本と北の海みち　新野直吉著　二二〇〇円
白鳥になった皇子 古事記　直木孝次郎著　二二〇〇円
島国の原像　水野正好著　二四〇〇円
入道殿下の物語 大鏡　益田　宗著　二二〇〇円
中世京都と祇園祭 疫病と都市の生活　脇田晴子著　二二〇〇円
吉野の霧 太平記　桜井好朗著　二二〇〇円
日本海海戦の真実　野村　實著　二二〇〇円
古代の恋愛生活 万葉集の恋歌を読む　古橋信孝著　二四〇〇円
木曽義仲　下出積與著　二二〇〇円

足利義政と東山文化　河合正治著　二二〇〇円
僧兵盛衰記　渡辺守順著　二二〇〇円
朝倉氏と戦国村一乗谷　松原信之著　二二〇〇円
本居宣長 近世国学の成立　芳賀　登著　二二〇〇円
江戸の蔵書家たち　岡村敬二著　二四〇〇円
古地図からみた古代日本 土地制度と景観　金田章裕著　二二〇〇円
「うつわ」を食らう 日本人と食事の文化　神崎宣武著　二二〇〇円
角倉素庵　林屋辰三郎著　二二〇〇円
江戸の親子 父親が子どもを育てた時代　太田素子著　二二〇〇円
埋もれた江戸 東大の地下の大名屋敷　藤本　強著　二五〇〇円
真田松代藩の財政改革 『日暮硯』と恩田杢　笠谷和比古著　二二〇〇円

吉川弘文館
（価格は税別）

読みなおす日本史

日本の奇僧・快僧　今井雅晴著　二二〇〇円
平家物語の女たち　大力・尼・白拍子　細川涼一著　二二〇〇円
戦争と放送　竹山昭子著　二四〇〇円
「通商国家」日本の情報戦略　領事報告を読む　角山　榮著　二二〇〇円
日本の参謀本部　大江志乃夫著　二二〇〇円
宝塚戦略　小林一三の生活文化論　津金澤聰廣著　二二〇〇円
観音・地蔵・不動　速水　侑著　二二〇〇円
飢餓と戦争の戦国を行く　藤木久志著　二二〇〇円
陸奥伊達一族　高橋富雄著　二二〇〇円
日本人の名前の歴史　奥富敬之著　二四〇〇円
お家相続　大名家の苦闘　大森映子著　二二〇〇円
はんこと日本人　門田誠一著　二二〇〇円
城と城下　近江戦国誌　小島道裕著　二四〇〇円
江戸城御庭番　徳川将軍の耳と目　深井雅海著　（続　刊）
中世の東海道をゆく　京から鎌倉へ、旅路の風景　榎原雅治著　（続　刊）
戦国時代の終焉　「北条の夢」と秀吉の天下統一　齋藤慎一著　（続　刊）
日本における書籍蒐蔵の歴史　川瀬一馬著　（続　刊）

吉川弘文館
（価格は税別）